DIETER FRICKE

Das Sparverhalten der privaten Haushalte
in der Bundesrepublik Deutschland

Beiträge zur Verhaltensforschung

Herausgegeben von Prof. Dr. Dr. h. c. G. Schmölders, Köln

Heft 14

Das Sparverhalten der privaten Haushalte in der Bundesrepublik Deutschland

Eine empirische Überprüfung der Sparfunktion

Von

Dr. Dieter Fricke

DUNCKER & HUMBLOT / BERLIN

Alle Rechte vorbehalten
© 1972 Duncker & Humblot, Berlin 41
Gedruckt 1972 bei Alb. Sayffaerth, Berlin 61
Printed in Germany
ISBN 3 428 02742 6

Inhaltsverzeichnis

Einleitung 7

Erstes Kapitel: Die Zinsabhängigkeit des Sparens in der älteren ökonomischen Theorie 10

   1. Der Zins in der Rationaltheorie 10

   2. Die Zinswirkung als Reiz-Reaktions-Schema 12

   3. Die Zinsempfindlichkeit als Schwellenphänomen 13

Zweites Kapitel: Die Überschätzung der Sparfähigkeit in der Keynes-Schule 21

   1. Die Konsumfunktion des Einkommens 21

   2. Sparfähigkeit und Spartätigkeit in mikroökonomischen Querschnittsanalysen 25

   3. Makroökonomische Überprüfungen der Konsumfunktion des Einkommens 33

Drittes Kapitel: Analyse der Sparbereitschaft in der neueren ökonomischen Theorie 38

   1. Die Hypothese vom „relativen Einkommen" 38

   2. Die Hypothese vom „permanenten Einkommen" 42

   3. Die Rolle des Konsumstandards 47

Viertes Kapitel: Umrisse einer empirischen Theorie des Sparverhaltens 50

   1. Das Sparen als Objekt einer empirischen Theorie 50

   2. Das Sparen im Konzept des Wohlstands 59

   3. Das empirische Material 65

Fünftes Kapitel: Das Sparen im Spannungsfeld der Bedürfnisse 69

   1. Sparfähigkeit und Sparwilligkeit im Lebenszyklus 69

   2. Spartätigkeit und Haushaltsgröße 81

   3. Erfahrungen und Erwartungen als Determinanten des Sparverhaltens 86

Sechstes Kapitel: Das Sparen unter dem Einfluß sozialer Normen 99
   1. Der Beruf als Determinante des Sparverhaltens 99
   2. Die Bildungsabhängigkeit des Sparens — eine Scheinkorrelation .. 120
   3. Die soziale Schicht 128

Siebentes Kapitel: Subjektive und objektive Liquidität 132

Achtes Kapitel: Ergebnisse und Hypothesen 136

Tabellenanhang 142

Literaturverzeichnis 149

Einleitung

Zwar gehört das Sparen mit allen damit zusammenhängenden Problemen keineswegs zu den vernachlässigten Gebieten der Nationalökonomie; die Literatur darüber ist für einen einzelnen kaum mehr überschaubar. Dennoch fehlt es immer noch an einer zugleich umfassenden und dabei allgemein anerkannten Theorie über den Sparprozeß. Seit dem Erscheinen der Keynes'schen „General Theory", durch die das Sparverhalten in den Mittelpunkt des wissenschaftlichen Interesses rückte, hat jede nahezu noch so schlüssige theoretische Erklärung einzelner Phänomene eine logisch ebenso einleuchtende Interpretation in entgegengesetzter Richtung gefunden.

Wer nun hoffen wollte, in dieser Situation durch empirische Erhebungen schnell eine in jedem Punkt überzeugende Antwort zu finden, wird bald enttäuscht sein. Auch die Ergebnisse der zahlreichen empirischen Untersuchungen über das Sparverhalten, seien sie mikroökonomisch oder makroökonomisch konzipiert, zeigen keineswegs ein einheitliches Bild. Nicht nur die Interpretationen differieren, schon die Ausgangsdaten scheinen oftmals einander zu widersprechen. Diese Widersprüche lassen sich teilweise auf die unterschiedlichen Sachverhalte zurückführen, die erhoben werden: Sparen wird einmal als Nettozuwachs an Geldvermögen, ein anderes Mal als Gesamtvermögenszuwachs (mit oder ohne Einschluß der langlebigen Gebrauchsgüter) oder als Nettoinvestitionen einer Volkswirtschaft definiert. Aber selbst bei gleichen Ausgangsdefinitionen wird die ceteris-paribus-Bedingung in ihrer strengen Form nur selten gegeben sein. Entweder differieren der Erhebungszeitraum oder andere äußere Bedingungen (z. B. unterschiedliche Durchschnittseinkommen, unterschiedliche Inflationserfahrung oder veränderte Erwartungsstruktur der Bevölkerung), die ihrerseits Einfluß auf das Sparverhalten haben, oder die Untersuchungen werden in Ländern mit einer anders gearteten Sozialstruktur oder Wirtschaftsmentalität durchgeführt, oder die Erhebungsmethoden weichen voneinander ab (Daten auf der Grundlage von Totalerhebungen oder von Stichproben, Wirtschaftsrechnungen oder Bevölkerungsumfragen, Quota- oder Random-Sample).

Nur bei einer genügend großen Zahl von Untersuchungen kann man hoffen, daß sich die Einflüsse derartiger zusätzlicher Variablen insgesamt ausgleichen, so daß man auf diese Weise zu gesicherten Annahmen gelangen kann. Daher bedeutet jede einzelne empirische Untersuchung bereits einen Gewinn, selbst wenn sie nur die Ergebnisse bereits durchgeführter Untersuchungen erneut bestätigt oder falsifiziert.

Da fast alle größeren empirischen Erhebungen über das Sparverhalten aus den USA stammen, erscheint es als besonders wichtig, zu überprüfen, wieweit deren Ergebnisse verallgemeinert werden können oder ob die europäischen, speziell die deutschen Verhältnisse mit ihrem niedrigeren Einkommensniveau, der stärker oder zumindest anders differenzierten Sozialstruktur und den unterschiedlichen Systemen der sozialen Sicherung und Altersvorsorge sowie der anders gearteten Wirtschaftsmentalität Modifizierungen der amerikanischen Erfahrungen bedingen. Eine solche empirische Analyse des Sparverhaltens der Bevölkerung in der Bundesrepublik soll in dieser Arbeit auf der Grundlage mikroökonomischen Materials durchgeführt werden.

Dabei erweist es sich als notwendig, das Untersuchungsobjekt „Sparen" zunächst einzuschränken. Es geht hier nicht um eine Analyse der volkswirtschaftlichen Wirkungen des Sparens, sondern um eine Bestimmung seiner Determinanten und nur um das Sparverhalten der privaten Haushalte, nicht aber des Staates oder der Unternehmungen.

Eine Analyse des Sparverhaltens ist für drei Bereiche der Volkswirtschaft von besonderem Interesse: für die Geldtheorie, da die Giralgeldkapazität einer Volkswirtschaft letztlich von der Höhe der Einlagen abhängt, die bei den Geschäftsbanken gehalten werden; für die Konjunktur- und Wachstumstheorie, da Sparen und Entsparen die Nachfrage und die Investitionstätigkeit weitgehend determinieren; endlich für die Vermögensbildung und -verteilung, die sich — abgesehen von der Möglichkeit eines Erbanfalls — primär als Folge eines (freiwilligen oder unfreiwilligen) Sparens einstellt.

Von diesen drei theoretischen Aspekten des Sparens wollen wir uns vor allem auf den letztgenannten, die Vermögensbildung, konzentrieren und uns auch hier im wesentlichen auf die Analyse der Bildung von Geldvermögen beschränken. Bei der Auswertung des uns zur Verfügung stehenden Materials[1] wird das Untersuchungsobjekt sogar noch enger eingegrenzt: auf die regelmäßigen Sparakte und auf den am Erhebungstag ersparten Betrag (Sparerfolg).

Das sind nur zwei von zahlreichen möglichen Indikatoren des Sparens, die aber, was die Grundbedingung für jede empirische Forschung darstellt, erhebbar waren und sich außerdem zur Prüfung unserer Hypothesen über die Stellung des Sparens im Rahmen der übrigen Bedürfnisse als zweckmäßig erwiesen haben.

---

[1] Bevölkerungsumfrage „Umgang mit Geld"; Forschungsstelle für empirische Sozialökonomik, Köln, und Institut für Demoskopie, Allensbach, 1959.

Gegenstand der Sparforschung unter dem Aspekt der Vermögensbildung ist der Sparerfolg, die ihn bewirkenden Verhaltensweisen und die ihn beeinflussenden Faktoren. Dabei suchte die volkswirtschaftliche Theorie lange nach einem „monokausalen" Erklärungsversuch des Sparverhaltens: zunächst im Zins, später in der Keynes-Schule im Einkommen. Der Glaube an *einen* dominanten Faktor deutet meist darauf hin, daß sich die betreffende Theorie oder Disziplin noch auf einer relativ niedrigen Stufe des Erkenntnisprozesses befindet. Heute besteht hingegen die Tendenz, die Einflußgröße Einkommen umfassender zu betrachten, sie nicht ohne den sozialen Bezugsrahmen („relatives Einkommen") und ihren dynamischen Verlauf (Einkommensentwicklung und Einkommenserwartung) zu sehen.

Dieser Tendenz folgt auch die vorliegende Analyse, die neben den ökonomischen und sozialen Komponenten auch noch psychische Faktoren („subjektive Liquidität") hinzuzieht[2]. Dabei wird vor allem die (meist stillschweigend gemachte) Einschränkung fallengelassen, das Sparen sei nur von Konsummotiven und -gewohnheiten abhängig (Restsparen). Es stellt sich vielmehr heraus, daß das Sparen eine gewisse Eigenmotivation besitzt, was sich u. a. an der relativ gleichmäßigen Spartätigkeit im Lebenzyklus zeigt, wo die Geldvermögensbildung längst nicht in dem Maße schwankt wie die wirtschaftliche Lage. Das Konsumniveau wird dabei oftmals zugunsten des Sparens gesenkt (und nicht nur umgekehrt!). Neben den Bedürfnissen nach Konsumgütern und langlebigen Gebrauchsgütern existiert, in Konkurrenz zu diesen Bedürfnissen, ein Bedürfnis nach finanziellen Reserven, für das es auch, wie für alle anderen Güter, einen Sättigungspunkt geben dürfte. Wo dieser Sättigungspunkt liegt und wie stark das Bedürfnis nach Geldvermögen ist, hängt weniger vom Einkommen als von anderen Faktoren sozialer Art (Beruf) und von psychischen Einflußgrößen (Pessimismus, Angst vor der Zukunft) ab.

Dieser hier nur kurz angedeutete Gedankengang trägt Hypothesencharakter; im Verlaufe der Ausführungen soll er näher erläutert und empirisch belegt werden.

---

[2] Wovon sich auch die beiden letzteren als ökonomische Größen im Sinne von „ökonomisch relevant" (Myrdal) erweisen.

Erstes Kapitel

Die Zinsabhängigkeit des Sparens in der älteren ökonomischen Theorie

1. Der Zins in der Rationaltheorie

Während die Antike, später die Kirchenväter und schließlich die Scholastik und auch der Calvinismus sich mit dem Sparen fast ausschließlich von seinem normativen Aspekt her beschäftigen und im Sparen und in der Sparsamkeit eine Tugend und die Verwirklichung eines göttlichen Gebots sehen, gewinnen gegenüber diesen transzendent begründeten Motiven des Sparens mit Beginn der Aufklärung mehr und mehr auch rational-ökonomische Erklärungsversuche Raum[1]. Gespart werde vor allem deshalb, weil das Sparen dem Menschen nützlich sei[2], weil es ihm Möglichkeiten verschaffe, das Einkommen zu vergrößern[3] und die Lebenshaltung zu verbessern[4], und weil es eine Vorsorge für den künftigen Bedarf bedeute[5].

Diese vom Rationalprinzip ausgehenden Überlegungen münden schließlich in der Hervorhebung des rein ökonomischen Einkommensmotivs durch die Klassik. Als Profit- oder Gewinnstreben des „Sparer-Investors" oder als Zinsmotiv des „Sparer-Rentiers" stellt das Einkommensmotiv insbesondere bei Ricardo[6] und bei J. St. Mill[7], aber auch bei Malthus[8] den entscheidenden Beweggrund zum Sparen dar.

---

[1] Vgl. Manteuffel-Szöge, C. v.: Das Sparen, Jena 1900, S. 31 ff.; Paschke, W.: Bestimmungsgründe des persönlichen Sparens. Ein Beitrag zur ökonomischen Verhaltensforschung, Bd. 17 der Schriften des Inst. f. d. Spar-, Giro- u. Kreditwesen a. d. Univ. Hamburg (hrsg. v. Voigt, F.), Berlin 1961, S. 23 ff.

[2] Hobbes, Th.: Grundzüge der Philosophie, 2. u. 3. Teil, Lehre vom Menschen und vom Bürger, dtsch. v. Frischeisen-Köhler, M., Bd. 158 der „Philosophischen Bibliothek", Leipzig 1918, S. 45.

[3] Mercier de la Rivière: L'ordre naturel et essentiel des sociétés politiques, London und Paris 1767, in: Collection des principaux Economistes, Bd. 2, S. 445 ff., zit. nach Paschke, W., a.a.O., S. 27.

[4] Smith, A.: Untersuchung über die Natur und die Ursachen des Nationalreichtums, 2. Bd., dtsch. Übers. (2. Aufl.) d. 4. engl. Aufl., Breslau u. Leipzig 1799, S. 122.

[5] Turgot, A. R. J.: Betrachtungen über die Bildung und die Verteilung des Reichtums, Bd. 1 der Sammlung sozialwissenschaftlicher Meister (hrsg. v. Waentig, H.), 1. Halbbd., 3. Aufl., Jena 1924, S. 70.

[6] Ricardo, D.: Grundsätze der Volkswirtschaft und Besteuerung, Bd. 5 der

Um eine logische Begründung dieses Sparmotivs bemüht sich später ausführlich die Grenznutzenschule. Nach ihrer Auffassung kann es für ein ökonomisch rational handelndes Wirtschaftssubjekt nur dann einen Grund zum zeitweiligen Konsumverzicht und damit zum Sparen geben, wenn ihm der Zukunftsnutzen höher erscheint als der Gegenwartsnutzen eines Gutes. Da aber im allgemeinen Gegenwartsgüter subjektiv höher bewertet würden als Zukunftsgüter in gleicher Menge und Qualität, könne sich ein solcher „homo oeconomicus" nur dann zu einem freiwilligen Konsumaufschub entschließen, wenn ihm ein entsprechendes Äquivalent für den Nutzenentgang geboten wird[9].

Die einfachste Form eines solchen Ausgleichs besteht darin, daß für die Zukunft die Nutzung einer größeren Menge des gleichen Gutes in Aussicht gestellt wird; der Verzicht auf den sofortigen Verbrauch einer Geldsumme wird durch die spätere Zahlung einer größeren Geldsumme belohnt. Je größer diese Differenz, der Zins, in einem bestimmten Zeitraum, desto stärker die Anreize, zugunsten eines späteren Konsums den heutigen Konsum einzuschränken. Der sich daran anschließende Gedanke, daß die Höhe des Zinses folglich das Angebot an Spargeldern entscheidend bestimme, erscheint nur allzu plausibel.

Den Gedanken von der Zinsmotiviertheit des Sparens finden wir u. a. bei Wicksell[10], bei J. B. Clark[11] und bei Schumpeter[12] wieder; ebenso aber auch noch in der praktischen Wirtschaftspolitik unserer Tage, wenn sie im Zuge der Vermögensbildungspolitik mit fiskalischen Zinsanreizen in Form von Sparprämien oder Steuervergünstigungen arbeitet.

Gelegentlich werden von einzelnen Autoren der älteren Nationalökonomie zwar auch andere Bestimmungsgründe für das Sparverhalten genannt; so bei Cassel[13] und Marshall[14] die Vorsorge für die Zukunft,

---

Sammlung sozialwissenschaftlicher Meister (hrsg. v. Waentig, H.), 3. Aufl., Jena 1923, S. 294 f.

[7] Mill, J. St.: Grundsätze der politischen Ökonomie mit einigen ihrer Anwendungen auf die Sozialphilosophie, 17. Bd. der Sammlung sozialwissenschaftlicher Meister (hrsg. v. Waentig, H.), 1. Bd., 2. Aufl., Jena 1924, S. 248.

[8] Malthus, Th. R.: Grundsätze der politischen Ökonomie mit Rücksicht auf ihre praktische Anwendung, dtsch. von Prager, Berlin 1910, S. 416.

[9] Böhm-Bawerk, E. v.: Capital und Capitalzins, II. Abtheilung: Positive Theorie des Capitales, 2. Aufl., Innsbruck 1902, S. 248 ff. und S. 299 ff.

[10] Wicksell, K.: Vorlesungen über Nationalökonomie auf der Grundlage des Marginalprinzips. Theoretischer Teil, 1. Bd., Jena 1913, S. 218.

[11] Clark, J. B.: Essentials of Economic Theory. As Applied to Modern Problems of Industry and Public Policy, Neudruck: New York 1922, S. 340 ff.

[12] Schumpeter, J.: Theorie der wirtschaftlichen Entwicklung. Eine Untersuchung über Unternehmergewinn, Kapital, Kredit, Zins und den Konjunkturzyklus, 5. Aufl., Berlin 1952, S. 301.

[13] Cassel, G.: Theoretische Sozialökonomie, 5. Aufl., Leipzig 1932, S. 218 f. und S. 223.

[14] Marshall, A.: Principles of Economics, Bd. 1, 9. Aufl., London 1961, S. 228 f.

oder in der Historischen Schule[15] verschiedene soziale und kulturelle Komponenten. Dies stellen aber Ausnahmen von der Regel dar; man kann also mit Fug sagen, daß eine vorkeynesianische „Konsumfunktion", wenn es sie gegeben hätte, die Konsumausgaben und das Sparen in erster Linie als zinsabhängig angenommen hätte[16].

2. Die Zinswirkung als Reiz-Reaktions-Schema

Daß Sparen und Zins zusammenhängen, daß zwischen der Höhe des Zinsfußes und dem Sparvolumen gewisse wechselseitige Beziehungen bestehen, ist seit der Klassik von der ökonomischen Theorie nur selten in Frage gestellt worden. Uns soll hier freilich nur der direkte Einfluß des Zinses auf das Angebot an Spargeldern seitens der privaten Haushalte interessieren; die langfristigen indirekten Wirkungen, die sich im Rahmen des volkswirtschaftlichen Kreislaufs dergestalt vollziehen, daß der Zins die Investitionstätigkeit, die Investitionshöhe das zukünftige Einkommen und die Höhe des Einkommens wiederum das Sparvolumen beeinflußt[17], sollen ebenso aus der Betrachtung ausgeschlossen werden wie die Frage nach den Ursachen und der Rechtfertigung des Zinses.

Beschränkt man sich auf die Frage nach den Wirkungen des Zinses auf das Sparen der privaten Haushalte, so heißt das mit anderen Worten, daß man nach dem Ablauf eines Reiz-Reaktions-Schemas fragt, bei dem der Zins die Rolle des auslösenden Reizes, das Wirtschaftssubjekt die Rolle des Reiz-Empfängers und die Verhaltensänderung des Wirtschaftssubjektes die Reaktion darstellen. Der Zins kann aber nur dann einen Reiz auf das Wirtschaftssubjekt ausüben, wenn er von diesem wahrgenommen wird. Die bloße Tatsache, daß ein Zinsfuß für Spargelder existiert, genügt also nicht; erste Voraussetzung für das Wirksamwerden eines Zinsanreizes ist daher eine hinreichende Information des Wirtschaftssubjektes. Eine solche Information wurde von der nationalökonomischen Theorie meist als selbstverständlich unterstellt, zu Unrecht, wie wir noch sehen werden. Ob eine solche auf mannigfache Weise dargebotene Information (z. B. durch Aushang im Schalterraum einer Sparkasse oder Bank, durch

---

[15] Roscher, W.: Grundlagen der Nationalökonomie, 25. Aufl., Stuttgart - Berlin 1918, S. 684 f.; Mangoldt, H. v.: Grundriß der Volkswirtschaftslehre, 2. Aufl., bearb. v. Kleinwächter, F., Berlin (o. J.), S. 33; Schmoller, G.: Grundriß der Allgemeinen Volkswirtschaftslehre, 1. Teil, 1. - 3. Aufl., Leipzig 1900, S. 40; Manteuffel-Szöge, C. v. („Das Sparen", Jena 1900, S. 42) hebt hingegen das „wirtschaftliche Motiv" (Zins) als das „psychologisch wichtigste" hervor.

[16] Bössmann, E.: Probleme einer dynamischen Theorie der Konsumfunktion, Frankfurt/M. 1957, S. 17.

[17] Vgl. Preiser, E.: Sparen und Investieren, in: Jahrb. Nat. u. Stat., Bd. 159 (1944), S. 257 ff.; Gestrich, H.: Kredit und Sparen, 2. Aufl., Bad Godesberg 1947.

die Tagespresse, durch besondere Mitteilungen der Kreditinstitute an ihre Kunden) wahrgenommen und registriert wird, hängt einmal von den intellektuellen Fähigkeiten, den Interessengebieten („ökonomische Bildung") und der materiellen Interessenlage (Geldvermögen) des Wirtschaftssubjektes ab, zum andern aber auch davon, ob der Inhalt der Information (etwa die Höhe des Zinsfußes) oder ihre äußere Form in irgendeiner Weise das Interesse der Angesprochenen erregen.

Hat das Wirtschaftssubjekt nun die Information über den Zins bewußt aufgenommen, so sind für die Analyse der Zinswirkungen vornehmlich zwei Fragen von Interesse: Erstens, wie hoch muß die Reizschwelle, d. h. der Zinssatz sein, damit das Wirtschaftssubjekt überhaupt mit einer Verhaltensänderung reagiert? Zweitens, wie ist diese Reaktion im einzelnen beschaffen?

Für den Ablauf des Reiz-Reaktions-Schemas gilt das psychologische Gesetz der „Reizschwelle" als verallgemeinertes Weber-Fechnersches Gesetz, d. h. Unterschiede werden erst dann wahrgenommen, wenn sie bestimmte Mindestgrößen („Schwellen der Fühlbarkeit") überschritten haben[18]; nicht jede Zinsänderung ruft eine entsprechende Reaktion des Wirtschaftssubjektes hervor[19]. Die Höhe solcher uns hier interessierenden Reizschwellen läßt sich allein auf theoretischer Grundlage nicht bestimmen; dazu bedarf es empirischer Untersuchungen.

3. Die Zinsempfindlichkeit als Schwellenphänomen

Über die tatsächliche Zinsinformiertheit der Wirtschaftssubjekte gibt es so gut wie gar keine empirischen Erhebungen; wir werden uns daher mit einigen Anhaltspunkten begnügen müssen. So enthält die Untersuchung „Umgang mit Geld" eine an die Inhaber von Sparkonten gerichtete Frage nach der Höhe des zum Befragungszeitpunkt gültigen Zinssatzes für Spareinlagen; dabei stellt sich heraus, daß zwar der größere Teil der Kontenbesitzer (bei den Inhabern von Postsparbüchern 50 %, bei den Inhabern von anderen Sparbüchern 70 %) die aktuelle Zinshöhe im großen und ganzen richtig (1959: 3 - 4 %) einschätzt, daß aber immerhin eine beachtliche Minderheit über den Zinssatz gar nicht oder falsch informiert ist. Die hier leider nicht erfragte Zinsinformiertheit der Nichtkontenbesitzer dürfte wahrscheinlich noch erheblich geringer sein[20].

---

[18] Vgl. Krelle, W.: Preistheorie, Tübingen - Zürich 1961, S. 12; Schmölders, G.: Volkswirtschaftslehre und Psychologie, Berlin 1962, S. 17.

[19] Schumpeter, J.: Theorie der wirtschaftlichen Entwicklung..., a.a.O., S. 301.

[20] Legt man allerdings den Begriff „richtig informiert" großzügiger aus und wertet alle Nennungen über den Spareinlagenzins in der Größenordnung von 1 % bis 10 % und alle Angaben über die Verzinsung (!) von Aktien zwischen 4 % und 20 % (!) als richtig, so kommt man zu einem Anteil von 85 % (Spargut-

Mangelnde oder falsche Informiertheit über den herrschenden Einlagenzins bedeutet freilich nur, daß von diesem aktuellen Zinssatz und von Veränderungen desselben kein Einfluß auf die Spartätigkeit dieser Wirtschaftssubjekte ausgehen kann. Damit kann aber für die Betreffenden der Zins als Sparmotiv noch nicht ganz ausgeschlossen werden, denn auch falsche Vorstellungen über den Zins können als Entscheidungsgrundlage dienen; möglicherweise bildet auch nicht der aktuelle Zinssatz sondern ein langfristiger Durchschnittszinsfuß den Orientierungsmaßstab[21].

Das Problem der Zinsinformiertheit ist aber nicht nur von theoretischem Interesse; einen Hinweis darauf, daß durch eine Veränderung des Informationsniveaus durchaus beachtliche Wirkungen auf das tatsächliche Sparverhalten ausgehen können, gibt eine Untersuchung der Forschungsstelle für empirische Sozialökonomik in Köln, die im Jahre 1961 im Auftrage des Bundesarbeitsministeriums durchgeführt wurde[22]. Im Rahmen dieser Untersuchung wurden bei einer für die Bundesrepublik repräsentativen Stichprobe von Arbeitnehmern (rund 900 Befragte) die Wirkungen von zusätzlichen Informationen über die Verzinsung gesparter Gelder auf die Sparbereitschaft getestet. Zwei gleichstrukturierte, für die Bundesrepublik repräsentative Stichproben von Arbeitnehmern wurden gefragt, ob es sich lohnen würde, eine vom Betrieb gezahlte zusätzliche Prämie von jährlich 300,— DM für fünf Jahre festzulegen, damit eine größere Summe zusammenkäme. Der zweiten Gruppe wurde die zusätzliche Information gegeben, daß der Befragte dann mit den Zinsen nach fünf Jahren rund 2000,— DM auf dem Konto hätte. Schon diese einfache Information bewirkte ein Ansteigen der bejahenden Antworten („Es würde sich lohnen, das Geld stehen zu lassen") von 45 % bei der ersten auf 56 % bei der zweiten Stichprobe; demgegenüber sank der Anteil der verneinenden Antworten („Ich würde mir für die 300,— DM lieber gleich etwas anschaffen") von 45 % auf 32 % (Rest ohne Meinung)[23]. Bei diesem Experiment, das freilich nur eine hypothetische Entscheidungssituation durchspielen konnte, im konkreten Einzelfalle mögen sich die Befragten durchaus anders verhalten, wurden den Befragten der zweiten Gruppe die Informationen gewissermaßen „zwangsweise", d. h. ohne Möglichkeit, ihnen auszuweichen, vermittelt; normalerweise nimmt der Gang der Information jedoch einen anderen Weg. Das einzelne Wirt-

---

haben) und 48 % (Aktien) von Zinsinformierten innerhalb der erwachsenen Gesamtbevölkerung (Institut für Selbsthilfe: Verbraucherstudie 1958, als Ms. vervielfältigt).

[21] Reichenau, Ch. v.: Die Kapitalfunktion des Kredits, Jena 1932, S. 108 f.

[22] Scherhorn, G.: Möglichkeiten und Grenzen einer aus dem Arbeitsverhältnis abgeleiteten Vermögensbildung der Arbeitnehmer, als Ms. vervielfältigt, Köln 1961; derselbe: Eigentumspolitik — ein unkontrolliertes Experiment?, in: Blätter für Genossenschaftswesen, 109. Jg. (1963), Nr. 20, S. 298 ff.

[23] Scherhorn, G.: Möglichkeiten und Grenzen einer aus dem Arbeitsverhältnis abgeleiteten Vermögensbildung der Arbeitnehmer, a.a.O., S. 102.

3. Die Zinsempfindlichkeit als Schwellenphänomen

schaftssubjekt registriert und verarbeitet aus der Fülle von Nachrichten und Mitteilungen, die es täglich und stündlich auf den verschiedensten Kommunikationswegen erreichen, in erster Linie nur die Nachrichten, die seine Aufmerksamkeit erwecken. Ob eine Mitteilung Aufmerksamkeit erregt, hängt von verschiedenen Faktoren ab: von der Art und Weise, wie diese Mitteilung zugeht, von der äußeren Aufmachung und vom Inhalt. In unserem Falle geht es bei dem Inhalt der Information besonders um die Zinshöhe. Ein hoher Zinssatz wird leichter Interesse erwecken als ein niedriger; fernerhin werden Sparer und die Besitzer von Geldvermögen eher Interesse nehmen als Nichtsparer und Vermögenslose. Aber auch beim Sparer und beim Kontenbesitzer ist die Interessenahme eng an die Höhe des Kontenstandes geknüpft; wo die jährlichen Zinsen nur einen Bagatellbetrag ausmachen, mißt man dem Zinsfuß kaum Bedeutung bei. Die Zinsorientiertheit ist beim kurzfristigen konsumnahen Sparen und bei Kontenständen unter 2000,— bis 3000,— DM (1959) äußerst gering; nach Überschreiten dieser Schwelle wächst sie jedoch deutlich an[24]. Das gilt freilich nur für einen Zinssatz von rund 4 %; bei höheren Zinssätzen werden die Schwellenwerte wahrscheinlich niedriger anzusetzen sein.

Zinsinformiertheit oder doch zumindest Vorstellungen über den Zins beim einzelnen Wirtschaftssubjekt dürfen jedoch keinesfalls mit einem zinsabhängigen Handeln desselben gleichgesetzt werden; muß der Zinssatz schon eine gewisse Höhe erreichen, um überhaupt wahrgenommen zu werden, so wird der Schwellenwert, der überschritten werden muß, um eine Verhaltensänderung hervorzurufen, noch erheblich darüber liegen. Hier müssen wir allerdings zwei Arten von Reaktionen der Wirtschaftssubjekte unterscheiden. Einmal handelt es sich um die Frage nach der Zinsreagibilität bei der Anlage von Vermögenswerten, d. h. um die Frage, wie groß die Zinsdifferenzen zwischen verschiedenen Anlageformen werden können, bevor der Sparer von der einen in die andere „umsteigt". Diese Art der Zinsreagibilität ist u. a. eine Funktion von Zinssatz und Höhe des Vermögens. Je größer das Vermögen, desto geringer kann die Zinsdifferenz werden, bei der der Sparer bereits reagiert. Nach Untersuchungen von Wissmann zeigt sich der kleine Sparer mit einem Vermögen von unter 5 000,— DM sehr wenig flexibel; erst bei Überschreiten dieser Schwelle kann eine Zinsreagibilität registriert werden[25].

Die zweite, uns im Zusammenhang mit der Motivation des Sparens vor allem interessierende Frage ist die nach der Zinsabhängigkeit der

---

[24] Schmölders, G.: Die sogenannte „Zinsempfindlichkeit" des Sparers, in: Ztschr. f. d. gesamte Kreditwesen, 1961, Heft 15.
[25] Wissmann, B.: Die Zinsempfindlichkeit der deutschen Sparer, Bd. 15 der Untersuchungen über das Spar-, Giro- und Kreditwesen (hrsg. v. Voigt, F.), Berlin 1960, S. 131.

Sparquote, d. h. nach dem Einfluß des Zinses auf das Verhältnis von konsumierten zu gesparten Einkommensteilen. Während die Klassik und auch meist die Grenznutzenschule auf den privaten Sparer das Modell des Gewinn- oder Nutzenmaximierers dergestalt anwenden, daß sie bei steigendem Zinsfuß einen steigenden Grenznutzen des Sparens und einen abnehmenden Grenznutzen des Konsums unterstellen und infolgedessen ein Ansteigen der Sparquote erwarten, weist Wicksell auf den ambivalenten Charakter des Zinses hin. Ein hoher Zins könne einerseits einen Sparanreiz darstellen, da er den „zukünftigen Nutzen der letzten jetzt gesparten Kapitaleinheit" erhöhe; andererseits „mache er ... die Versorgung in der Zukunft reichlicher und vermindere dadurch ... den Grenznutzen der Zukunftsware"[26]. Ähnlich argumentiert J. B. Clark, der in der Zukunftsvorsorge die Hauptmotivation des Sparens sieht, wobei man freilich nichts zurücklege, um das ersparte Vermögen später wieder auszugeben, sondern um aus seinen Erträgen eine ständig fließende Einkommensquelle zur Verfügung zu haben; je höher der Zins nun sei, desto weniger brauche gespart zu werden, da bei einem hohen Zinsfuß bereits ein kleineres Vermögen das zur Sicherung eines bestimmten Lebensstandards erforderliche Einkommen garantiere[27]. Damit gehen Wicksell und Clark von begrenzten Zielen des Sparers aus, der Sicherung eines bestimmten zukünftigen Einkommens, während die übrige Literatur ein eher unbegrenztes Bedürfnis nach einer späteren Einkommensmehrung unterstellt. Empirische Befunde zur Stützung der Hypothesen Wicksells und J. B. Clarks liegen jedoch nicht vor; soweit überhaupt eine Zinsabhängigkeit der Sparquote feststellbar ist, wirkt sich der Zins als positiver Sparanreiz aus.

Ob jedoch der Zins die Funktion eines solchen Anreizes übernimmt, hängt entscheidend von der Höhe des Zinsfußes ab. Darauf weist schon Cassel hin, wenn er dem Zins nur einen Einfluß auf das Sparvolumen zubilligt, soweit dieser die „normale" Marge von 3 % bis 5 % im Jahr über- oder unterschreite[28]; ähnlich vermutet auch Jöhr, daß innerhalb eines „mittleren Bereiches" von etwa 2,5 % bis 4,5 % die angebotene „Sparmenge" vom Zins unabhängig sei[29], während Mahr die Schwelle der Zinsempfindlichkeit bei 6 % beginnen läßt[30]. Freilich ist keine der genannten Hypothesen irgendwie empirisch belegt, und auch heute noch fehlt es an einer genaueren Fixierung des Schwellenwertes, der nur empirisch, nicht aber auf der Grundlage der Rationaltheorie zu bestimmen ist[31].

---

[26] Wicksell, K., a.a.O., S. 280.
[27] Clark, J. B., a.a.O., S. 340 ff.
[28] Cassel, G., a.a.O., S. 218 f. und S. 222 f.
[29] Jöhr, W. A.: Theoretische Grundlagen der Wirtschaftspolitik, Bd. 2, Die Konjunkturschwankungen, Tübingen 1952, S. 486.
[30] Mahr, A.: Zinshöhe, Sparen und Kapitalbildung, in: Ztschr. f. Nationalökonomie, Bd. 10 (1944), S. 394.
[31] „Man wird mit der Beantwortung der Frage nicht viel weiter kommen

3. Die Zinsempfindlichkeit als Schwellenphänomen

Einige Anhaltspunkte lassen jedoch vermuten, daß er weit über den angenommenen 4,5 - 6 % liegt.

Mit Hilfe makroökonomischer Daten läßt sich die Wirkung des jeweiligen Zinssatzes auf das volkswirtschaftliche Sparvolumen kaum nachweisen, da es sich im Rahmen der Volkswirtschaft um wechselseitige Beziehungen handelt; ein hoher Marktzins ist meist Ausdruck eines geringen Angebots von Spargeldern, ein niedriger Zinsfuß zeugt von reichlichem Kapitalangebot. Hinzu kommen Interventionen der Zentralbank und andere Außeneinflüsse, so daß sich eine Isolierung der Faktoren Zinsfuß und Kapitalangebot nur schwerlich durchführen läßt, wie sich bei einem vergeblichen Versuch Wissmanns gezeigt hat, der die Spareinlagenentwicklung und die Veränderungen des Zinsfußes in einen funktionalen Zusammenhang zu bringen versuchte[32]. Damit bleiben wir auf mikroökonomische Erhebungen angewiesen.

Einen ersten Hinweis darauf, daß im Rahmen des normalen Sparzinses von 3 - 4 % durch den Zins für die privaten Haushalte kaum ein Anreiz zur Kapitalbildung gegeben ist, gibt uns die Untersuchung „Umgang mit Geld". Diejenigen Sparer, die den aktuellen Zinssatz zu niedrig einschätzen, also die Vorstellung von einem unter 3 % liegenden Zins haben, verfügen nämlich im Durchschnitt sogar über höhere Guthaben als die Gegengruppe, die sich in ihrem Sparverhalten von der Vorstellung eines über 3 % liegenden Zinses leiten läßt (Tabelle A 7 im Anhang).

Eine Möglichkeit, die Reaktion der Bevölkerung auf die Einführung einer mit einem weit höheren Zins dotierten Sparmöglichkeit zu überprüfen, gibt das „Prämiensparen". Im Sparprämiengesetz[33] ist bei einer fünfjährigen Festlegung der Sparsumme eine staatliche Prämie von 20 % auf die eingezahlten Spargelder vorgesehen, wodurch sich eine zusätzliche jährliche Verzinsung von 4 % ergibt; rechnet man die üblichen Bankzinsen für langfristig festgelegte Spargelder von rund 4,5 % hinzu, berücksichtigt man ferner die Zinsen auf die Sparprämie und die Tatsache, daß der Festlegungszeitraum in praxi meist nur 4,5 Jahre beträgt, so kommt man auf eine Gesamtverzinsung von rund 10 % im Jahr. Da die Banken und Sparkassen ihren Kunden regelmäßig darüber berichten,

---

als bis zu der Feststellung, daß er („der Konsument") solange fortfährt zu investieren", (in langfristigen Wertpapieren, die als die für ihn optimale Investitionsform unterstellt wurden) „bis der auf die Gegenwart bezogene Nutzen, den das aus der Investition der letzten Geldeinheit in der Zukunft erwartete Einkommen gewährt, gleich dem Nutzen ist, den die letzte Geldeinheit, auf den Konsum verwendet, abwirft" ... „Wieviel der Konsument insgesamt spart, wird also eine komplizierte Funktion des in der laufenden Periode erzielten und in zukünftigen Perioden erwarteten Einkommens sowie der gegebenen und erwarteten Zinssätze sein." (Lutz, F. A.: Zinstheorie, Zürich - Tübingen 1956, S. 164.)

[32] Wissmann, B., a.a.O., S. 78.
[33] Sparprämiengesetz vom 5. 5. 1959 (BGBl. I, S. 241).

haben zumindest die bisherigen Sparer reichlich Gelegenheit zur Information über diesen Gegenstand.

Im September 1959, ein knappes halbes Jahr nach Verkündung des Gesetzes, hatten jedoch nur 0,5 % der Haushalte in der Bundesrepublik einen prämienbegünstigten Sparvertrag abgeschlossen; hinzu müssen wir freilich noch die 2 % der Haushalte rechnen, die die damals noch bestehenden Möglichkeiten, steuerbegünstigt zu sparen, ausgenutzt haben. Der zusätzliche Zinsvorteil beim steuerbegünstigten Sparen ist nur schwer abschätzbar, da er vom Grenzsteuersatz des Sparers abhängt, also zwischen 0 und 53 % für den gesamten Festlegungszeitraum (je nach Abschlußdatum zwischen 7 und 10 Jahre) liegt[34].

Diese Zahlen aus dem September 1959 bedürfen jedoch einiger Korrekturen. Erfahrungsgemäß werden die meisten steuer- oder prämienbegünstigten Sparverträge kurz vor Jahresende abgeschlossen. Nach Statistiken des Bundesfinanzministeriums wurden im Jahre 1959 insgesamt 649 Millionen DM prämienbegünstigt festgelegt[35]. Geht man davon aus, daß die meisten den Höchstbetrag gespart haben (Ledige 600,— DM; Verheiratete zusammen 1 200,— DM, bei mehr als drei Kindern unter 18 Jahren 1 800,— DM), so kommt man auf die Zahl von rund 1 Million Sparern oder fast 2 % der Bevölkerung, die vermutlich jedoch nicht über alle Haushalte gleichmäßig gestreut sind, so daß der Anteil der Haushalte geringer sein dürfte. Im Jahre 1964 wurde ein Betrag von 3,3 Mrd. DM eingezahlt; das entspricht bei gleichem Berechnungsmodus der Zahl von fast 5 Millionen Sparern oder annähernd 10 % der Bevölkerung.

Diesen Zahlen kann man entnehmen, daß ein Zinssatz von fast 10 % pro Jahr das Sparverhalten nicht unbeeinflußt läßt. Ob es sich aber nur um eine Beeinflussung der Wahl der Spar- oder genauer Anlageform handelt oder ob es mit Hilfe dieser fiskalischen Sparförderungsmaßnahmen wirklich gelungen ist, die Relation von Sparen zu Verbrauchen bei der Einkommensverwendung zu ändern, kann aus der vorliegenden Globalstatistik nicht abgelesen werden. In unserer 1959er Untersuchung rekrutieren sich die Nutznießer der staatlichen Förderungsmaßnahmen hauptsächlich aus den Bevölkerungsschichten, die soziologisch und einkommensmäßig ohnehin zum Kreise der Sparer gehören. Wenn das auch für 1964 noch gelten würde, so könnte man daraus schließen, daß allgemein nur eine Umschichtung vom freien zum vertraglichen Sparen stattgefunden

---

[34] Das ebenfalls mit einer Bausparprämie oder Steuervergünstigungen dotierte Bausparen sei an dieser Stelle ausgeklammert, da es sehr fraglich bleibt, ob hier nicht andere Motive gegenüber dem Einkommensmotiv (Zins) dominant sind.
[35] Blatzheim, A.: Steiler Anstieg des Prämiensparens, in: Bulletin des Presse- und Informationsamtes der Bundesregierung, 30. 4. 1965 (Nr. 75), S. 607.

3. Die Zinsempfindlichkeit als Schwellenphänomen

hat. Die Prämie hätte dann zwar ausgereicht, die Sparer gegen eine Verdoppelung des üblichen Zinses dazu zu bewegen, einen Teil ihrer liquiden Mittel längerfristig zu binden bzw. von einer Anlageform in eine andere umzusteigen, nicht aber dazu, die Sparquote der Anleger zu erhöhen oder etwa neue Sparerschichten zu gewinnen.

Diese Interpretation wird auch durch eine freilich nicht repräsentative Umfrage der Kölner Forschungsstelle für empirische Sozialökonomik vom Juli/August 1965 bestätigt. Aus einer Zufallsauswahl von Kölner männlichen Telefonbesitzern (Arbeitnehmer, 30 bis 50 Jahre alt) wurden 186 Personen ausgewählt, die sich in einer schriftlichen Befragung bei der Wahl ihrer Geldanlageform entweder als besonders zinsempfindlich (70 %) oder als besonders zinsunempfindlich (30 %) erwiesen hatten. Von dieser Personengruppe hatten 69 % einen oder mehrere prämienbegünstigte Sparverträge abgeschlossen; den Inhabern solcher Sparverträge wurde die folgende Frage vorgelegt: „Als Sie den Sparvertrag abschlossen, hatten Sie da sowieso Geld übrig, oder haben Sie auf irgendwelche Ausgaben verzichtet?"

83 % der 129 Befragten gaben an, Geld übrig gehabt zu haben; nur 17 % erklärten, auf bestimmte Ausgaben verzichtet zu haben, um die Sparsumme zusammenzubekommen. Dieser Befund stellt wiederum ein Indiz für die Vermutung dar, daß die Konditionen beim Prämiensparen (durchschnittliche jährliche Verzinsung von fast 10 % gegen einen auf 4½ bis 5 Jahre ausgesprochenen Verzicht auf Liquidität) nur einen Anreiz zur Wahl gerade dieser Anlage*form*, nicht aber für das Sparen als solches bieten.

Liegt ein Zinssatz von rund 10 % somit noch unterhalb der Reizschwelle, die der Zins überschreiten muß, um das Spar- und Konsumverhalten zu ändern, so scheint andererseits ein Zinssatz von 50 - 100 % oberhalb dieser Reizschwelle zu liegen, wie aus der bereits zitierten Erhebung der Forschungsstelle für empirische Sozialökonomik hervorgeht, die im Jahre 1961 im Auftrage des Bundesarbeitsministeriums durchgeführt wurde. Im Rahmen der genannten Untersuchung wurde u. a. die Zinsempfindlichkeit von 189 Arbeitnehmern aus 41 Betrieben, vorwiegend aus Nordrhein-Westfalen, aber auch aus Niedersachsen, Hessen und Rheinland-Pfalz, getestet, wobei man sich allerdings der methodisch angreifbaren „Auswahl aufs Geratewohl" bediente. 110 der Arbeitnehmer wurde die Frage gestellt, welche Alternative sie bevorzugen würden, eine Lohnerhöhung von 30,— DM monatlich, die aber für fünf Jahre auf ein Konto festgelegt würde, oder 20,— DM „bar auf die Hand". 74 % der Befragten entschieden sich für den zwar festgelegten, aber höheren Betrag und nur 26 % zogen die Barauszahlung vor. Dieses Verhältnis veränderte sich auch bei der Restgruppe (79 Befragte) nicht, bei der die

Alternative 40,— DM für fünf Jahr auf ein Konto oder nur 20,— DM bei Barzahlung lautete[36].

Ein extrem hoher Zins scheint danach geeignet, die Sparquote merklich zu verändern; ein Viertel der Bevölkerung zeigt sich allerdings selbst gegen Zinsanreize von 50 - 100 % im Jahr immun.

Freilich sollte dieses Ergebnis nicht überbewertet werden; für die Befragten handelte es sich um eine hypothetische Situation, in der man leicht geneigt ist, sich besonders dem Interviewer gegenüber als sehr rational, einsichtig und vernünftig zu geben. Ob sich die Befragten in der konkreten Situation wirklich so verhalten würden wie angegeben, ist eine zweite Frage: der Prozentsatz der Bevölkerung, der tatsächlich auf Sparanreize mit einer Konsumeinschränkung reagiert, dürfte jedenfalls erheblich niedriger sein. Über die Zinsempfindlichkeit des Sparers läßt sich zusammenfassend folgendes sagen: Der Zins kann nur dann vom Wirtschaftssubjekt wahrgenommen und für sein Verhalten bestimmend werden, wenn er bestimmte Größenordnungen erreicht und damit gewisse Reizschwellen überschreitet. Diese Schwellen sind ganz verschieden beschaffen, je nachdem, ob es sich um die Wahrnehmungsschwelle, um die Schwelle der Zinsreagibilität hinsichtlich der Geldanlageform oder um diejenige hinsichtlich der Sparquote handelt. Die Reizfunktion wird in erster Linie von der Zinssumme ausgeübt; daher kann jede ihrer beiden Komponenten, sowohl der Zinsfuß als auch die Geldvermögenssumme, das Verhalten der Wirtschaftssubjekte beeinflussen. Haben wir es mit einem Zinssatz innerhalb normaler Grenzen zu tun, den wir für die deutschen Verhältnisse bis zu 10 % im Jahr ansetzen dürfen, so üben Variationen dieses Zinssatzes im allgemeinen nur dann einen Einfluß auf die privaten Haushalte aus, sofern diese über ein bestimmtes Minimum an Geldvermögen besitzen. Dabei liegt der Schwellenwert, den das Vermögen erreichen muß, um den Sparer zinsinteressiert zu machen, wahrscheinlich niedriger (etwa bei 2 000,— bis 3 000,— DM) als der Geldvermögensbetrag, über den der Sparer normalerweise mindestens verfügen muß, wenn er sich in seinem Anlageverhalten zinsbewußt zeigt (5 000,— bis 15 000,— DM). Auf die Entscheidung „Verbrauchen oder Sparen" scheint hingegen der Zins, unabhängig von der Höhe des Geldvermögens, kaum einen Einfluß zu haben. Die Schwelle der Zinsempfindlichkeit für eine Verhaltensänderung dieser Art dürfte bei einem Jahreszinssatz von weit über 10 % liegen, allerdings unterhalb von 50 %. Damit scheidet aber Zins als dominierendes Sparmotiv aus, da Zinssätze in dieser Höhe normalerweise nicht zu realisieren sind.

---

[36] Scherhorn, G.: Möglichkeiten und Grenzen einer aus dem Arbeitsverhältnis abgeleiteten Vermögensbildung der Arbeitnehmer, a.a.O., S. 109.

Zweites Kapitel

Die Überschätzung der Sparfähigkeit in der Keynes-Schule

1. Die Konsumfunktion des Einkommens

Die beiden primären Voraussetzungen jeglichen Sparens im privaten Haushalt sind Sparfähigkeit und Sparwilligkeit[1]. Unter Sparfähigkeit verstehen wir dabei, wie weit der betreffende Haushalt materiell überhaupt in der Lage ist, wenigstens vorübergehend auf den Verbrauch eines Teils seines laufenden Einkommens zu verzichten; Sparwilligkeit ist dagegen die innere Bereitschaft zu einem solchen Konsumverzicht oder -aufschub. Bei jedem freiwilligen Sparen müssen zunächst beide Voraussetzungen gegeben und in einer Person vereinigt sein.

Die ältere nationalökonomische Theorie stellt es dabei fast ausnahmslos auf die Sparwilligkeit ab, die sie wiederum allein durch den Zins determiniert sieht. Einen ebenfalls monokausalen Erklärungsversuch des Sparprozesses finden wir bei Keynes und seinen Schülern, nur daß der entgegengesetzte Ansatzpunkt gewählt wird: die Sparfähigkeit, die abermals auf einen einzigen Faktor, das Einkommen, reduziert wird. Gleichzeitig vollzieht sich ein Wandel in der Forschungsmethode von der bis dahin vorherrschenden mikroökonomischen Betrachtungsweise der älteren Theorie zur makroökonomischen Betrachtungsweise der Keynes-Schule.

Für Keynes stellt das Sparen eine Restgröße dar, die nach Abzug der Konsumausgaben übrig bleibt, wobei er einen eindeutigen funktionalen Zusammenhang zwischen Einkommenshöhe und Konsumquote dergestalt annimmt, daß mit steigendem Einkommen die Konsumquote kontinuierlich sinke[2]. Als Grundgedanke taucht diese Hypothese zwar schon bei

---

[1] Huhle, F.: Sparwille und Sparfähigkeit als Komponenten der Spartätigkeit, in: Voigt, F. u. a.: Beiträge zur Theorie des Sparens und der wirtschaftlichen Entwicklung, Bd. 1 der Untersuchungen über das Spar-, Giro- und Kreditwesen, hrsg. v. Voigt, F., Berlin 1958, S. 87.

[2] Keynes, J. M.: The General Theory of Employment, Interest, and Money, London 1935; deutsche Ausgabe (übersetzt von F. Waeger): Allgemeine Theorie der Beschäftigung, des Zinses und des Geldes, Berlin 1955. Künftige Zitierungen nach der deutschen Ausgabe.

2. Kap.: Die Überschätzung der Sparfähigkeit in der Keynes-Schule

Malthus und Wicksell auf[3]; sie wurde von Carrol D. Wright bereits präzise formuliert und empirisch nachgewiesen[4], gewann aber erst durch Keynes allgemeinen Einfluß auf das nationalökonomische Denken.

Keynes führt seine Theorie von der „Konsumfunktion" in der nachfolgenden knappen Form in die Literatur ein: „Die Psychologie der Bevölkerung ist derart, daß bei einer Zunahme des gesamten Realeinkommens auch der gesamte Verbrauch zunimmt, obschon nicht in gleichem Maße wie das Einkommen[5]."

Die funktionale Beziehung zwischen Yw, einem gegebenen Niveau des Einkommens, und Cw, der Ausgabe für den Verbrauch, definiert er als den „Hang zum Verbrauch"[6]. Dieser Hang zum Verbrauch sei, und darauf kommt es Keynes an, normalerweise degressiv. Nach einem „grundlegenden psychologischen Gesetz" seien „die Menschen in der Regel und im Durchschnitt geneigt", ihren Verbrauch mit einer Einkommenszunahme zu vermehren, jedoch nicht im vollen Maße dieser Zunahme, so daß der Grenzhang zum Konsum zwar positiv, aber kleiner als eins sei[7]; bei steigendem Einkommen wachse also die Spanne zwischen Einkommen und Konsum (d. h. das Sparen) sowohl absolut als auch relativ[8].

Diese Eigenschaft des Grenzhanges zum Konsum wird von Keynes deshalb so herausgestellt, weil sie für sein System von zentraler Bedeutung ist, insbesondere für den Verlauf des Konjunkturzyklus, für die Wirkung zusätzlicher Investitionen auf die Einkommensentwicklung und für den Zusammenhang zwischen Lohnhöhe und Beschäftigung[9]. Die Konsumfunktion ist damit für Keynes ein entscheidendes Instrument makroökonomischer Analyse.

Als Keynes die Konsumfunktion in die ökonomische Theorie in der allgemeinen Form

$$Cw = f(Yw)$$

einführte, umgab er sie schützend mit einem „Netzwerk von Vorbehalten"[10], die später allerdings vielfach nicht beachtet wurden[11]. Keynes

---

[3] Schumpeter, J. A.: History of Economic Analysis, 2. Aufl., New York 1955, S. 1176.

[4] Vgl. Stigler, G. J.: The Early History of Empirical Studies of Consumer Behavior, in: Journal of Political Economy, Vol. 62 (1954), S. 99 ff.

[5] Keynes, J. M.: Allgemeine Theorie der Beschäftigung, des Zinses und des Geldes, a.a.O., S. 23.

[6] Ebenda, S. 78.

[7] Ebenda, S. 83.

[8] Ebenda, S. 90.

[9] Vgl. Harris, S. E.: The New Economics, New York 1947, mit Beiträgen von Hansen, A. H. (S. 135), Harris, S. E. (S. 26 und S. 51), Tinbergen, J. (S. 222) und Samuelson, P. A. (S. 151).

[10] Woytinsky, W. S.: Consumption-Saving Function: Its Algebra and Philosophy, in: Review of Economics and Statistics, Vol. 30 (1948), S. 45.

[11] Woytinsky macht diesen Vorwurf insbesondere den Untersuchungen des

1. Die Konsumfunktion des Einkommens

war sich durchaus bewußt, daß die Höhe des Einkommens tatsächlich nicht immer der einzige Bestimmungsfaktor für die Höhe der Konsumausgaben sei[12]; namentlich zählt er als Bestimmungsgrößen für „den Verbrauch eines Gemeinwesens" neben dem „Betrage des Einkommens" auch noch „die anderen objektiven Begleitumstände" auf sowie „die subjektiven Bedürfnisse und Gewohnheiten der einzelnen, welche das Gemeinwesen bilden, und die Grundsätze, nach denen das Einkommen unter ihnen verteilt wird (die sich mit der Vermehrung der Produktion ändern mögen)"[13]. Besonders im III. Buch seiner „General Theory" diskutiert er diese „objektiven" und „subjektiven" Momente, die den Hang zum Verbrauch beeinflussen könnten[14].

Er nennt dort sechs „objektive" Faktoren, von denen allerdings nur drei unter bestimmten Voraussetzungen einen erkennbaren Einfluß auf den „Grenzhang zum Konsum" gewinnen könnten. Diese drei Faktoren seien:

1. „Zufallsbedingte Veränderungen in den Vermögenswerten"
   (z. B. Effektenmarktgewinne oder -verluste).
2. Bedeutende Änderungen des Zinssatzes.
3. Änderungen in der Finanzpolitik (insbesondere bei der Einkommen- und Erbschaftsteuer).

Als weitere objektive Faktoren nennt Keynes den „Lohnsatz", das „Verhältnis von Einkommen zu Nettoeinkommen" und die Einkommenserwartungen. Möglichen Änderungen des Lohnsatzes trägt er aber bereits dadurch Rechnung, daß er in seiner Formulierung der Konsumfunktion sowohl das Einkommen *(Yw)* als auch den Verbrauch *(Cw)* in „Lohneinheiten"[15] ausdrückt. Die beiden verbleibenden objektiven Faktoren hält Keynes zwar für erwähnenswert, jedoch könnten sie unter gewöhnlichen Umständen ruhig vernachlässigt werden, denn das Ver-

---

„National Resources Committee" (Consumer Expenditures in the United States, Estimates for 1935 - 36, Washington 1939, Appendix C., S. 153 ff.).

[12] Keynes, J. M.: Mr. Keynes on the Distribution of Incomes and Propensity to Consume: A Reply, in: Review of Economics and Statistics, Vol. 21 (1939), S. 129.

[13] Keynes, J. M.: Allgemeine Theorie der Beschäftigung, des Zinses und des Geldes, a.a.O., S. 78.

[14] Ebenda, S. 79 ff.

[15] „Lohneinheit" ist der Geldlohn einer „Arbeitseinheit"; Arbeitseinheit ist eine Arbeitsstunde gewöhnlicher Arbeit. Eine Stunde qualifizierte Arbeit wird also durch eine entsprechend größere Anzahl von Arbeitseinheiten ausgedrückt. (Keynes, J. M.: Allgemeine Theorie der Beschäftigung, des Zinses und des Geldes, a.a.O., S. 36 f.). Die von Keynes beabsichtigte Eliminierung von Kaufkraftschwankungen hätte freilich genauso gut — und vielleicht verständlicher — durch die Verwendung des Preisindex als Korrekturfaktor durchgeführt werden können (vgl. Hansen, A. H.: Keynes' ökonomische Lehren. Ein Führer durch sein Hauptwerk, Stuttgart und Düsseldorf 1959, S. 33 ff.).

hältnis zwischen Einkommen und Nettoeinkommen[16] könne kurzfristig als konstant angesehen werden, während den Einkommenserwartungen zwar für die individuellen Dispositionen eine beachtliche Bedeutung zukomme, die sich aber für die Gesamtwirtschaft ausglichen(!).

Die von Keynes weiter aufgezählten subjektiven Faktoren stellen die individuellen Spar- und Konsummotive des Konsumenten dar. Als Sparmotive nennt er den Wunsch nach Vorsorge für unvorhergesehene Notfälle, für das Alter oder für die Angehörigen, den Wunsch nach finanzieller Unabhängigkeit, nach Verbesserung der späteren Einkommenslage durch den Genuß von Zinsen oder erfolgreiche Spekulationen und schließlich bloßen Geiz. Er bezeichnet sie kurz als „die Beweggründe der Vorsicht, Voraussicht, Berechnung, Verbesserung, Unabhängigkeit, Unternehmungslust, des Stolzes und des Geizes", denen er eine entsprechende Liste von individuellen Motiven zur Erhöhung des Konsums gegenüberstellt, wie „Genuß, Kurzsichtigkeit, Freigebigkeit, Fehlrechnung, Prahlerei und Verschwendung"[17]. Die Konsumquote würde weiterhin beeinflußt durch das Sparen des Staates und der Unternehmungen, deren Spar- und Konsummotive denen der individuellen Konsumenten zwar nicht gleich, jedoch vielfach ähnlich seien.

Der Einfluß all dieser Motive hänge aber nicht allein von den Erfahrungen und Erwartungen der individuellen Konsumenten ab; hinzu kämen vielmehr die ökonomischen und sozialen Gegebenheiten der untersuchten Volkswirtschaft. Keynes nennt hier die Einflüsse, die durch Rasse, Erziehung, Übereinkunft, Religion und Moral gegeben seien, ferner den Grad der Technisierung und Kapitalausstattung einer Volkswirtschaft, die Vermögensverteilung und den Lebensstandard.

Diese Größen unterlägen nur langfristigen Änderungen; da Keynes aber in seiner „Konsumfunktion" ein typisches Instrument der kurzfristigen makroökonomischen Analyse sieht, schließt er derartige grundlegende Veränderungen der Sozial- und Wirtschaftsstruktur, die sich nur langfristig vollziehen[18], aus seiner Betrachtung aus. Da weiterhin die Veränderungen bei den diskutierten objektiven Faktoren im Normalfalle nur von untergeordneter Bedeutung seien, bleibe schließlich als einziger Bestimmungsgrund für die Höhe des Konsums (und damit auch des Sparens)

---

[16] Diese Größe ist nur aus dem makroökonomischen Zusammenhang zu verstehen und geht auf das Verhältnis von Brutto- zu Nettoinvestitionen zurück; die Relation zwischen den beiden letztgenannten Größen wird nach Keynes vor allem durch die Wahl der Abschreibungsmethode bestimmt, die ihrerseits nur langfristigen Änderungen unterliege.

[17] Keynes, J. M.: Allgemeine Theorie der Beschäftigung, des Zinses und des Geldes, a.a.O., S. 93.

[18] Alvin H. Hansen (Keynes' ökonomische Lehren..., a.a.O., S. 32) nimmt einen zeitlichen Gültigkeitsbereich der subjektiven Faktoren von ein bis drei Jahrzehnten an.

das Einkommen übrig. Damit setzt Keynes diejenigen Faktoren, die die Sparwilligkeit angehen, weitgehend konstant und führt alle Veränderungen der Sparquote auf Veränderungen der Sparfähigkeit zurück, die bei ihm in erster Linie vom Einkommen determiniert wird, da er die Ausgabegewohnheiten zumindest kurz- und mittelfristig als relativ starr annimmt.

2. Sparfähigkeit und Spartätigkeit in mikroökonomischen Querschnittsanalysen

Keynes formulierte seine „Konsumfunktion" oder ihre Komplementärgröße, die „Sparfunktion des Einkommens", in Form einer makroökonomischen Längsschnittaussage. Da aber makroökonomische Zusammenhänge einen eigentlichen Erklärungswert nur dann haben, wenn sie in irgendeiner Weise neben der rein statistischen Korrelation einen mikroökonomisch gemeinten Sinnzusammenhang beinhalten[19], liegt der Keynes'schen Version der Sparfunktion zweifelsohne ein Gedanke derart zugrunde, daß dieselbe Einzelperson (im Durchschnitt!) mit steigendem Einkommen überproportional spart[20]. Da Keynes dieser Hypothese eine dynamische Version gab, wenngleich ihm dabei möglicherweise das Beispiel der statischen Querschnittsbetrachtung vor Augen stand, läßt sie sich exakt nur an einem revolvierenden Panel untersuchen, d. h. an einer repräsentativen Auswahl von Befragten, bei denen im Zeitablauf alle für das Sparverhalten relevant werden könnenden Faktoren unverändert bleiben, während nur das Einkommen variiert. Eine solche Zeitreihenbetrachtung unter Zuhilfenahme eines Panels läßt sich aber aus erhebungstechnischen und kostenmäßigen Gründen nur schwer bewerkstelligen[21], so daß derartige Versuche größeren Stils bisher unterblieben, wenn man von der Auswertung von Haushaltsbüchern absieht, die über längere Zeit hinweg geführt wurden. Freilich können Ergebnisse aus Haushaltsrechnungen kaum als repräsentativ für die Gesamtheit der Bevölkerung angesehen werden; außerdem beinhalten sie in dieser Form weitere das Sparen beeinflussende Variable, wie z. B. den Lebenszyklus.

Ersatzweise nahm man vielfach mit der Querschnittsanalyse vorlieb, um an ihr die Keynes'sche Hypothese von dem mit steigendem Einkom-

---

[19] Fossati, E.: Art. „Mikroökonomik und Makroökonomik", in: Handwörterbuch der Sozialwissenschaften, Bd. 7, Stuttgart -Tübingen - Göttingen 1961, S. 329; Machlup, F.: Der Wettstreit zwischen Mikro- und Makrotheorien in der Nationalökonomie, H. 4 der Vorträge und Aufsätze des Walter Eucken Instituts, Tübingen 1960, S. 17 ff.
[20] Vgl. Streissler, E. und M.: Konsum und Nachfrage, Köln - Berlin 1966, S. 83.
[21] Duesenberry hält es gar vollends für unmöglich (Duesenberry, J. S.: Income, Saving, and the Theory of Consumer Behavior, Cambridge (Mass.) 1949, S. 46).

men abnehmenden Grenzhang zum Konsum empirisch zu überprüfen. Man verglich dabei zu ein und demselben Zeitpunkt das Sparverhalten von Personen oder Haushalten mit niedrigen Einkommen mit dem der Bezieher hoher Einkommen, wobei man allerdings unterstellen mußte, daß das Sparverhalten der jetzigen Bezieher niedriger Einkommen später nach einem Einkommensanstieg nicht von dem heute bei den hohen Einkommensschichten beobachteten Sparverhalten abweichen würde. Nur unter dieser Prämisse kann eine Querschnittsanalyse als exakter Test für die Keynes'sche Formulierung der Konsumfunktion des Einkommens gelten.

Unter diesen Bedingungen scheint sich die Theorie von der Konsumfunktion des Einkommens voll und ganz zu bewahrheiten: Personen mit hohem Einkommen sparen in allen empirischen Untersuchungen in der Form der Querschnittsanalyse stets absolut und relativ mehr als solche mit geringem Einkommen.

Das läßt sich bereits den ältesten mikroökonomischen Erhebungen entnehmen, die seit den 1790er Jahren in größerer Zahl durchgeführt wurden, wenngleich sie nach heutigen Maßstäben methodisch und statistisch nicht immer unangreifbar sind. Allerdings fehlt den meisten von ihnen jede theoretische Interpretation, zumal sie lediglich als Illustration der schlechten Lebensbedingungen der ärmeren Klassen und als sozialpolitischer Protest gedacht waren; da sie sich mit den Lebensverhältnissen gerade der Allerärmsten beschäftigen, verwundert es kaum, daß über das Sparverhalten, das in einer „Wirtschaft des Mangels" ohnehin von geringerem Interesse war, expressis verbis so gut wie nichts ausgesagt wird. Analysiert man jedoch das Zahlenmaterial beispielsweise von Davies[22], Eden[23] und Ducpetiaux[24] (auf das sich später Engel bei der Formulierung seines berühmten „Gesetzes" stützte), so findet man eine interessante indirekte Bestätigung des Keynes'schen Gesetzes: Zwar liegen in allen drei Untersuchungen in sämtlichen Einkommensklassen die Ausgaben über den Einnahmen; setzt man jedoch die Einnahmen in Prozent der Ausgaben fest, so wird eine deutliche Tendenz eines überproportionalen Abnehmens der Ausgabenunterdeckung mit steigendem Einkommen (ganz im Sinne der Keynes'schen Konsumfunktion) erkennbar.

Eine der ersten Untersuchungen, die ausdrücklich auch das Sparverhalten als Untersuchungsobjekt mit einschließt, wurde 1875 von Caroll

---

[22] Davies, D.: The Case of Labourers in Husbandry, Bath 1795, zit. nach Stigler, G., a.a.O., S. 95.
[23] Eden, F. M.: The State of the Poor, London 1797, zit. nach Stigler, G., a.a.O., S. 96.
[24] Ducpetiaux, E.: Budgets économiques des classes ouvrières en Belgique, Brüssel 1855, zit. nach Engel, E.: Die Productions- und Consumtionsverhältnisse des Königreichs Sachsen, Neuabdruck in: Engel, E.: Die Lebenskosten belgischer Arbeiter-Familien früher und jetzt, Dresden 1895, Anhang S. 11 ff.

2. Das Sparverhalten in mikroökonomischen Querschnittsanalysen

D. Wright[25] durchgeführt. Er erforschte an Hand von Budgetdaten die Lebensverhältnisse von 397 Arbeiterfamilien mit 2 018 Personen im Staate Massachusetts. Neben einer Bestätigung der Engelschen Thesen, seinem eigentlichen Vorhaben, fand er auch einen allgemeinen Zusammenhang zwischen der Höhe des Einkommens und der Höhe der Sparquote: „That the higher the income, generally speaking, the greater the saving, actually and proportionately[26]."

Tabelle 1

Das Sparen von Arbeiterfamilien in Massachusetts, 1875

Einkommensklasse in $	Durchschnittliches Einkommen in $	Durchschnittlicher Überschuß in $	Überschuß in % des Einkommens
300— 400	359	— 33	— 9,2
400— 500	461	— 8	— 1,7
500— 600	555	— 5	— 0,9
600— 700	653	+ 10	+ 1,5
700— 800	754	+ 20	+ 2,6
800— 900	850	+ 32	+ 3,8
900—1 000	950	+ 58	+ 6,1
1 000—1 100	1 039	+ 50	+ 4,8
1 100—1 200	1 190	+ 106	+ 8,9
1 200—1 300	1 243	+ 129	+ 10,4
1 300—1 400	1 366	+ 172	+ 12,6
1 500—1 600	1 537	+ 229	+ 14,9
1 800 und mehr	1 820	+ 276	+ 15,2

Damit formulierte Wright mehr als ein halbes Jahrhundert vor Keynes bereits dessen „fundamental-psychologisches Gesetz", ohne allerdings im entferntesten ein ähnliches Echo hervorzurufen; schon deshalb nicht, weil dieses Gesetz bei Keynes der Ansatzpunkt einer umfassenden Theorie ist, während dieselbe Aussage bei Wright isoliert dasteht.

In den folgenden Jahren und Jahrzehnten bleibt allerdings das Einkommen und seine Verwendung weitgehend außerhalb der Betrachtungen der ökonomischen Theorie; als einen der Gründe dafür nennt Stigler die weitverbreitete Überzeugung, daß das Einkommen kurzfristig nicht sehr stark schwanke[27].

Das ändert sich erst durch die Erfahrungen der zwanziger und frühen dreißiger Jahre; insbesondere seit dem Erscheinen der „General Theory" rückt das Einkommen in den Mittelpunkt des allgemeinen Interesses. Die Suche nach den Strukturdeterminanten makroökonomischer Modelle

---
[25] Wright, C.: Sixth Annual Report of the Massachusetts Bureau of Labor Statistics, Boston 1875, S. 191.
[26] Ebenda, S. 385.
[27] Stigler, G., a.a.O., S. 102 f.

führt dazu, daß nicht nur in steigendem Maße auch von vorliegenden mikroökonomischen Untersuchungen Notiz genommen wird, sondern daß derartige Erhebungen auch in immer größerer Zahl durchgeführt werden. Das gilt vor allem für die Untersuchungen von Sparfunktionen an Hand von Querschnittsanalysen; diese, vorwiegend amerikanischen Untersuchungen[28], scheinen die Gültigkeit der Keynes'schen Version der Theorie von der Sparfunktion in der Form der Querschnittsanalyse immer wieder zu bestätigen. Auch in unserer Untersuchung „Umgang mit Geld" zeigt sich wiederum, daß die regelmäßig gesparten Beträge absolut und relativ zum Einkommen um so größer werden, je höher das Einkommen des Haushalts oder der Person ist[29].

Aber auch hier sind einige Einschränkungen zu machen. Einmal betreffen sie den Gültigkeitsbereich dieser Aussage in bezug auf die einzelnen Einkommensgruppen. Eine deutliche Zunahme der Sparquote zeigt sich in unserer Untersuchung „Umgang mit Geld" erst oberhalb einer Einkommensschwelle von ungefähr 600,— DM Nettomonatseinkommen; dieser Befund gewinnt dadurch besonderes Gewicht, daß sich gleichzeitig die überwiegende Mehrzahl aller Einkommensbezieher (83 %) unterhalb dieser Einkommensschwelle befand und nur eine kleine Minderheit (17 %) monatlich mehr als 600,— DM netto verdiente. Damit scheint sich zumindest in Deutschland in der Querschnittsanalyse die Keynes'sche These vom Restsparen und vom abnehmenden Grenzhang zum Konsum auf die oberen Einkommensschichten zu beschränken, während in den unteren und mittleren Einkommensschichten augenscheinlich nur ein proportionaler Zusammenhang zwischen Einkommen und Sparsumme besteht.

Eine zweite Einschränkung erfährt die als Querschnittsanalyse scheinbar empirisch nachgewiesene Gültigkeit der Sparfunktion des Einkommens, sobald man die Einhaltung der ceteris-paribus-Bedingung überprüft. Nur dann läßt sich das überproportionale Ansteigen der Sparquote auf den Faktor Einkommen zurückführen, wenn gleichzeitig alle übrigen für das Sparverhalten relevanten Faktoren konstant gehalten werden. Das ist aber bei einer einfachen Variierung des Einkommens in der Querschnittsanalyse unter normalen Bedingungen so gut wie ausgeschlossen, da das Einkommen zumindest zweierlei Funktionen erfüllt: es ist einmal eine rein quantitative Größe und zeigt dabei die einer Person oder einem Haushalt zur Verfügung stehende Kaufkraft an; zum anderen stellt es ein Indiz für die Stellung des betreffenden Wirtschaftssubjekts in der sozialen Hierarchie dar. Infolgedessen kann sowohl in der verbesserten finanziellen Situation als auch im Aufrücken in der sozialen Skala die Ursache für eine veränderte Verhaltensweise in Form eines verstärkten

---

[28] Vgl. Brady, D. S. und Friedmann, R. D.: Savings and the Income Distribution, in: National Bureau of Economic Research (Hrsg.), Studies in Income and Wealth, Vol. 10, New York 1947, S. 250 ff.
[29] Vgl. Tabelle A 8 im Anhang.

Sparens liegen. Während eine bloße finanzielle Besserstellung ceteris paribus auf jeden Fall eine Erhöhung der Sparfähigkeit bedeutet, ein Ansteigen der Sparquote bei steigendem Einkommen unter der Bedingung der Konstanthaltung aller übrigen Größen also eindeutig dem Faktor Sparfähigkeit zugeschrieben werden könnte, erscheint eine solche Schlußfolgerung schon fraglich, wenn sich gleichzeitig auch die Position in der sozialen Hierarchie verändert. Denn damit variieren einerseits möglicherweise Elemente der Sparwilligkeit, da bei den verschiedenen sozialen Gruppen auch verschiedene Einstellungen zum Sparen vorherrschen; andererseits braucht sich bei einem steigenden Einkommen, sofern gleichzeitig der soziale Status angehoben wird, nicht unbedingt die Sparfähigkeit zu erhöhen.

Das soll an einigen allgemeinen Überlegungen über die Bestimmung der Sparfähigkeit aufgezeigt werden. Faßt man die Sparfähigkeit als rein ökonomische Größe auf, so sind zu ihrer genauen Erfassung zwei Komponenten erforderlich: das Einkommen der betreffenden Wirtschaftseinheit und die notwendigen Ausgaben. Während bei der Erfassung des Einkommens Schwierigkeiten nur auf erhebungstechnischem Gebiet auftauchen, handelt es sich bei der Fixierung des Begriffs „notwendige Ausgaben" um Probleme grundsätzlicher Art.

Unbedingt „notwendig" sind auf jeden Fall alle Ausgaben zur Bestreitung des biologischen Existenzminimums; dieses extreme Ausgabenminimum als Hilfsmittel zur Errechnung der objektiven Sparfähigkeit zu benutzen, erscheint aber nur dann sinnvoll, wenn es um die äußersten Grenzen des Zwangssparens in einer Diktatur geht, der ein alle Widerstände brechender Machtapparat zur Verfügung steht. Beim freiwilligen Sparen hingegen muß das kulturelle Existenzminimum als Ausgangspunkt gewählt werden, das niemand auf die Dauer unterschreiten kann, der sich nicht die Mißachtung seiner Umwelt zuziehen will.

Darunter rechnen in erster Linie diejenigen Ausgaben, die erforderlich sind, um die Erwartungen zu erfüllen, die in der jeweiligen Kultur mit dem Begriff und der Institution der „Familie" schlechthin verbunden sind. Dazu gehören zum Beispiel die Ausgaben für Nahrungsmittel, Wohnung und Kleidung, bei denen gewisse Mindestquantitäten und -qualitäten nicht unterschritten werden dürfen; ferner Ausgaben, die ein Minimum an Symbolisierung der innerfamiliären Geschlechts- und Generationsunterschiede (Autoritätsstruktur, Rollenverteilung) ermöglichen. Außerdem muß ein gewisses „kulturelles Besitzminimum" (Wohnungseinrichtung) vorhanden sein, und auch bestimmte Ausgaben für Muße und Entspannung sind in einer Wohlstandsgesellschaft nicht mehr fortzudenken[30].

---

[30] Vgl. Parsons, T. und Smelser, N. J.: Economy and Society. A Study in the Integration of Economic and Social Theory, London 1957.

2. Kap.: Die Überschätzung der Sparfähigkeit in der Keynes-Schule

Auf diese Art könnte man — wenn auch mit einigen Schwierigkeiten — die Sparfähigkeit der unteren Einkommensschichten für einen bestimmten Zeitpunkt näherungsweise bestimmen. Wesentlich komplizierter wird das Problem freilich, wenn man die höheren Einkommensschichten hinzu nimmt, da dann nicht nur der Faktor Einkommen, sondern auch das kulturelle Existenzminimum variiert, weil von den höheren Einkommensschichten auch ein aufwendigerer Lebensstil erwartet wird. Würde man hingegen bei der Festsetzung der Größe „Sparfähigkeit" von einem für die ganze Gesellschaft einheitlichen Existenzminimum ausgehen, so käme man zu dem etwas abwegigen Schluß, daß den oberen Einkommensschichten die gleiche Sparwilligkeit wie bei dem Sparer mit bescheidenem Einkommen nur in Fällen von bereits pathologischem Geiz attestiert werden könnte, wenn nämlich der Grenzhang zum Konsum oberhalb einer gewissen Einkommensschwelle gleich null wäre. Treibt man die Relativierung des Maßstabs Sparfähigkeit andererseits zu weit, d. h. berücksichtigt man die Lebensgewohnheiten und die Rollenerwartungen immer kleinerer sozialer Gruppen, so begibt man sich leicht des Maßstabs, mit dem man die *objektive* Sparfähigkeit noch erfassen und messen kann; stattdessen würde man schließlich die *subjektive* Sparfähigkeit von kleinen Gruppen oder gar Einzelpersonen ermitteln, die daneben durch die jeweilige Sparwilligkeit stark beeinflußt wird.

Selbst wenn man die Einflüsse der gruppenspezifischen Rollenerwartungen auf die Sparfähigkeit der Wirtschaftssubjekte außer Betracht läßt und sie möglicherweise der Sparwilligkeit zurechnet, gestaltet sich die empirische Ermittlung der Sparfähigkeit äußerst schwierig. Denn neben dem Einkommen und der Personenzahl des Haushalts spielen bei der Bestimmung der objektiven Sparfähigkeit auch noch andere Faktoren wirtschaftlicher Art eine Rolle, so zum Beispiel der Lebenszyklus, d. h. das Alter der Personen und die für jede Lebensphase unterschiedlichen objektiven Bedarfe. Außerdem gehört die Art und Weise, wie sich die betreffende Person oder der Haushalt gegen die verschiedensten Risiken — Krankheit, Unfall, Erwerbslosigkeit, Haftpflicht — abgesichert hat, vor allem aber, wie für das Alter vorgesorgt ist, mit in den Rahmen der Tatbestände, die zur Erklärung der ökonomischen Situation notwendig sind; es erscheint ohne weiteres einsichtig, daß ein Beamter, der Ansprüche auf eine Pension und die verschiedensten zusätzlichen Beihilfen in allen Notfällen hat, in geringerem Maße Eigenvorsorge betreiben muß als ein freiberuflich Tätiger, dessen ganze Existenz allein von seiner eigenen Arbeitskraft und Leistungsfähigkeit abhängt. Aus diesem Grunde muß auch das Vermögen, das den Grundstock für eine derartige Eigenvorsorge bildet, in diesem Zusammenhang mit berücksichtigt werden[31].

---

[31] Vgl. hierzu Rudloff, H.: Vermögensbestand, Sparverhalten und Wirt-

2. Das Sparverhalten in mikroökonomischen Querschnittsanalysen

Die gleichzeitige Berücksichtigung all dieser aufgezählten Faktoren macht in einer empirischen Analyse jedoch aus technischen Gründen erhebliche Schwierigkeiten. Will man den Einfluß eines Faktors messen, so muß man nach der „ceteris paribus"-Bedingung allein diesen Faktor variieren, während gleichzeitig alle übrigen möglichen Einflußgrößen konstant gehalten werden müssen. Soll beispielsweise die Beeinflussung des Sparverhaltens durch außerökonomische Größen ermittelt werden, so muß auf jeden Fall die Determinante „wirtschaftliche Lage" gänzlich konstant gehalten werden; das bedeutet aber, daß wir Gruppen vergleichen müssen, bei denen gleichzeitig das durchschnittliche Einkommen[32], die Personenzahl und die Kinderzahl, das Alter, die Stellung im Lebenszyklus, die Altersvorsorge und das Vermögen gleich sein müssen. Genau genommen müssen nicht nur die Durchschnittswerte übereinstimmen, sondern auch die Verteilung darf nicht stark differieren. Nur bei einer ganz umfangreichen Stichprobe, die vielleicht 100 000 oder mehr Haushalte umfaßt, wird sich eine derartige Isolierung der zu messenden Variablen durchführen lassen. Im Normalfalle, bei einem Sample in der Größenordnung von allenfalls ein-, zwei- oder dreitausend Personen oder Haushalten also, wäre dies (wie sich bei einigen vergeblich durchgeführten eigenen Versuchen auch gezeigt hat) ein hoffnungsloses Unterfangen. Man muß also auf andere Methoden sinnen, die die Einhaltung der „ceteris paribus"-Bedingung ermöglichen.

Eine Reduzierung der Zahl der in Frage kommenden Faktoren bietet sich zunächst schon durch gewisse Zusammenfassungen und Umrechnungen an. Es wäre beispielsweise daran zu denken, die beiden Determinanten „Einkommen" und „Personenzahl im Haushalt" durch eine einzige Größe „Pro-Kopf-Einkommen" zu ersetzen. Eine solche Hilfsgröße zur Kennzeichnung der wirtschaftlichen Lage wäre freilich nur mit der allergrößten Vorsicht zu benutzen, da sie weder den unterschiedlichen Bedarf der beiden Geschlechter und der verschiedenen Altersklassen (insbesondere bei Erwachsenen und Kindern) noch die Kostendegression einiger Ausgabearten (z. B. Ausgaben für Miete, Heizung, Licht, Essen, Möbel) bei wachsender Haushaltsgröße berücksichtigt. Es ließen sich Verfahren denken, die durch eine entsprechende Gewichtung der Personen (statt Personen „Konsumeinheiten") diesen Gesichtspunkten

---

schaftswachstum, Bd. 47 der Untersuchungen über das Spar-, Giro- und Kreditwesen (hrsg. v. F. Voigt), Berlin 1969, S. 21 ff. und die dort angegebene Literatur.

[32] Dazu gehört nicht nur das Geldeinkommen, sondern auch das Naturaleinkommen, das dem Haushalt durch den unentgeltlichen Bezug von Gütern oder Dienstleistungen zufließt (eigener Nutzgarten oder Eigenverbrauch bei Landwirten und selbständigen Unternehmern; Tätigkeit der Hausfrau für den Haushalt, die ja bei berufstätigen Hausfrauen teilweise entfällt). Gerade in den Haushalten mit großer Personenzahl wird ein stärkerer Anteil von Dienstleistungen nicht mehr am Markte gekauft, sondern in Eigenproduktion erstellt. (David, M. H.: Family Composition and Consumption, Amsterdam 1962, S. 94.)

ganz oder doch teilweise Rechnung trügen[33]; freilich wären sie sehr kompliziert und aufwendig. Alle bisherigen Versuche in dieser Richtung haben dann auch noch nicht recht befriedigen können[34].

Es bleibt also nur übrig, jeweils einen, zwei oder vielleicht auch drei Faktoren streng zu isolieren und bei den übrigen lediglich zu überprüfen, ob sich hier mögliche Veränderungen anzeigen[35]. Ist dies der Fall, so muß es der Interpretation im Einzelfalle überlassen bleiben, zu klären, wieweit die Ergebnisse hierdurch verzerrt sein mögen.

Alles in allem zeigt sich, daß der Begriff „Sparfähigkeit" nur mit sehr viel Vorsicht zu benutzen ist; immerhin stellt er nicht die einzige Möglichkeit dar, über die Relation „Sparfähigkeit zu Spartätigkeit" auf die Spar*willigkeit* zu schließen. Durch Fragen, die die Einstellung zum Sparen ermitteln, ergibt sich eine gewisse Kontrollmöglichkeit, um Anhaltspunkte für die Sparwilligkeit einer Person oder einer Gruppe zu gewinnen. Auch dabei darf die wirtschaftliche Lage, in der sich eine Person oder ein Haushalt befindet, natürlich nicht gänzlich vernachlässigt werden; die Höhe des Einkommens bleibt ein wichtiger Faktor der Spartätigkeit, der zudem besonders einfach zu erheben ist, während die Größe „kulturelles Existenzminimum" nur schwer — vielleicht nur in einer Spezialuntersuchung — zu ermitteln ist. Zumindest im Bereich der unteren und mittleren Arbeitnehmereinkommen bleibt das Einkommen ein für die Spartätigkeit bedeutsamer Tatbestand, der hilfsweise zur Kennzeichnung der wirtschaftlichen Lage verwandt werden soll.

Geht man jedoch vom kulturellen Existenzminimum aus und vergleicht insbesondere Gruppen mit unterschiedlichen sozialen Normen, so erscheint eine Trennung der Komponenten Sparfähigkeit und Sparwilligkeit äußerst schwierig, wenn nicht gar unmöglich. Daß aber solche grup-

---

[33] Einen der ersten Versuche dieser Art unternahm Ernst Engel, als er die Haushalte in Konsumeinheiten zerlegte, wobei er als Einheit den Bedarf eines neugeborenen Kindes (1 Quet, benannt nach dem belgischen Statistiker Quetelet) wählte und für die übrigen Personen nach Geschlecht und Alter unterschiedliche Multiplikatoren verwandte (Engel, E., a.a.O., S. 4).

[34] Allen, A.: Expenditure Patterns of Families of Different Types, in: Studies in Mathematical Economics and Econometrics, Chicago 1942; Friedman, M.: A Method of Comparing Incomes of Families Differing in Composition, in: Studies in Income and Wealth, Vol. 15, New York 1952.

Einen solchen Versuch, die Personenzahl, vor allem die Kinderzahl im Haushalt mathematisch in Form eines Haushaltsgrößenkoeffizienten in eine Sparfunktion einzubauen, hat insbesondere Watts unternommen, ohne freilich befriedigende Ergebnisse damit erzielen zu können (Watts, H. B.: Long-run Income Expectations and Consumer Saving, in: Studies in Household Economic Behavior (hrsg. v. Dernburg, R. N., Watts, H. B. und Rosett, R. N.), New Haven 1958, S. 134).

[35] Eine solche Überprüfung wurde bei allen untersuchten Determinanten durchgeführt; im Text erwähnt wurden jedoch nur die Fälle, in denen ein solcher Einfluß erkennbar wurde.

penspezifischen Verhaltensnormen, gleichgültig, ob sie auf ein unterschiedliches kulturelles Existenzminimum oder auf eine unterschiedliche Sparwilligkeit hinwirken, einen entscheidenden Einfluß auf die Spartätigkeit ausüben können, läßt sich an Hand von mehreren empirischen Untersuchungen nachweisen, von denen nur einige hier zitiert werden sollen. So ermittelte Mendershausen, daß 1935-1936 amerikanische Neger mehr sparten als Weiße mit gleichem Einkommen und daß in Klein- und Mittelstädten bei gleichem Einkommen mehr gespart wurde als in Großstädten[36]. Diese Beobachtungen fanden Brady und Friedman an Hand von Zahlenmaterial aus dem Jahre 1941 später bestätigt[37]. Fisher u. a. stellten fest, daß in ähnlicher Weise der Faktor Alter eine Rolle spielt[38], hinzu kommen u. a. der Beruf[39] und eine Reihe von psychischen Einflußgrößen[40].

Damit dürfte die Sparfähigkeit *allein*, zumindest wenn man sie wie Keynes letzten Endes auf die Größe Einkommen reduziert, für eine mikroökonomische Theorie über das Sparverhalten kaum eine hinreichende Erklärungsgrundlage liefern. Ohne die Hinzuziehung der Sparwilligkeit und all der Faktoren, die die gruppenspezifischen Konsum- und Sparnormen beeinflussen, wird man die Bestimmungsgründe des Sparverhaltens kaum aufdecken können.

Diese Feststellung bedeutet genau genommen freilich nur einen Einwand gegen die Übertragung der Keynes'schen Konsumfunktion in eine mikroökonomische Querschnittsanalyse, wie sie allerdings oft und gern vorgenommen wird; da Keynes selber der von ihm postulierten Gesetzmäßigkeit die Version einer makroökonomischen Längsschnittsanalyse gab, läßt sie sich exakt auch nur in dieser Form überprüfen.

3. Makroökonomische Überprüfungen der Konsumfunktion des Einkommens

Keynes selber bestimmte, nachdem er die Konsumfunktion in ihrer allgemeinen Form in die Theorie eingeführt hatte, weder ihre Gestalt genauer noch dachte er an eine empirische Überprüfung dieses von ihm behaupteten Zusammenhangs zwischen Einkommenshöhe und Spar-

---

[36] Mendershausen, H.: Differences in Family Savings between Cities of Different Size and Location, Whites and Negroes, in: Review of Economic Statistics, Vol. 22 (1940), S. 122 ff.
[37] Brady, D. S. und Friedman, R. D., a.a.O., S. 250 ff.
[38] Fisher, J.: Income, Spending, and Saving Patterns of Consumer Units in Different Age Groups, in: National Bureau of Economic Research (Hrsg.), Studies in Income and Wealth, Vol. 15, New York 1952, S. 75 ff.; vgl. ferner Kapitel V.
[39] Vgl. Kapitel VI.
[40] Katona, G.: Das Verhalten der Verbraucher und Unternehmer, Tübingen 1960.

volumen. Im Gegenteil, er stand allen Versuchen der Ökonometriker, die „nachträglich das quantitativ auszudrücken suchten, was qualitativ schon längst als Ergebnis einer vollständigen lückenlosen theoretischen Analyse festgelegt worden sei"[41], äußerst skeptisch gegenüber. Die Beschäftigung mit dieser Materie empfand er als einen „Albdruck"[42], die Ökonometrie lehnte er als einen „Zweig statistischer Alchimie" ab[43]. Aber die Entwicklung ging über diese Keynes'sche Aversion hinweg; die Ökonometrie bemühte sich, „die ‚leeren Schachteln' abstrakter theoretischer Symbole und Lehrsätze mit aktuellen statistischen Größen" zu füllen[44].

So steht die Konsumfunktion, das Kernstück der Keynes'schen Theorie, in den ersten zwei Jahrzehnten nach dem Erscheinen der „General Theory" im Mittelpunkt der nationalökonomischen Diskussion, insbesondere in der angelsächsischen Literatur[45]. Neben den theoretischen Auseinandersetzungen mit dem Keynes'schen System[46] nehmen vor allem die Versuche breiten Raum ein, die Gültigkeit der Konsumfunktion oder der Sparfunktion empirisch nachzuprüfen.

Dabei beginnen die ökonomischen Studien zunächst allein in der Absicht, das „psychologische Gesetz" zu verifizieren.

Man nahm dazu eine Funktion zwischen Gesamtkonsum und Gesamteinkommen an — meist von der Form $C = aY + b$ — und hatte die Parameter a und b zu bestimmen. Hierzu benutzte man zwei verschiedenartige Formen von statistischem Material: einmal die Entwicklung der gesamten Konsumausgaben und des gesamten Einkommens im Zeitverlauf (Längsschnittanalyse), zum anderen die Haushaltsrechnungen verschiedener Einkommensgruppen für einen bestimmten Zeitabschnitt (Querschnittsanalyse).

Beschäftigen wir uns nun hier mit den wichtigsten makroökonomischen Längsschnittanalysen[47], die seit Ende der dreißiger Jahre in den

---

[41] Keynes, J. M.: Besprechung der Tinbergen-Abhandlung „A Method and its Application to Investment Activity", Genf 1939, in: Economic Journal, Vol. 49 (1939), S. 560.

[42] Ebenda, S. 568.

[43] John Maynard Keynes in dem seiner Besprechung folgenden Disput mit Tinbergen, in: Economic Journal, Vol. 50 (1940), S. 156.

[44] Kruse, A.: Wo steht die Nationalökonomie heute, München 1951, S. 96.

[45] Man verfolge beispielsweise die Diskussion in amerikanischen Zeitschriften, wie „The Review of Economics and Statistics" oder „The American Economic Review" in den Jahren 1938 bis 1955.

[46] So Boulding, K.: The Consumption Concept in Economic Theory, in: American Economic Review, Papers and Proceedings, Vol. 35 (1945), S. 1 ff.; Kröll, M.: Ist der „Hang zum Verbrauche" degressiv?, in: Schmollers Jahrb., Bd. 75 (1955), S. 257 ff.

[47] Einen Überblick über die wichtigsten empirischen Überprüfungen der Keynes'schen Funktion in Form von Zeitreihenanalysen gibt Ferber, R.: A Study of Aggregate Consumption Functions, in: National Bureau of Economic Research (Hrsg.), Technical Paper 8, New York 1953; ferner: Ismar, H., Lange,

3. Makroökonomische Überprüfungen der Konsumfunktion

Vereinigten Staaten in großer Zahl durchgeführt wurden. Orcutt und Roy zählen bei ihrer Bestandsaufnahme im Jahre 1949 allein 100 verschiedene Versuche auf, die Konsumfunktion in ihrer makroökonomischen Gestalt genauer zu bestimmen und zu überprüfen[48]. Die ersten größeren Zeitreihenuntersuchungen schienen zunächst die Thesen von Keynes voll zu bestätigen. Sowohl in den Untersuchungen von Stone[49] als auch in denen von Samuelson[50] war eine klare Korrelation zwischen Konsumausgaben und Einkommen zu erkennen; nichts sprach gegen eine steigende Sparquote bei wachsendem Einkommen. Die Keynes'sche Konsumfunktion schien statistisch abgesichert.

Eine entscheidende Wandlung vollzog sich aber mit dem Erscheinen der Kuznets'schen Untersuchungen über die Einkommensentwicklung und die jeweilige Sparquote für die USA in den Jahren 1879 - 1888 und 1929 - 1938[51]. Die hier trotz steigenden Einkommens gleichbleibende Sparquote widersprach der früher bei der Analyse kurzfristiger Daten übereinstimmend festgestellten Erhöhung der Sparquote bei gleichzeitiger Einkommenszunahme.

Dieser letzte Befund kann aber nur bedeuten, daß trotz der im Zeitablauf verbesserten Einkommenssituation die Sparfähigkeit nicht größer geworden ist, das Einkommen also einen ungenügenden Indikator für die Sparfähigkeit darstellt, oder aber daß sich gleichzeitig die Sparwilligkeit verschlechtert hat.

Hierbei handelt es sich um gegenläufige Entwicklungen, die nicht etwa rein zufälliger Natur sein könnten; vielmehr sind die sie bewirkenden Faktoren größtenteils notwendigerweise mit einer allgemeinen Erhöhung des Pro-Kopf-Einkommens verbunden. Der Prozeß des wirtschaftlichen Wachstums, der die Grundlage für den allgemeinen Einkommensanstieg darstellt, vollzieht sich normalerweise nur bei gleichzeitiger Veränderung der Wirtschafts- und Sozialstruktur[52], so daß die diesbezüglichen Keynes-

---

G., und v. Schweinitz, H.: Die Konsum- und Investitionsfunktion. Untersuchungen für die Bundesrepublik Deutschland, Forschungsbericht des Landes Nordrhein-Westfalen, Nr. 1024, Köln und Opladen 1962, S. 261 ff.; Ghaussy, Ch. A.: Verbrauchen und Sparen, Bd. 16 der Untersuchungen über das Spar-, Giro- und Kreditwesen (hrsg. v. F. Voigt), Berlin 1964.

[48] Orcutt, G. H., und Roy, A. D.: A Bibliography of the Consumption Function, University of Cambridge, 1949 (mimeographed release), zit. nach Ferber, R.: A Study of Aggregate Consumption Functions, a.a.O., S. 6.

[49] Stone, R. und W. M.: The Marginal Propensity to Consume and the Multiplier, in: Review of Economic Studies, Vol. 6 (1938), S. 6.

[50] Samuelson, P. A.: Statistical Analysis of the Consumption Function, Appendix, in: Hansen, A. H. (Hrsg.): Fiscal Policy and Business Cycles, New York 1941, S. 250 ff.

[51] Kuznets, S.: Uses of National Income in Peace and War, in: National Bureau of Economic Research (Hrsg.), Occasional Paper No. 6, New York 1942, S. 31 ff.

[52] Vgl. Clark, C.: The Conditions of Economic Progress, 3. Aufl., London

schen Prämissen (Konstanthaltung des Grades von Technisierung und Kapitalausstattung der Volkswirtschaft, gleichbleibende Einkommens- und Vermögensverteilung)[53] bei einer längerfristigen Betrachtung von vornherein als völlig unrealistisch anzusehen sind. Berücksichtigt man dazu die Tatsache, daß die einzelnen Berufs- und Altersgruppen, Stadt- und Landbevölkerung, Hoch- und Niedrigverdienende, Vermögende und Vermögenslose eine unterschiedliche Sparneigung aufweisen, so erscheint es nur konsequent, wenn man von der sich im Zuge des wirtschaftlichen Wachstums vollziehenden Veränderung im Gewicht der verschiedenen Sektoren zueinander (Landwirtschaft, Industrie, Dienstleistungsgewerbe), im Altersaufbau der Bevölkerung, in der Einkommens- und Vermögens- struktur usw. Auswirkungen auf die gesamtwirtschaftliche Sparquote erwartet.

Durch die Einbeziehung eines „Trendfaktors" in die Keynes-Funktion, der diese Entwicklungstendenzen berücksichtigen sollte, versuchte man mit dem Tatsachenmaterial in Übereinstimmung zu gelangen. Dieser Trendfaktor sollte als zusätzliche Variable in der ja eigentlich auch nur für eine kurzfristige Analyse gedachten Keynes'schen Form der Konsum- funktion[54] auch die langfristige Entwicklung der Sparquote erklären. Dabei ging man davon aus, daß nach dem „psychologischen Gesetz" bei einer Einkommenserhöhung — wie sie im Zeitverlauf stattfinde — zwar der Grenzhang zum Konsum abnehme, daß jedoch langfristig gleich- zeitig auch gegenläufige Trendkräfte wirkten — z. B. im Sinne einer Ände- rung der Keynes'schen „subjektiven Faktoren" —, die auf eine Erhöhung der Konsumquote hinwirkten. Diese beiden Tendenzen seien etwa gleich stark, so daß sie sich gegenseitig aufheben müßten, was also eine Konstanz der Sparquote zur Folge hätte. Als solche säkularen Trendkräfte sieht z. B. Smithies die Urbanisierung, die Einkommensnivellierung und den steigenden Lebensstandard an[55]. Einen derartigen Trendfaktor führen besonders Stone[56], Paradiso[57], Friend[58], Woytinsky[59], Klein[60], Gehrig[61]

1957, S. 490 ff.; Fourastié, J.: Die große Hoffnung des 20. Jahrhunderts, Köln 1954, S. 119 ff.; Niehans, J.: Strukturwandlungen als Wachstumsprobleme, in: Neumark, F. (Hrsg.): Strukturwandlungen einer wachsenden Wirtschaft, Schr. d. V. f. Socialpolitik, N.F. Bd. 30 I, Berlin 1964, S. 18 ff.

[53] Keynes, J. M.: Allgemeine Theorie der Beschäftigung, des Zinses und des Geldes, a.a.O., S. 78 ff.

[54] die Keynes — zumindest in ähnlicher Form — aber auch für langfristige Veränderungen zutreffend glaubte, wenn auch nicht mit der gleichen Bestimmt- heit (vgl. Woytinsky, W. S.: Consumption-Saving Function: Its Algebra and Philosophy, a.a.O., S. 46 ff.).

[55] Smithies, A.: Forecasting Postwar Demand I, in: Econometrica, Vol. 13 (1945), S. 6.

[56] Stone, R.: National Income in the U.K. and the U.S.A., in: Review of Eco- nomic Studies, Vol. 10 (1942 - 1943), S. 1 ff.

[57] Paradiso, L. J.: National Budgets for Full Employment, National Planning Association 1945.

3. Makroökonomische Überprüfungen der Konsumfunktion

und Ezekiel[62] in ihre Formulierung der Konsumfunktion ein, teilweise wie bei Bassie[63] und auch schon früher bei Tinbergen[64] auch in Form einfacher Variabler, die lediglich das Bevölkerungswachstum berücksichtigen.

Aber auch durch die Einführung einer Trendvariablen wurde die Konsumfunktion nicht befriedigend erklärt; eine Reihe von Versuchen, die wirtschaftliche Entwicklung in den USA für die Nachkriegszeit mit Hilfe derartiger Konsumfunktionen zu prognostizieren, führte im Gegenteil zu enttäuschenden Mißerfolgen. An Stelle der vorausgesagten deflatorischen Spirale gab es einen ausgesprochenen Nachkriegsboom. Man hatte in der Konjunkturprognose langfristige und kurzfristige Entwicklungstendenzen nicht immer genügend auseinandergehalten, ein Kritikpunkt, an den in der Folgezeit besonders Modigliani[65] und Duesenberry[66] anknüpften.

Nach 1947 treten die Versuche, die Keynes'sche Form der Konsumfunktion, insbesondere also das „psychologische Gesetz" zu verifizieren, immer mehr in den Hintergrund. Von nun an bemühte man sich mehr um die Aufstellung einer Konsumfunktion, die die Änderungen des Konsums im Zeitverlauf erklären sollte; man suchte vor allem nach neuen Faktoren, die für die Höhe der Konsumausgaben von Bedeutung sein könnten. So kam es zur Einbeziehung immer weiterer Variabler in die Konsumfunktion, wie monetärer Faktoren, Konsumpläne und weiterer Erwartungsgrößen; damit bewegte die theoretische Diskussion sich schon immer mehr auf die Berücksichtigung des Mikrosystems und des Verhaltens in ihm zu[67].

---

[58] Friend, I.: Relationships, in: Review of Economic Statistics, Vol. 28 (1946), S. 208 ff.

[59] Woytinsky, W. S.: Relationships between Consumers' Expenditures, Savings, and Disposable Income, in: Review of Economic Statistics, Vol. 28 (1946), S. 1 ff.

[60] Klein, L. R.: Econometric Models as a Guide to Economic Policy, in: Econometrica, Vol. 15 (1947), S. 11 ff.

[61] Gehrig, G.: Die Bestimmungsfaktoren des Konsums in der Bundesrepublik, München 1958.

[62] Ezekiel, M.: Statistical Investigations of Saving, Consumption, and Investment, in: American Economic Review, Vol. 32 (1942), S. 22 ff.

[63] Bassie, V. L.: Consumers' Expenditures in War and Transition, in: Review of Economic Statistics, Vol. 28 (1946), S. 117 ff.

[64] Tinbergen, J. S.: Les Cycles économiques aux Etats-Unis d'Amérique de 1919-1932, Genève 1939, Bd. II, S. 39, 43.

[65] Modigliani, F.: Fluctuations in the Saving-Income Ratio: A Problem in Economic Forecasting, in: Studies in Income and Wealth, Vol. 11, New York 1949, S. 371 ff.

[66] Duesenberry, J. S.: Income, Saving and the Theory of Consumer Behavior, a.a.O.

[67] Wölker, H.: Die Bedeutung der empirischen Verhaltensforschung für die ökonomische Theorie. Eine Studie an Hand empirischer Untersuchungen, Meisenheim/Glan 1961, S. 33.

Drittes Kapitel

Analyse der Sparbereitschaft in der neueren ökonomischen Theorie

1. Die Hypothese vom „relativen Einkommen"

Die neuere ökonomische Theorie knüpft vorwiegend an drei Ansatzpunkten an, die in Form empirischer Befunde vorliegen. (1) Makroökonomische Zeitreihenanalysen weisen bei einer langfristigen Betrachtung auf eine Konstanz der Sparquote trotz zunehmenden Pro-Kopf-Einkommens hin. (2) Kurzfristige Längsschnittanalysen lassen bei einem Einkommensanstieg ein überproportionales Anwachsen des Sparvolumens erkennen. (3) Mikroökonomische Querschnittsbetrachtungen zeigen einen Anstieg der Sparrate bei den Beziehern höherer Einkommen.

Insbesondere Duesenberry[1] und Modigliani[2] suchten durch eine neue Interpretation der „Sparfunktion" diese scheinbar widersprüchlichen empirischen Befunde miteinander zu verbinden. Unabhängig voneinander fanden sie eine solche Synthese in der Theorie vom „relativen" Einkommen, das die Sparquote bestimme, ein Gedanke, der schon früher bei D. S. Brady und R. D. Friedman aufgetaucht war[3]. Unter „relativem" Einkommen verstehen sie die Stellung des individuellen Einkommens innerhalb der Einkommenspyramide; diese Position innerhalb der Einkommensskala, und nicht etwa das „absolute" Einkommen im Sinne der einem Haushalt oder einer Person zur Verfügung stehenden Kaufkraft, determinieren das Sparverhalten. Das bedeutet aber nichts anderes als die Hinzuziehung sozialpsychischer Komponenten zur Erklärung des wirtschaftlichen Verhaltens, ein Weg, zu dem sich bereits in der Historischen Schule Ansatzpunkte fanden, der aber seither weitgehend in Vergessenheit geraten war.

Nach Duesenberry kann ein Sparen nur in dem Umfange stattfinden, wie die Menschen den Impulsen zur Ausgabensteigerung widerstehen. Die Antriebsfeder zu einem erhöhten Verbrauch sei bereits im Wertesystem

---

[1] Duesenberry, J. S.: Income, Saving and the Theory of Consumer Behavior, a.a.O.

[2] Modigliani, F.: Fluctuations in the Saving-Income Ratio, a.a.O., S. 371 ff., insbesondere S. 384 ff.

[3] Brady, D. S. und Friedman, R. D., a.a.O., S. 250 ff.

der modernen Gesellschaft gegeben, die einen „höheren Lebensstandard" als allgemeinverbindliches Ziel setzt. Dem wirke freilich das Bestreben entgegen, ein einmal erreichtes Lebenshaltungsniveau auch für die Zukunft zu sichern, überhaupt jedes Bemühen um eine Vorsorge für die Risiken der ungewissen Zukunft. Das jeweilige Niveau der Ersparnisse stelle einen Kompromiß zwischen diesen beiden konsumfreundlichen und konsumfeindlichen Grundströmungen dar und bedeute für den einzelnen Wirtschafter eine individuelle Nutzenmaximierung[4].

Anders als nach der Wahlhandlungstheorie treffe das Individuum oder der Haushalt seine Entscheidungen jedoch nicht isoliert nach unabhängigen Präferenzen. Vielmehr müsse man von einer Interdependenz der Präferenzsysteme der einzelnen Wirtschaftssubjekte ausgehen, die auf eine Angleichung des Konsumstandards eines Einzelhaushalts an den seiner „Bezugsgruppe" hinwirke. Bezugsgruppe für ein Individuum sind dabei diejenigen Personen, zu denen es soziale Kontakte hat und deren Konsumniveau Richtschnur für das von ihm selbst zu erreichende eigene Konsumniveau ist[5]. Duesenberry fußt dabei auf der sozialpsychologischen Erkenntnis, daß nur extreme Charaktere auf die Dauer jene Isolierung und Mißachtung durch die Umwelt ertragen können, die die Folge einer Nichtbeachtung bestimmter Verhaltensnormen der Gesellschaft sind[6]. In einer weitgehend mobilen Gesellschaft wie der amerikanischen manifestiert das Einkommen in noch stärkerem Maße als in Europa den Sozialstatus einer Person; diese Funktion kann das Einkommen aber nur erfüllen, wenn es jedermann oder doch wenigstens der unmittelbaren Umwelt offenbart wird, und zwar in einer Weise, die gleichzeitig ein ebenfalls von der Gesellschaft gefordertes Minimum von „Takt" beinhaltet. Als das geeignete Mittel dazu hat sich allgemein der Konsum und der Besitz an langlebigen Gebrauchsgütern herausgeschält[7].

Die Erwartungen, die die Gesellschaft hinsichtlich eines bestimmten rollengemäßen Verhaltens der Individuen hegt, durch die sie ihre Zugehörigkeit zu einer bestimmten sozialen Gruppe dokumentieren, bedeuten danach für den einzelnen eine weitgehende Einschränkung seiner Entscheidungsfreiheit bei der Einkommensverwendung[8]. Hinzu komme, daß ein gegebenes Konsumverhalten ohnehin nur in geringem Maße

---

[4] Duesenberry, J. S.: Income, Saving and Consumer Behavior, a.a.O., S. 15 ff.

[5] Ebenda, S. 28 ff.

[6] Veblen, Th.: Theorie der feinen Leute. Eine ökonomische Untersuchung der Institutionen (Deutsche Übersetzung der „Theory of the Leisure Class", 1899), Köln - Berlin 1958, S. 47 f.

[7] Rinsche, G.: Der aufwendige Verbrauch. Sozialökonomische Besonderheiten geltungsbedingter Nachfrage, in: Kreikebaum, H. und Rinsche, G.: Das Prestigemotiv in Konsum und Investition, H. 4 der Beiträge zur Verhaltensforschung (hrsg. v. Schmölders, G.), Berlin 1961, S. 138 ff.

[8] Parsons, T. und Smelser, N., a.a.O.

neuen echten Entscheidungen unterliegt; vielmehr bilden sich im Laufe der Zeit als Folge eines langen Lern- und Anpassungsprozesses habitualisierte Verhaltensweisen heraus, die nicht ständig neu nach rationalen Kriterien überprüft werden.

Das führt zu der Konsequenz, daß sich Einkommensveränderungen erst nach einem gewissen „time-lag" in der Ausgabengebarung niederschlagen; daher blieben die Konsumausgaben bei einem Einkommensrückgang nach Möglichkeit zu Lasten des laufenden Sparens oder gar des Vermögens in der alten Höhe aufrecht erhalten. Hiermit erklärt Duesenberry die kurzfristigen Schwankungen der makroökonomischen Sparquote im Laufe des Konjunkturzyklus, eine Interpretation, die mit seiner Hypothese von der Abhängigkeit der Sparquote vom „relativen" Einkommen und der daraus resultierenden langfristigen Konstanz der Sparquote als Folge der langfristigen Konstanz der Einkommensstruktur durchaus vereinbar ist.

Die Argumentation Duesenberrys baut vorwiegend auf mikroökonomischen Untersuchungen auf, greift aber bisweilen auch auf makroökonomische Befunde zurück. Kernstück seiner Beweisführung ist eine Arbeit von Mendershausen[9], der das Sparverhalten von Weißen und Negern in verschiedenen Städten Amerikas miteinander vergleicht. Es stellt sich heraus, daß die Weißen global zwar mehr sparen, daß bei gleichem Einkommen jedoch die Sparquote der Neger höher liegt. Doch das gilt nur für den Vergleich des absoluten Einkommens; geht man aber wie Duesenberry davon aus, daß es sich bei den Weißen und den Negern im Amerika des Jahres 1935 um zwei weitgehend getrennte Gesellschaften handelt, deren Mitglieder sich hinsichtlich ihres Sozialstatus im wesentlichen nur innerhalb ihrer eigenen Gesellschaft verglichen[10], so kann nur das relative Einkommen einen brauchbaren Vergleichsmaßstab liefern. Eine Gegenüberstellung der beiden Bevölkerungsteile auf dieser Basis zeigt eine weitgehende Übereinstimmung der Sparquoten trotz eines stark unterschiedlichen absoluten Einkommens. Neger im untersten Zehntel ihrer Einkommenspyramide sparen nicht mehr als Weiße im untersten Zehntel der Einkommenspyramide der Weißen; welche der entsprechenden Positionen in den Einkommensskalen der Weisen und der Neger man auch immer miteinander vergleicht, überall finden wir trotz stark differierenden absoluten Einkommens die gleiche Sparquote.

Die Thesen von Modigliani und Duesenberry wurden in der Folgezeit anhand makroökonomischer Zeitreihenanalysen mehrfach empirisch ge-

---

[9] Mendershausen, H., a.a.O., S. 122 ff.
[10] jedenfalls, soweit es sich nicht lediglich um einen rein informativen Vergleich handelt, sondern eine nachhaltige Beeinflussung des Konsum- und Sparverhaltens daraus resultiert.

1. Die Hypothese vom „relativen Einkommen"   41

testet[11], wobei sich die Prognosequalität dieser Konsum- oder Sparfunktionen als außerordentlich gut herausstellt; allerdings wurde teilweise[12] bezweifelt, daß von dem Maximaleinkommen ein längerfristiger Einfluß auf die Höhe des Konsums ausgehen könne. Vielmehr würden sich die Verbraucher im Laufe der Jahre auch an ein niedrigeres Einkommen gewöhnen, so daß die Konsumquote wieder sinken könnte.

Davis[13] will statt des Maximaleinkommens lieber den Maximalkonsum als Bestimmungsgröße in die Konsumfunktion eingehen lassen, Brown[14] den Konsum der Vorperiode, weil der Einfluß des Maximalkonsums im Laufe der Zeit verblasse. Andererseits wird die Hypothese von der Abhängigkeit der Sparquote vom „relativen Einkommen" auch nicht überall widerspruchslos akzeptiert; so macht Tobin[15] Duesenberry den Vorwurf, er habe die ceteris paribus Bedingung in seiner Beweisführung nicht immer streng eingehalten und auch andere maßgebliche Faktoren als das Einkommen — insbesondere das Vermögen — variiert, wodurch sich trügerische Korrelationen ergeben hätten. Namentlich gelte das für das Kernstück der Duesenberryschen Beweisführung, der bei einem Vergleich des Sparverhaltens von Negern und Weißen bei gleichem absoluten Einkommen eine differierende Sparquote, aber bei einer Gegenüberstellung auf der Basis des relativen Einkommens eine Übereinstimmung festgestellt hatte. Tobin führt dies allein auf den unterschiedlichen Vermögensstatus beider Gruppen zurück: die Negerfamilien verfügten über ein geringeres Geldvermögen und müßten bei gleichem Einkommen infolge ihres Nachholbedarfs an finanziellen Rücklagen mehr sparen als die Weißen. Auf ähnliche Weise erklärt er auch die empirisch festgestellten

---

[11] So von Clark, C.: A System of Equations Explaining the United States Trade Cycle, 1921 - 1941, in: Econometrica, Vol. 17 (1949), S. 99 und S. 102 ff.; Cohen, M.: Postwar Consumption Functions, in: Review of Economics and Statistics, Vol. 34 (1952), S. 18 ff.; Davis, T. E.: The Consumption Function as a Tool for Prediction, in: Review of Economics and Statistics, Vol. 34 (1952), S. 270 ff.; Brown, T. M.: Habit Persistence and Lags in Consumer Behavior, in: Econometrica, Vol. 20 (1952), S. 355 ff.; Zimmermann, H.: Privates Sparen und Einkommensentwicklung in der Zwischenkriegszeit, in: Konjunkturberichte des Rhein.-Westf. Institutes für Wirtschaftsforschung, Essen, 5. Jg., N.F. H 1 (1954), S. 49; Ferber, R.: The Accuracy of Aggregate Saving Functions in the Postwar Years, in: Review of Economics and Statistics, Vol. 37 (1955), S. 134, 136 und 138.

[12] Brown, T. M.: Habit Persistence and Lags in Consumer Behavior, a.a.O., S. 355 ff.; Hubbard, J.: The Marginal and Average Propensities to Consume, in: Quarterly Journal of Economics, Vol. 68 (1954), S. 83 ff.; Stöwe, H.: Ökonometrie und makroökonomische Theorie, Ökonomische Studien, Heft 3, Stuttgart 1959, S. 99.

[13] Davis, T.: The Consumption Function as a Tool for Prediction, a.a.O., S. 274 und S. 277.

[14] Brown, T. M., a.a.O., S. 355 ff.

[15] Tobin, J.: Relative Income, Absolute Income, and Saving, in: Money, Trade, and Economic Growth, Essays in Honor of John Henry Williams, New York 1951, S. 135 ff.

Unterschiede im Sparverhalten einzelner Regionen und letztlich auch die langfristige Konstanz der Sparquote.

2. Die Hypothese vom „permanenten Einkommen"

Ein neuer Gesichtspunkt tauchte in der Diskussion um die Konsumfunktion auf, als Milton Friedman[16] und Modigliani-Brumberg-Ando[17] den bisherigen Erklärungsversuchen, den Hypothesen vom „absoluten" (Keynes) und vom „relativen Einkommen" (Duesenberry), eine dritte Variante, die Hypothese vom „permanenten Einkommen" hinzufügten. Bei der Darstellung dieser neuen Deutung der „Sparfunktion" wollen wir uns im wesentlichen auf die Version Friedmans beschränken, da sie inhaltlich zu den gleichen Ergebnissen wie die Modigliani-Brumberg-Ando-Konzeption führt, aber in manchen Punkten einfacher und anschaulicher erscheint.

Ausgangspunkt Friedmans ist die Überlegung, daß die bei allen Betrachtungen oder Berechnungen zur Konsumfunktion benutzten Perioden-Einteilungen, meist Kalenderjahre, aber auch Halb- oder Vierteljahre oder Monate, doch recht willkürlich seien. Der Planungs- und Erwartungshorizont eines Haushalts oder einer Person, der den angestrebten Lebensstandard und damit auch weitgehend das aktuelle Konsumniveau bestimmt, überdeckt nach Friedman einen weit größeren Zeitraum, der zwar nicht notwendigerweise das ganze Leben, aber doch wenigstens mehrere Jahre umfaßt. Für diese zukünftige Periode erwarte das Individuum nun ein Einkommen in einer ganz bestimmten Höhe; Friedman nennt dieses erwartete Einkommen „permanent income". Jedoch stimmt das statistisch zu messende aktuelle Einkommen einer Person nicht unbedingt mit der Erwartungsgröße „permanent income" überein; Konjunkturschwankungen, beruflicher Auf- oder Abstieg, Gewinne oder Verluste an der Effektenbörse, oder was es sonst auch immer sein mag, führen dazu, daß die statistisch erhobene Einkommensgröße vom „permanenten" Einkommen abweicht. Diese Differenz bezeichnet Friedman als „transitory income".

In ähnlicher Weise teile sich auch der Konsum in einen permanenten Bestandteil, der die „normalen" (geplanten oder gewohnheitsmäßig fixierten) Ausgaben umfasse, und in einen fluktuierenden Bestandteil („transitory consumption") auf, unter den alle unvorhergesehenen Ausgaben (z. B. Krankheitskosten oder Gelegenheitskäufe) rechnen.

---

[16] Friedman, M.: A Theory of the Consumption Function, Princeton 1957.

[17] Modigliani, F. und Brumberg, R. E.: Utility Analysis and the Consumption Function: An Interpretation of Cross-Section Data, in: Post-Keynesian Economics, hrsg. v. Kurihara, K. K., London 1955, S. 388 ff.; Modigliani, F. und Ando, A.: Tests of the Life-Cycle Hypothesis of Savings, in: Bulletin of the Oxford University, Institute of Statistics, Vol. 19 (1957), S. 99 ff.

2. Die Hypothese vom „permanenten Einkommen" 43

Ein funktionaler Zusammenhang bestehe nun, und das ist der Angelpunkt der Friedmanschen Theorie, lediglich zwischen den beiden permanenten Größen, während der unregelmäßige, zusätzliche Konsum weder vom permanenten Einkommen noch von den „zufälligen" Einkünften abhänge. Das heißt aber nichts anderes, als daß zwischen Gesamteinkommen und Gesamtkonsum keinerlei funktionale Beziehung besteht. Der geplante oder permanente Verbrauch hängt im Friedmanschen System freilich nicht allein von der Höhe des permanenten Einkommens ab; hinzu kommen noch weitere Variablen wie der Zinssatz, das Vermögen, der Geschmack und das Alter[18].

Friedman versucht, seine Hypothesen auch empirisch zu untermauern. Ähnlich wie Duesenberry wählt er als Ansatzpunkt für seine Beweisführung die statistischen Befunde, nach denen die Sparquote bei steigendem Einkommen in einer Längsschnittanalyse gleich bleibt, während sie in einer Querschnittsanalyse ansteigt.

Die Konstanz der Sparquote in der Längsschnittbetrachtung bringt er mit der Überlegung zusammen, daß sich auf längere Sicht die unvorhergesehenen Einkommensveränderungen positiver und negativer Art ausgleichen. Dieser Gedanke finde besonders in der Beobachtung eine Stütze, daß die Einkommenselastizität des Konsums sich um so mehr der Größe Eins nähere, je länger die gewählte Beobachtungsperiode werde.

Das Ansteigen der Sparquote in den Querschnittsanalysen erklärt Friedman durch die größere Bedeutung des veränderlichen („transitorischen") Einkommensteils in den höheren Einkommensschichten. Je höher die Einkommensklasse, desto eher übersteige das tatsächliche Einkommen das eingeplante („permanente") Einkommen, das ja in erster Linie die Höhe des Konsums bestimme. Automatisch ergebe sich also ein Restsparen, das mit zunehmendem Einkommen absolut und relativ immer größer werde.

Auch berufsspezifische Unterschiede im Sparverhalten wertet Friedman als Beweis für seine Hypothese: Die höhere Sparquote der Landwirte und der selbständigen Geschäftsleute führt er auf die stärkeren Einkommensschwankungen dieser Berufsgruppen und dem daraus resultierenden größeren Anteil des „transitory income" am Gesamteinkommen zurück[19]. In gleicher Weise interpretiert er auch den empirischen Befund, daß Haushalte mit in der Beobachtungsperiode gestiegenem Einkommen stärker sparen als solche mit konstantem Einkommen, da die Einkommenssteigerungen keinerlei Wirkungen auf den Konsum ausüben könnten[20].

---

[18] Friedman, M.: A Theory of the Consumption Function, a.a.O., S. 6.
[19] Ebenda, S. 58 ff. und S. 69 ff.
[20] Ebenda, S. 97 ff.

In den Arbeiten von Friedman und auch besonders von Modigliani-Brumberg-Ando werden neben diesem Grundgedanken der Abhängigkeit der Sparquote von einem längerfristigen „Normaleinkommen" auch Aussagen über den Verlauf der mikroökonomischen und der makroökonomischen Sparfunktion im Zeitablauf gemacht. So unterscheidet Farrell[21] in seiner kritischen Betrachtung der These vom „permanenten Einkommen" drei Hauptbestandteile dieser Theorie:

1. Die *Normaleinkommenshypothese*, die ein Rationalverhalten des Konsumenten dergestalt postuliert, daß sich dieser bei seinen Entscheidungen über die Einkommensverwendung von einem langfristig erwarteten „Normaleinkommen" leiten läßt. Nach diesem „Normaleinkommen" und nicht nach dem schwankenden Einkommen kürzerer Perioden richtet sich der jeweilige Konsum aus.

2. Die *Proportionalitätshypothese*, die sich in etwa folgendem Satz zusammenfassen ließe: Normaleinkommen und Konsum entwickeln sich für jedes Wirtschaftssubjekt proportional zueinander.

3. Die *Wachstumsratenhypothese*. Sie besagt, daß die Sparquote einer Volkswirtschaft sich unter der Voraussetzung einer *stetigen* Veränderung der Bevölkerungsstruktur und des realen Pro-Kopf-Einkommens proportional zur Wachstumsrate des realen Volkseinkommens verhält.

Wenden wir uns zunächst der erstgenannten Hypothese, der „*Normaleinkommenshypothese*" zu. Sie erscheint insbesondere für Personen mit einem stark schwankenden Einkommen als durchaus plausibel, wenn man annimmt, daß der Lebensstandard eine eher längerfristig veränderliche Größe darstellt. Befunde empirischer Erhebungen stützen diese Vermutung für die Berufsgruppen der Landwirte und Unternehmer, teilweise auch für Arbeiter. Bei Angestellten und Beamten scheint hingegen die Normaleinkommenshypothese nicht zuzutreffen[22]; zu diesem Schluß kommt Farrell bei einer kritischen Würdigung sowohl der Friedmanschen Beweisführung als auch der empirischen Ergebnisse anderer Erhebungen.

Die „*Proportionalitätshypothese*" ist der wohl umstrittenste Teil der Theorie vom „permanenten Einkommen". Die in ihr enthaltene Aussage über einen proportionalen Verlauf der Sparfunktion hat Farrell nicht bestätigt gefunden. Andererseits zeigt eine Analyse des von uns benutzten empirischen Materials, daß diese These bei bestimmten Modifizierungen für einzelne Berufs- und Einkommensgruppen möglicherweise doch zutreffen kann (vgl. dazu Kapitel VI). Wir werden darauf zurückkommen.

---

[21] Farrell, M. J.: Die neuen Theorien der Konsumfunktion, in: Streissler, E. und M. (Hrsg.): Konsum und Nachfrage, Köln - Berlin 1966, S. 338 ff.

[22] Ebenda, S. 351 ff.

2. Die Hypothese vom „permanenten Einkommen"

Der „*Wachstumsratenhypothese*", die langfristig die Ersparnisse von Veränderungen in der Bevölkerungsstruktur und im realen Pro-Kopf-Einkommen erklärt, liegt folgende Überlegung zugrunde: Wenn die gleichmäßigere Aufteilung des Konsums im Laufe des Lebens den alleinigen Zweck des Sparens darstellt und die Summe der Ersparnisse eines Individuums bei seinem Tode folglich gleich null wird, so müßte sich in einer Volkswirtschaft mit stationärem Charakter die Summe der jährlichen positiven Ersparnisse der arbeitenden Generation mit der Summe des jährlichen Entsparens der Rentner und Pensionäre decken; die Nettosparquote wäre mit anderen Worten in dieser Volkswirtschaft gleich null.

Ein Bevölkerungswachstum bringt es aber mit sich, daß die Zahl der (jungen) Sparer gegenüber der Zahl der (alten) Entsparer zunimmt, die Sparquote der Volkswirtschaft also positiv wird.

Eine ähnliche Wirkung wird von einer Steigerung des Pro-Kopf-Einkommens hervorgerufen. Ein steigendes Einkommen führt zu absolut höheren Ersparnissen der arbeitenden Generation, während das Entsparen der Rentner-Generation sich an ihren infolge niedrigerer Einkommen auch niedrigeren Ersparnissen ausrichten muß. Die Folge ist eine positive makroökonomische Sparquote.

Diese Argumentation erscheint so weit durchaus überzeugend, doch setzt sie voraus, daß beim Tode eines Individuums keine Hinterlassenschaft für die Erben mehr vorhanden ist. Und hiergegen sprechen wohl offensichtlich die Tatsachen, z. B. die Existenz und der Aufbau großer Familienvermögen. Allerdings kann makroökonomisch durch ein entgegengesetztes Verhalten von Entsparern (das sich quantitativ in der gleichen Größenordnung niederschlägt) ein entsprechender Ausgleich stattfinden.

Für die USA läßt Farrell die Möglichkeit einer derartigen Kompensation von besonderer Sparsamkeit (mit der Bildung von Vermögen) und von „Unbedachtsamkeit" (mit der Auflösung von Vermögen) gelten, da Ergebnisse der Berechnungen Modiglianis und Brumbergs die langfristige makroökonomische Konsumfunktion der USA in etwa widerspiegelten: Die tatsächliche Sparquote von rund 12 % des Volkseinkommens und das durchschnittliche reale Wachstum des Volkseinkommens von 3 - 4 % im Jahr entsprechen fast genau den Modellüberlegungen der beiden Autoren[23].

Hauptkritikpunkte der Theorie vom „permanenten Einkommen" bilden die allgemein als zu streng angesehenen Anforderungen an die zeitliche Dimension des Planungshorizontes der Konsumenten und ein entsprechendes Rationalverhalten derselben. So wird Friedman etwa vorgewor-

---

[23] Ebenda, S. 346 ff.

fen, daß die Wirtschaftssubjekte bei ihm „nicht nur allwissend, sondern auch unsterblich" seien[24] und deren Verhalten gänzlich aus rationalen Erwägungen resultiere, also beispielsweise durch den Zustand großer oder äußerst geringer Liquidität nicht beeinflußt werde. „Der glückliche Gewinner bei einem Pferderennen lädt seine Freunde nicht zu einem Umtrunk ein und der Unglückliche, dessen Brieftasche gestohlen wurde, schiebt den Kauf eines neuen Mantels nicht auf[25]." Gegen eine derartige Verhaltenskonstanz sprechen aber die Ergebnisse empirischer Untersuchungen, nach denen gerade von unerwarteten Einkommenszuflüssen (z. B. Erbschaft, Dividendenerhöhungen) starke Konsumimpulse ausgehen[26]; andererseits gibt es jedoch auch Befunde, die die Hypothesen Friedmans und Modigliani-Brumberg-Ando's zu bestätigen scheinen, so z. B. die Tatsache, daß in Deutschland nach der Rentenerhöhung im Jahre 1957 die umfangreichen Nachzahlungen nicht den allgemein erwarteten Konsumstoß zur Folge hatten, sondern daß diese Gelder zum größten Teil — jedenfalls eine Zeitlang — gespart wurden. Dieser Befund ließe sich allerdings auch schon durch die Keynes'sche und die Duesenberrysche Version der Konsumfunktion erklären.

Insgesamt scheinen die Anforderungen an einen langen Planungshorizont und ein entsprechendes Rationalverhalten der Konsumenten zu streng zu sein. So zeigte sich bei empirischen Untersuchungen in Deutschland, daß beispielsweise allgemein erst bei einem Alter von über 60 Jahren Erkundigungen über die Höhe der zu erwartenden Rente eingezogen werden und daß zwischen den als angemessen erachteten Beitragszahlungen und der dafür beanspruchten Rentenleistung ein krasses Mißverhältnis besteht. Das Interesse an der wirtschaftlichen Vorsorge für das Alter wird zum Teil erst dann wach, wenn es für ausreichende Vorkehrungen zu spät ist[27]. Konsum und Sparen lassen sich augenscheinlich doch nicht für eine Generation vorausplanen.

Versucht man ein Fazit aus der Diskussion um die Theorie vom permanenten Einkommen zu ziehen[28], so könnte man pointiert sagen, daß in ihr statt der *Schwierigkeit* der Anpassung des Konsums an geänderte Einkommensverhältnisse (Keynes, Duesenberry) die *Sinnlosigkeit* eines sol-

---

[24] Houthakker, H. S.: The Permanent Income Hypothesis, in: American Economic Review, Vol. 48 (1958), S. 398.

[25] Ebenda, S. 398.

[26] Lydall, H. F.: A Theory of the Consumption Function, in: Kyklos, Vol. 11 (1958), S. 564; Bodkin, R.: Windfall Income and Consumption, in: American Economic Review, Vol. 49 (1959), S. 613 f.

[27] Institut für Demoskopie: Die Rentenreform, als Manuskript vervielfältigt, Allensbach a. Bodensee 1957, S. 9 ff.

[28] Zum Verhältnis der verschiedenen Konsumfunktionen zueinander vgl. Engels, W.: Unsicherheit, Konsumverhalten und Investitionsverhalten, in: Hax, H. (Hrsg.): Entscheidung bei unsicheren Erwartungen, Köln - Opladen 1970, S. 37 ff.

chen Verhaltens herausgestellt wird[29]. Während bei Duesenberry das Konsumverhalten mehr durch den unmittelbaren Nachbarn beeinflußt wird, sind es bei Friedman größere soziale Schichten, die jeweils ihre eigene durch Vermögen und Nutzenschätzung bestimmte spezifische Konsumneigung aufweisen[30]. Insofern ergänzen sich beide[31]. In gewisser Weise bildet die Aussage der Theorie vom permanenten Einkommen eine Tautologie, da sie behauptet, daß die Konsumneigung konstant sei, wenn sich die (weitgehend unüberprüfbaren) Bestimmungsfaktoren nicht ändern. Gerade um eine Erklärung des Einflusses sich ändernder Faktoren geht es aber bei der Analyse des Sparprozesses. Als bleibend darf auf jeden Fall der Hinweis auf die Bedeutung der Planung und die daraus resultierende Aufteilung des Einkommens in einen fortdauernden und in einen vorübergehenden Bestandteil angesehen werden[32].

3. Die Rolle des Konsumstandards

Entscheidendes Moment für das Sparverhalten ist sowohl bei Duesenberry als auch bei Friedman und Modigliani-Brumberg-Ando nicht mehr die objektive Sparfähigkeit, repräsentiert durch das Einkommen, sondern der Konsumstandard. Der Konsumstandard darf nicht mit den tatsächlichen Konsumausgaben verwechselt werden; vielmehr stellt er eine Richtgröße dar, an der das Wirtschaftssubjekt sich bei seinem Verhalten orientiert. Geht von diesem Leitbild ein so starker sozialer Zwang aus, daß sich niemand ihm entziehen kann, der nicht der Mißachtung seiner Gruppe anheimfallen will, so bestimmt dieser Konsumstandard in gewisser Weise das kulturelle Existenzminimum und damit die — freilich anders definierte — Sparfähigkeit, nicht die objektive Sparfähigkeit, sondern die Sparfähigkeit als Gruppenangehöriger. Allerdings gehen die Konsumnormen einzelner Gesellschaftsschichten oder Gruppen keinesfalls so weit, daß sie nicht dem einzelnen Individuum einen eigenen Spielraum lassen, innerhalb dessen sich seine Sparwilligkeit positiv oder negativ auf die Spartätigkeit auswirken könnte. Vor allem aber manifestiert sich in der Vorentscheidung, bei der Wahl der sozialen Bezugsgruppe, unter anderem die Sparwilligkeit. Eine Theorie über das Sparverhalten, die es ausschließlich auf die Sparfähigkeit abstellt, kann den Sparprozeß nicht hinreichend erklären und vor allem nicht prognostizieren. Und zwar deshalb nicht, weil sie auf mikroökonomischer Ebene das unterschiedliche Sparverhalten einzelner Personen oder Gruppen mit materiell gleichen Bedingungen

---
[29] Streissler, E., a.a.O., S. 90.
[30] Eisner, R.: The Permanent Income Hypothesis: Comment, in: American Economic Review, Vol. 48 (1958), S. 972.
[31] Fellner, W. J.: Relative Permanent Income, Elaboration and Synthesis, in: Journal of Political Economy, Vol. 67 (1959), S. 508.
[32] Streissler, E., a.a.O., S. 90 f.

nicht befriedigend deuten kann; ferner: weil sie nicht, was sowohl für eine mikroökonomische als auch für eine makroökonomische Betrachtung von Bedeutung ist, den sozialen Lern- und Anpassungsprozeß berücksichtigen kann, in dem sich der Konsumstandard entwickelt. Eine wirklichkeitsnahe Theorie des Sparverhaltens darf nicht mehr, wie u. a. die Untersuchungen von Duesenberry, Friedman und Modigliani gezeigt haben, nach einer einzigen Determinanten des Sparverhaltens suchen, sondern muß sich, so unbequem es in der Praxis auch sein mag, mit einer Vielzahl von Bestimmungsgründen abfinden. Neben der Sparfähigkeit muß auch die Sparwilligkeit die ihr gebührende Berücksichtigung finden.

Duesenberry und Friedman lassen den Konsumstandard in einer sehr unterschiedlichen Weise zur Richtschnur für die Wirtschaftssubjekte werden. Bei Duesenberry handelt es sich beim Durchschnittsverbraucher um einen mehr „außengeleiteten" Typ[33], der seine Impulse von seiner Umwelt erhält und bei dem das hervorstechendste Charakteristikum seine Abhängigkeit von den Präferenzen der Leitbilder ist. Friedmans Konsumenten hingegen weisen mehr Ähnlichkeit mit dem „innengeleiteten" Typ Riesmans auf. Auch sie richten ihr Leben nach einem bestimmten Konsumstandard aus und lassen sich durch zufällige Einkommensschwankungen kaum davon abbringen. Anders aber als bei Duesenberry scheinen sie, nachdem ihr Lebensplan einmal fixiert ist, den Einflüssen der Umwelt in weit geringerem Maße zu unterliegen. Ihr Konsumverhalten orientiert sich an einem individuellen, nach rationalen Kriterien aufgebauten Maßstab, bei Duesenberry an sich rasch wandelnden Gruppennormen, die auch irrationalen Einflüssen weitgehend unterliegen.

Beide skizzierten Verhaltensweisen dürften in der Realität anzutreffen sein. Die Ergebnisse empirischer Erhebungen deuten freilich darauf hin, daß Duesenberrys Konsumententyp in der heutigen Gesellschaft überwiegt und Friedmans Konsumententyp eine den Durchschnitt nicht beeinflussende Minderheit bildet. Denn während sich, wie wir gesehen haben, die Prognosequalität der Duesenberry-Funktion als relativ gut erwies, wenngleich sie noch keinesfalls als bewiesen gelten kann[34], sind die umfangreichen direkten empirischen Prüfungen der Permanent-Income-Theorie bisher nicht schlüssig gewesen[35], teilweise deshalb, weil einige

---

[33] Riesman, D., Denney, R. und Glazer, N.: Die einsame Masse. Eine Untersuchung der Wandlungen des amerikanischen Charakters. Mit einer Einführung in die deutsche Ausgabe von H. Schelsky, Darmstadt - Berlin - Neuwied 1956.

[34] Vgl. Ferber, R.: Research on Household Behavior, in: American Economic Review, Vol. 52 (1962), S. 24 f.

[35] Dunsing, M. und Reid, M. G.: Effect of Varying Degrees of Transitory Income on Income Elasticity of Expenditures, in: Journal of the American Statistical Association, Vol. 53 (1958), S. 348 ff.; Friend, I. und Kravis, I. B.: Consumption Patterns and Permanent Income, in: American Economic Review, Vol. 47 (1957), S. 536 ff.; Zellner, A.: Tests and Some Basic Propositions in the Theory of Consumption, in: American Economic Review, Papers and Proceed-

3. Die Rolle des Konsumstandards

Begriffe aus dieser Theorie bisher nicht meßbar gemacht werden konnten[36].

Aus den vorliegenden empirischen Untersuchungen über das Sparverhalten läßt sich das Resümee ziehen, daß es zur Analyse des Konsumentenverhaltens im allgemeinen nicht genügt, allein die Veränderungen der ökonomischen Größen zu berücksichtigen, selbst wenn man, wie etwa Duesenberry, die Struktur des sozialen Bezugsrahmens in die Betrachtung mit einbezieht; vielmehr muß der Einfluß von Erwartungen, Erfahrungen, Stimmungen und anderen psychischen Komponenten auf das Verhalten der Wirtschaftssubjekte und besonders auf ihren Spar- oder Konsumentschluß noch eingehend untersucht werden, bevor man zu einer realistischen Theorie des Sparverhaltens kommen kann, die auch eine Prognose erlaubt. Lange Zeit galten diese Größen entweder — wie bei Keynes — als für die Gesamtwirtschaft konstant und daher für eine Makroanalyse unerheblich oder doch als unwägbar und nicht meßbar („Imponderabilien"). Seit aber insbesondere von George Katona[37] Methoden entwickelt wurden, das „Unmeßbare meßbar zu machen", kann sich die alle irrationalen Momente ausschließende reine Modellbetrachtung nicht mehr ernsthaft auf dieses Alibi zurückziehen, es sei denn, sie wollte gar nicht ermitteln, wie sich der Konsument in Wirklichkeit verhält, sondern wie er sich verhalten sollte, wenn er seine „Wohlfahrt" maximieren will (normative Konsumtheorie).

Insbesondere fehlt es bisher an einer Theorie, die den Lern- und Anpassungsprozeß erklärt, in der sich der Konsumstandard und die Bedarfe nach finanziellen Rücklagen im Verlaufe des wirtschaftlichen Wachstums und des sozialen Wandels zueinander verhalten und im einzelnen entwickeln[38]. Einen Ansatzpunkt dazu liefert Katona, insbesondere durch seine Theorie von der Dynamik des „Anspruchsniveaus" und seine Hypothesen über den Zusammenhang von Erfahrungen und Erwartungen der Konsumenten einerseits und zwischen Geldsparen und Kauf von langlebigen Gebrauchsgütern andererseits.

---

ings, Vol. 50 (1960), S. 565 ff.; Jones, R. L.: Transitory Income and Expenditures on Consumption Categories, ebenda, S. 584 ff.; Tobin, J. und Swan, C.: Money and Permanent Income: Some Empirical Tests, in: American Economic Review, Papers and Proceedings, Vol. 59 (1969), S. 285 ff.

[36] Gollnick, H.: Neuere Entwicklungstendenzen in der ökonometrischen Forschung, in: Jahrbuch für Sozialwissenschaft, Bd. 15 (1964), S. 292.

[37] Katona, G.: Das Verhalten der Verbraucher und Unternehmer, Tübingen 1960.

[38] Vgl. Scherhorn, G.: Empirische Theorie der Nachfrage, unveröffentl. Manuskript, Köln 1965.

Viertes Kapitel

Umrisse einer empirischen Theorie des Sparverhaltens

1. Das Sparen als Objekt einer empirischen Theorie

Jede Theorie hat es mit den Problemen der Definition und Abgrenzung der von ihr behandelten Gegenstände zu tun; das gilt in besonderem Maße für eine *empirische* Theorie, die aus Sätzen besteht, die falsifizierbar sind[1], d. h. „an der Erfahrung scheitern können"[2]. Hier müssen die Begriffe so formuliert werden, daß eine spätere unabhängige Prüfung[3] möglich ist, daß auch solche Erfahrungstatbestände zur Verifizierung oder Falsifizierung der Theorie herangezogen werden können, die bei der Aufstellung der Hypothesen nicht oder noch nicht benutzt wurden. Eine derartige Überprüfung einer Theorie an der Wirklichkeit hat aber eine unabdingbare Voraussetzung: die Tatbestände, mit deren Hilfe der Vergleich zwischen Theorie und Realität durchgeführt werden soll, müssen nicht nur eindeutig abgegrenzt, sondern auch in der Praxis erhebbar sein.

Vor der Frage nach der praktischen Erhebbarkeit der benutzten Größen, die eine spezielle Vorbedingung für alle empirischen Theorien bildet, liegt jedoch eine Vorentscheidung über Zielsetzung und Methode bei der durchzuführenden Untersuchung. Die Entscheidung über die anzuwendende Methode hängt davon ab, welche spezifischen Hypothesen aufgestellt und möglicherweise überprüft werden sollen und welche Sachverhalte die zuverlässigsten Indikatoren dafür liefern. Es nimmt daher nicht wunder, wenn die Spardefinitionen in den einzelnen Untersuchungen stark voneinander abweichen[4], wenn sie sich ganz nach dem theo-

---

[1] Popper, K. R.: The Logic of Scientific Discovery, London 1959.

[2] Albert, H.: Der kritische Rationalismus Karl Raimund Poppers, in: Archiv für Rechts- und Sozialphilosophie, 46. Jg. (1960), S. 398.

[3] Popper, K. R.: Die Zielsetzung der Erfahrungswissenschaft, in: Theorie und Realität (hrsg. v. H. Albert), Tübingen 1964, S. 75.

[4] Doppeldeutigen Charakter trägt dieses Wort bereits in der Umgangssprache: Hier heißt sparen einmal soviel wie schonen, haushälterisch oder sparsam mit etwas umgehen; zum anderen bedeutet es, etwas — insbesondere Geld — zurücklegen, aufbewahren, erhalten. Beide Bedeutungen sind keineswegs identisch: Jemand der haushälterisch wirtschaftet, legt durchaus nicht immer Geld zurück oder umgekehrt. Auch in der volkswirtschaftlichen Literatur werden beide Bedeutungen nicht immer säuberlich getrennt; es überwiegt allerdings die Verwendung des Begriffes im Sinne des Zurückbehaltens oder Aufbewahrens von Geld oder Gütern.

1. Das Sparen als Objekt einer empirischen Theorie

retischen Aspekt ausrichten, den die jeweilige Untersuchung verfolgt. Das Sparen, seine Determinanten und Motive sind vorwiegend für drei Bereiche der Volkswirtschaft von besonderem Interesse: für die Geldtheorie, da sie die Giralgeldkapazität als von der Höhe der Einlagen abhängig ansieht; für die Konjunktur- und Wachstumstheorie, da Schwankungen in der Gesamtnachfrage und Investitionstätigkeit eng mit dem Sparen verknüpft sind; für die Vermögensbildung und -verteilung, da sich beide — von der Vererbung abgesehen — primär als Folge eines freiwilligen oder unfreiwilligen Sparens darstellen. In unserer Untersuchung steht dabei der Aspekt der Vermögensbildung und der Vermögensverteilung im Vordergrund; er bestimmt die Wahl der Untersuchungsmethode — die mikroökonomische Analyse — und die Spardefinition, die sich — wie wir zeigen werden — notwendigerweise von einer makroökonomischen Spardefinition unterscheidet.

Der enge Zusammenhang zwischen Spardefinition und theoretischer Zielsetzung wird bereits bei einer dogmengeschichtlichen Betrachtung erkennbar. Die unterschiedlichen Definitionen in den älteren volkswirtschaftlichen Theorien lassen sich leicht von den wirtschaftstheoretischen Systemen her deuten. Innerhalb ihres Systems handeln die Merkantilisten nur konsequent, wenn sie unter Sparen hauptsächlich das Thesaurieren von Gold und Edelmetallen verstehen, ein Vorgang, den die moderne Theorie als Horten bezeichnen würde. Für die Physiokraten bedeutet Sparen logischerweise lediglich einen Konsumaufschub, während die Klassiker bereits stärker den Investitionscharakter des Sparens sehen[5].

Auch in der modernen Theorie führen die verschiedenartigen Ausgangspunkte und Zielsetzungen zu unterschiedlichen Definitionen. Handelt es sich um das Problem der Beeinflussung von Wachstum und Konjunktur durch das Sparen, also um eine Wirkungsanalyse im Rahmen des volkswirtschaftlichen Kreislaufs, so muß der Sparbegriff dem Untersuchungsobjekt entsprechend makroökonomisch definiert werden. Bei einer naturalwirtschaftlichen Betrachtung macht es dabei keinen Unterschied, ob bei einer solchen Definition der Aspekt der Neubildung von volkswirtschaftlichem Produktivkapital[6] oder der der Konsumeinschränkung[7] in den Vordergrund gestellt wird.

---

[5] Zur Dogmengeschichte des Sparbegriffs: Manteuffel-Szöge, C. v., a.a.O., S. 1 ff.; Martin, J.: Das Sparen in der ökonomischen Theorie, Wien und Leipzig 1933, S. 2 ff.; Voigt, F.: Der volkswirtschaftliche Sparprozeß, Berlin 1950, S. 4 ff.

[6] Liefmann, R.: Theorie des Sparens und der Kapitalbildung, in: Schmollers Jahrbuch, 36. Jg. (1912), S. 1565 und S. 1579; Rodbertus-Jagetzow, C.: Das Kapital. Aus dem literarischen Nachlaß, hrsg. v. A. Wagner und Th. Kozak, Berlin 1913, S. 170; Amonn, A.: Grundsätze der Volkswohlstandslehre, I. Teil, Jena 1926, S. 101; Sombart, W.: Der moderne Kapitalismus, München und Leipzig 1927, III, 1, S. 152; Eucken, W.: Kapitaltheoretische Untersuchungen, Jena 1934, S. 138, S. 150; Weber, Ad.: Kurzgefaßte Volkswirtschaftslehre, 4. Aufl., 1948, S. 46.

4. Kap.: Umrisse einer empirischen Theorie des Sparverhaltens

Da jegliches Sparen in realer, gütermäßiger Betrachtung immer eine Vermehrung der Güterbestände bedeutet, führen beide Ausgangspunkte im großen und ganzen zu demselben Ergebnis: Von den Produktionsmöglichkeiten der laufenden Periode wird ein Teil zur Vergrößerung des Sachvermögens abgezweigt. In welcher Form diese Zunahme des Sachgüterbestandes auch stattfindet, ob sich der Bestand an Verbrauchsgütern, an langlebigen Gebrauchsgütern oder an Produktionsgütern vergrößert, auf jeden Fall verbessern sich die Möglichkeiten des Konsums künftiger Perioden. In der Naturalwirtschaft schlägt sich also der Sparvorgang unmittelbar gütermäßig nieder[8].

Anders in der modernen Geld- und Kreditwirtschaft: Hier besteht der Sparprozeß aus einer geldlichen und einer gütermäßigen Komponente. Der Verzicht auf die konsumtive Verwendung für einen Teil des Geldeinkommens — das Geldsparen — ist die eine, die Anlage des Gesparten — die Investition — die andere Seite dieses Vorgangs, solange Geldersparnis und Investition quantitativ gleich bleiben und solange Sparer und Investor identisch sind, besteht kein Unterschied zum Naturalsparen. Schwieriger wird es, wenn diese Begriffspaare auseinanderfallen.

Das kann einmal beim „Horten" der Fall sein, wenn also Teile des nicht konsumtiv verausgabten Geldeinkommens entweder gar nicht oder zumindest nicht in der laufenden Periode einer Investition zugeführt werden. Nach Robertson[9] liegt ein Sparen nur in Höhe der wieder investierten Beträge vor; seit Keynes[10] wird jedoch in der neueren Literatur[11] meist die Gesamtheit der nicht verbrauchten Mittel, also die Summe von Investition und Hortung als Sparen bezeichnet. Diese Definition des Sparens ist vor allem in der volkswirtschaftlichen Gesamtrechnung und in den ihr zugrunde liegenden Statistiken gebräuchlich[12]. Die Brücke zwischen beiden Definitionen schlägt die Stockholmer Schule mit ihrer Unterscheidung zwischen der ex-ante und der ex-post Betrachtung, wonach Konsumver-

---

[7] Philippovich, E. v.: Grundriß der Politischen Ökonomie, Bd. I, 18. Aufl., Tübingen 1923, S. 190; Hoffmann: Art. „Sparkassen", in: Handw. d. Staatswissenschaften, 4. Aufl., hrsg. v. Elster, L. u. a., 7. Bd., Jena 1926, S. 668; Schumpeter, J.: Theorie der wirtschaftlichen Entwicklung. Eine Untersuchung über Unternehmergewinn, Kapital, Kredit, Zins und den Konjunkturzyklus, 5. Aufl., Berlin 1952, S. 107; Keynes, J. M.: Allgemeine Theorie der Beschäftigung, des Zinses und des Geldes, a.a.O., S. 54; Preiser, E.: Sparen und Investieren, in: Jahrbücher für Nationalökonomie und Statistik, Bd. 159 (1944), S. 265.

[8] Haller, H.: Art. „Sparen", in: Handwörterbuch der Sozialwissenschaften, 9. Bd., Stuttgart - Tübingen - Göttingen 1956, S. 661.

[9] Robertson, D. H.: Banking Policy and Price Level, London 1926, S. 40 f.; derselbe: Saving and Hoarding, in: Economic Journal, Bd. 43 (1933).

[10] Keynes, J. M.: Allgemeine Theorie der Beschäftigung, des Zinses und des Geldes, a.a.O., S. 54.

[11] Peters, W.: Übersicht über das Spar- und Investitionsproblem in der neueren ökonomischen Literatur, in: Hamb. Jb., 1. Jg. (1956), S. 218 ff.

[12] Haller, H.: Art. „Sparen" in: Handwörterbuch der Sozialwissenschaften, a.a.O., S. 661.

1. Das Sparen als Objekt einer empirischen Theorie

zicht und Investition[13] als Folge des Kreditschöpfungsprozesses nach dem Abschluß einer Periode auf jeden Fall größengleich werden.

Für eine mikroökonomische Analyse, wie wir sie hier anstreben, ist jedoch ein solcher Sparbegriff, bei dem erst in der ex-post-Betrachtung auf der Grundlage der Veränderung volkswirtschaftlicher Daten festgestellt werden kann, ob überhaupt und gegebenenfalls in welcher Höhe ein Sparen stattgefunden hat, empirisch leer und gänzlich unbrauchbar. Das gilt insbesondere für eine Untersuchung der Verhaltensweisen des Sparers; die zu bestimmenden Determinanten und die zu ergründenden Motivationen hängen von ganz anderen Einflußgrößen ab, als von solchen für den privaten Sparer kaum erkennbaren gesamtwirtschaftlichen Zusammenhängen[14]. Die Sparentscheidung eines Kontensparers beispielsweise wird überhaupt nicht davon berührt, wie die Bank die gesparten Mittel zwischenzeitlich verwendet, ob sie ihr Ausleihungsvolumen damit erweitert oder nicht. Außerdem ist es weder technisch möglich noch überhaupt sinnvoll, etwa das Geldsparen eines einzelnen Sparers quantitativ in eine anteilmäßig entsprechende Mehrung des realen volkswirtschaftlichen Kapitals umzurechnen.

Die voneinander abweichenden Zielsetzungen von Mikro- und Makroanalyse bedingen es, daß die Unterschiede von Mikro- und Makrogrößen sich nicht nur auf den Aggregationsgrad beschränken. Makroökonomische Größen haben für sich allein keinerlei Aussagewert; nur im Vergleich mit anderen Volkswirtschaften oder in derselben Volkswirtschaft im Zeitvergleich mit früheren oder zukünftigen Perioden erfüllen sie eine Funktion[15]. Das gilt für mikroökonomische Größen nicht mit dieser Ausschließlichkeit. Ziel makroökonomischer Analysen ist das Erkennen und die Errechnung funktionaler Zusammenhänge, hauptsächlich im Rahmen der

---

[13] Definiert man die Investition in der Form einer ex-post-Größe als den „Teil des Sozialprodukts, der sich als Zuwachs des Sachgüterbestandes in der Produktionssphäre (und evtl. der Auslandsguthaben) niedergeschlagen hat" (Haller, H.: Art. „Sparen", in: Handwörterbuch der Sozialwissenschaften, a.a.O., S. 662; vgl. auch Meinhold, H.: Art. „Investitionen", in: Handwörterbuch der Sozialwissenschaften, Bd. 5, Stuttgart - Tübingen - Göttingen 1956, S. 333 ff.), so rechnet auch die Fehlinvestition in der laufenden Periode statistisch zum Sparen, obwohl eine Mehrung des volkswirtschaftlichen Kapitals eigentlich nicht erfolgt. Dieses Sparen in Form von unverkäuflich gebliebenen Gütervorräten oder auch das Sparen, das durch die Nichtausgabe gerade erst ausbezahlter Einkommen entsteht („Robertson-lag") (Robertson, D. H.: Banking Policy and the Price Level, London 1926; derselbe: Saving and Hoarding, in: Economic Journal, Vol. 43, 1933), nennt Haller „unbeabsichtigtes Sparen", und scheidet es von der „bewußten und beabsichtigten Geldersparnis", die man in erster Linie ins Auge fasse, wenn man die volkswirtschaftliche Bedeutung von Sparvorgängen analysieren wolle.

[14] Nicht gänzlich ausgeschlossen werden können derartige Überlegungen beim Sparen des Staates und auch teilweise der großen Unternehmen.

[15] Vgl. Bombach, G.: Volkswirtschaftliche Gesamtrechnungen, in: Hamb. Jb., 6. Jg. (1961), S. 49.

volkswirtschaftlichen Kreislaufanalyse. Demgegenüber strebt die Mikroanalyse neben der Erfassung funktioneller Abhängigkeiten vor allem kausale und teleologische Erkenntnisse an[16]. Daß daher die makroökonomische Sparquote nicht einfach durch die Aggregation mikroökonomischer Größen errechnet werden kann[17], wird besonders deutlich, wenn wir uns das Ergebnis des Sparaktes, die Vermögensbildung, vor Augen führen und das einzelwirtschaftliche und das gesamtwirtschaftliche Vermögen miteinander vergleichen.

Der Wert von Aktien im Vermögen des einzelnen Wirtschaftssubjektes errechnet sich aus dem Kurswert; durch eine Addition aller Aktien zu ihren Kurswerten kommen wir aber zu einem ganz anderen Ergebnis, als wenn wir — entsprechend den Methoden der volkswirtschaftlichen Gesamtrechnung[18] — die Summe der Investitionen der Aktiengesellschaften, vermindert um die Abschreibungsbeträge, als „Gesamtvermögen" ansetzen. Ähnlich verhält es sich mit dem Wert von Grund und Boden, der in der Vermögensrechnung des Eigentümers mit seinem Marktwert erscheint, während ihn die volkswirtschaftliche Gesamtrechnung überhaupt nicht berücksichtigt.

Handelt es sich dabei noch vorwiegend um voneinander abweichende Erfassungs*methoden,* so wird der prinzipielle Unterschied zwischen mikro- und makroökonomischer Betrachtungsweise am Beispiel der Ansprüche des einzelnen an die Rentenversicherung augenfällig: Für das einzelne Wirtschaftssubjekt stellen sie oft einen beachtlichen Vermögenswert dar (der ja in bestimmten Ausnahmesituationen — Heirat, Eintritt ins Beamtenverhältnis — auch vor Eintritt des Versicherungsfalls mobilisiert werden kann), während sie infolge des Umlageprinzips makroökonomisch nur Forderungen an die Gesamtheit der Versicherungszahler der nachfolgenden Generationen, aber kein Vermögen im Sinne von volkswirtschaftlichem Kapital bedeuten. Gesamtwirtschaftlich liegt hier nur eine interpersonale Konsumverschiebung vor.

Eine mikroökonomische Spardefinition kann konsequenterweise nur von Mikrogrößen ausgehen, nämlich vom Einkommen einer Einzelperson oder eines Haushalts und von der Verwendung dieses individuellen Einkommens. Herkömmlich werden nur Nettozuwendungen zum Geldver-

---

[16] Kloten, N.: Mikro- und Makroanalyse als Grundlage wirtschaftspolitischer Entscheidungen, in: Ztschr. f. d. ges. Staatswissenschaft, 114. Bd. (1958), S. 33.

[17] Vgl. Gerster, M.: Die Bewertung von Vermögenskomplexen, insbesondere die Bestimmung des Volksvermögens, Bd. 1 der Veröffentlichungen der Hochschule St. Gallen für Wirtschafts- und Sozialwissenschaften, Volkswirtschaftlich-wirtschaftsgeographische Reihe, Zürich und St. Gallen 1964, S. 41.

[18] Vgl. Kneschaurek, F.: Sparen und Investieren in den volkswirtschaftlichen Gesamtrechnungen, in: Schweiz. Zeitschrift f. Volkswirtschaft u. Statistik, 90. Jg. (1954), S. 427 ff.

1. Das Sparen als Objekt einer empirischen Theorie

mögen (einschließlich Wertpapiere) als Sparen bezeichnet; andere Vermögensformen werden noch allenfalls in der Form des Hausbesitzes berücksichtigt, nicht aber beispielsweise die langlebigen Gebrauchsgüter.

Dabei geht man aber von einem makroökonomisch orientierten Konsumbegriff aus, der als entscheidendes, weil für die Kreislaufanalyse wichtigstes, Kriterium die Marktentnahme von Gütern oder Dienstleistungen auffaßt[19]. Die Vorratsbildung im privaten Haushalt oder der Kauf von langlebigen Gebrauchsgütern rechnen damit automatisch zum Konsum.

Zwar soll nicht geleugnet werden, daß die Marktentnahme auch für den privaten Haushalt ein wichtiges Datum darstellt; die im Geldbesitz gespeicherte Entscheidungsfreiheit[20] ist aufgegeben worden, und der Liquidationswert des gekauften Gutes liegt im allgemeinen unter dem des Kaufpreises. Dennoch macht es einen Unterschied, ob das gekaufte Gut anschließend sofort verzehrt wird oder ob es seinen Nutzwert erst später oder allmählich nach längerem Gebrauch verliert; das gilt insbesondere dann, wenn man das Vermögen oder den Wohlstand[21] einer Person messen will. Hier bieten die vor Keynes gebräuchlichen älteren Konsumdefinitionen, die den Konsum mit der Vernichtung, Wertminderung oder Wertänderung von Gütern gleichsetzen[22], einen guten Anknüpfungspunkt.

Der Kauf eines langlebigen Gebrauchsgutes (z. B. eines Automobils) stellt sich danach, sofern er aus dem laufenden Einkommen bezahlt wird, primär als Sparakt dar oder, soweit er aus dem vorhandenen Geldvermögen finanziert wird, als Vermögensumschichtung. Konsum liegt jährlich in Höhe der Abschreibungsquote vor. Eine Berechnung solcher Größen dürfte in der Praxis zwar schwierig, nicht aber prinzipiell unmöglich sein.

Auch die Investitionsgüter der Unternehmenssphäre werden nur nach Maßgabe ihrer Wertminderung oder Abnutzung abgeschrieben. Diese Abschreibungsbeträge gehen allerdings in die Kosten und im Normalfall auch in die Preise der am Markte verkauften Güter ein, so daß der einmal investierte Geldbetrag in seiner ursprünglichen Größenordnung erhalten bleibt. Aber auch das genutzte Gebrauchsgut ist nicht unproduktiv; es produziert Behaglichkeit, Bequemlichkeit und alle möglichen anderen Varianten von Gebrauchs- und Geltungsnutzen. Zwar wird durch diese Art der Inanspruchnahme kein neues zusätzliches Geldeinkommen erzielt, aber das war ja auch nicht der Zweck einer solchen Haushaltsinvestition.

---

[19] Vgl. Kolms, H.: Art. „Konsum", in: Handwörterbuch der Sozialwissenschaften, Bd. 6, Stuttgart - Tübingen - Göttingen 1959, S. 142 f.

[20] Kunwald, G.: Das Leben der Erwartungs- und Kreditwirtschaft, Jena 1934, S. 14 f.

[21] Scherhorn, G.: Empirische Theorie der Nachfrage, a.a.O., S. 199.

[22] Vgl. Vershofen, W.: Handbuch der Verbrauchsforschung, Bd. 1, Berlin 1940, S. 17 ff.

Außerdem brauchen bestimmte sonst notwendige Ausgaben (Miete für Automobil, Möbel, Einfamilienhaus) nicht geleistet zu werden, so daß sich das freie Verfügungseinkommen entsprechend erhöht. Freilich kann man daraus nicht unbedingt ableiten, daß das in der Unternehmenssphäre herrschende Postulat von der Erhaltung oder Vermehrung des eingesetzten Kapitals im Prinzip auch für den privaten Haushalt gilt. Allein die Tatsache, daß letzterer eine begrenzte Lebensdauer hat, während Unternehmungen ihrer Konzeption nach meist für einen unbegrenzten Zeitraum hin gegründet werden, bedingt hier ein unterschiedliches Verhalten in der Frage der Kapitalerhaltung und der Reinvestitionen. Das berechtigt uns jedoch nicht dazu, die sogenannten Dauergüter von der Vermögensrechnung der privaten Haushalte völlig auszuschließen.

Das Problem der Behandlung der „durables" bei der Abgrenzung von Sparen und Konsum im Bereich der privaten Haushalte ist deshalb von so großer Bedeutung, weil einmal die absolute Höhe der laufenden Ersparnisse bei der Anwendung verschiedener Spardefinitionen stark variiert, vor allem aber auch deshalb, weil sich teilweise Unterschiede in der Trendentwicklung abzeichnen und weil sich die Rangfolge der Sparintensität einzelner Gruppen hierdurch verschiebt.

Lansing und Maynes errechnen für die Vereinigten Staaten im Jahre 1943 bei Zugrundelegung der Definition Sparen = Nettozuwendungen zum Geldvermögen[23] für den Durchschnitt der privaten Haushalte ein negatives Sparen (− $ 210), bei Berücksichtigung des Erwerbs von Häusern dagegen ein positives Sparen (+ $ 180); der Unterschied verdoppelt sich, wenn man auch den Kauf von bestimmten Dauergütern (Auto, Möbel, Radio, Fernseher, Kühlschränke, Waschmaschinen, Öfen) hinzuaddiert (+ $ 605)[24].

Außerdem verschieben sich die Relationen zwischen den einzelnen Berufsgruppen sehr stark: Die leitenden Angestellten, die mit ihrem aggregierten Geldsparen an der Spitze von 8 Berufsgruppen liegen, rangieren erst an vierter Stelle, wenn man den Hausbesitz miteinbezieht. Umgekehrt die Unternehmer: Sie rücken von der zweitletzten auf die erste Position vor. Auch die statistisch abzulesende Verteilung der Ersparnisse auf die einzelnen Einkommensgruppen zeigt sich vom Sparbegriff abhängig; legt man nur das Geldvermögen zugrunde, so wird die Verteilung gleichmäßiger als bei Einbeziehung des Hausbesitzes[25].

---

[23] Veränderungen im Bestand von Bankguthaben, Staatspapieren, Hypotheken, Teilzahlungskrediten, Personalkrediten, Lebensversicherungen, Rentenversicherungen.

[24] Lansing, J. B. und Maynes, E. S.: Inflation and Saving by Consumers, in: Journal of Political Economy, Vol. 60 (1952), S. 386.

[25] Ebenda, S. 388 f.

1. Das Sparen als Objekt einer empirischen Theorie

Unterschiedliche Tendenzen auf Grund voneinander abweichender Spardefinitionen werden nicht nur in Querschnittsbetrachtungen sichtbar, sondern vor allem auch in Längsschnittanalysen. So stellt Morgan fest, daß die kurzfristigen Schwankungen in der Sparquote sehr viel geringer werden, sobald man auch den Kauf von langlebigen Gebrauchsgütern darunter rechnet[26]. Die von Kuznets und Goldsmith ermittelte langfristige Konstanz der Sparquote gilt nur unter der herkömmlichen Definition Sparen = Nettozuwendungen zum Geldvermögen. Unter Einschluß der Durables ergibt sich hingegen ein langfristiges Ansteigen der Sparquote bei steigendem Einkommen[27].

Es wäre nun verfehlt, alle Spardefinitionen, die allein auf die Veränderungen des Geldvermögens abstellen, als unvollständig und daher falsch zu bezeichnen. Bei der Wahl der zweckmäßigen und daher „richtigen" Definition kommt es vielmehr vor allem auf die Zielsetzung der Untersuchung an. Bei der Erstellung einer Konjunkturprognose geht es beispielsweise um die Vorausbestimmung von Kaufkraftströmen; hier ist es entscheidend, ob Einkommensteile gehortet werden, ob sie in den Bankensektor fließen oder ob sie sofort als Kaufkraft auf dem Konsumgütersektor (einschließlich der „durables") auftreten. Daher erscheint hier ein Sparbegriff angebracht, der in erster Linie die Geldanlage in monetären Formen ins Auge faßt. Besteht hingegen das Ziel der Untersuchung darin, die Vermögensbildung und ihre Determinanten und Motivationen zu analysieren, so dürfte sich ein weiter gefaßter Sparbegriff als zweckmäßiger erweisen.

Neben der Zielsetzung muß auch die zu verwendende Forschungsmethode berücksichtigt werden. Die wichtigste Vorentscheidung betrifft dabei die Frage, ob eine Mikro- oder Makroanalyse angestrebt wird. Wir wollen uns hier auf die Diskussion mikroökonomischer Erhebungsmethoden beschränken, wobei wir auch das Sparen des Staates und der Unterehmungen ausklammern.

Für die Konsum- und Sparforschung im Bereich der privaten Haushalte bietet sich neben der indirekten Gewinnung von empirischem Material durch die Auswertung von Statistiken (Banken- und Sparkassenstatistiken, Absatzzahlen von Konsumgüterproduzenten usw.) vor allem die Benutzung von Haushaltsrechnungen oder die Umfrageforschung an.

Bei den Haushaltsrechnungen wird die gesamte Einkommensverwendung des Haushalts für Spar- und Konsumzwecke in einem Haushaltsbuch laufend festgehalten, so daß die einzelnen Ausgabekategorien am Schluß

---

[26] Morgan, J. N.: The Structure of Aggregate Personal Saving, in: Journal of Political Economy, Vol. 59 (1951), S. 532.
[27] Vgl. Kuznets, S.: Uses of National Income in Peace and War, in: National Bureau of Economic Research (Hrsg.), Occasional Paper No. 6, New York 1942.

einer Periode detailliert und in ihrer Höhe minutiös genau vorliegen. Die Umfrageforschung versucht, diese Angaben durch eine schriftliche oder mündliche Befragung zu erhalten. Auf den ersten Blick erscheinen die Haushaltsrechnungen gegenüber dem etwas grob anmutenden Instrument der Bevölkerungbefragung als wesentlich zuverlässiger, da sie sich auf exakte Aufzeichnungen stützen, während die Umfrageforschung an das Erinnerungsvermögen der Befragten appelliert. Doch diesem Vorteil stehen auch schwerwiegende Nachteile gegenüber. Haushaltsbücher werden, wie unsere Untersuchung ergeben hat, nur von einer Minderheit[28] besonders rechenhaft veranlagter Menschen geführt; ihre Ergebnisse können daher keinesfalls als repräsentativ für die Gesamtbevölkerung angesehen werden. Selbst wenn es gelänge, etwa durch materielle Anreize ein auch nicht rechenhafte Haushalte in genügender Zahl umfassendes repräsentatives Sample von Haushalten zur Durchführung zu bewegen, so könnten deren Ergebnisse immer noch nicht ohne Bedenken verallgemeinert werden, da vom Haushaltsbuch auch bestimmte erzieherische Wirkungen ausgehen; wird man tagtäglich mit den getätigten Ausgaben konfrontiert, so geht davon ein psychischer Druck aus, „unnütze" Ausgaben zu vermeiden oder wenigstens einzuschränken.

Man wird also im Einzelfalle abschätzen müssen, welchen Fehler man eher in Kauf nehmen kann: den der mangelnden Repräsentanz oder den der geringeren Genauigkeit. Den Ausschlag geben in der Praxis häufig jedoch Faktoren betriebswirtschaftlich-technischer Art. Bei einer einmaligen Erhebung läßt sich eine Repräsentativbefragung schneller und billiger durchführen als die Aufstellung eines Samples von buchführenden Haushalten. Informationen bestimmter Art (insbesondere Meinungen und Einstellungen) lassen sich ohnehin nur durch eine Befragung ermitteln.

Zur Erfassung des Sparens im Haushalt[29], ob mittels der Befragung oder der Statistik auf Grund von Haushaltsrechnungen, bieten sich grundsätzlich zwei Wege an. Einmal kann man an das Vermögen der einzelnen Wirtschaftssubjekte anknüpfen und einen Vergleich zwischen dem Vermögensstand am Anfang und am Ende einer Periode durchführen; die (positive oder negative) Differenz gibt die Jahressparleistung an. Zum anderen kann man beim Einkommen ansetzen und die Sparsumme über seine Verwendung ermitteln. Ähnlich der doppelten Feststellung des

---

[28] Im Jahre 1959 wurden nach den Ergebnissen der Erhebung „Umgang mit Geld" in nur 17 % der Haushalte ein Haushaltsbuch geführt; es scheint sich hierbei um eine im Zeitverlauf ziemlich konstante Größe zu handeln, denn für das Jahr 1950 ermittelte das Institut für Markt- und Meinungsforschung in Hamburg („Isma") 18 % buchführende Haushalte (Heichen, A.: Die Erforschung des Sparprozesses, in: Sparkasse, 4. Jg. (1950), H. 5, S. 59 ff.).

[29] Vgl. Lansing, J. B.: Concepts Used in Surveys, in: Katona, G., Klein, L. R., Lansing, J. B. und Morgan, J. N.: Contributions of Survey Methods to Economics, New York 1954, S. 9 ff.

Unternehmensgewinns über die Bilanz und über die Gewinn- und Verlustrechnung müßten auch hier beide Wege buchhalterisch zum gleichen Ergebnis führen. Das setzt freilich genau wie in der Buchhaltung eines Unternehmens voraus, daß sich beide Ermittlungsmethoden innerhalb desselben Bewertunssystems bewegen. So müßten zum Beispiel entweder alle „automatischen" Vermögenszuwächse (z. B. Wertsteigerungen von Aktien und Grundstücken) beim Vermögensvergleich eliminiert oder aber diese auch gleichzeitig als Einkommen betrachtet werden. In diesem Falle aber ist notwendig, daß die nicht realisierten Gewinne (oder Verluste) von den Untersuchungsobjekten überhaupt angegeben werden können. Damit dürfte aber der Sachverstand und das Interesse der breiten Bevölkerungsschichten an der Bereitstellung solcher Daten bei weitem überfordert sein. Die Erfassung der „automatischen" Vermögenszuwächse, bei der auf eine aktive Beteiligung des Sparers verzichtet wird, hat zwar für eine Analyse der Vermögenskonzentration eine gewisse Bedeutung; bei der Erforschung der Sparermotivationen kann aber durch ihre Berücksichtigung leicht eine Verfälschung der Ergebnisse eintreten. Das läßt sich eher vermeiden, wenn man nicht vom Vermögen, sondern vom laufenden Einkommen und seiner Verwendung ausgeht.

2. Das Sparen im Konzept des Wohlstands

Geht es um die Erforschung der Determinanten des Sparverhaltens und der Motivationen des Sparens, so muß man Differenzierungen nach der Art der handelnden Institutionen und nach den einzelnen Formen der Vermögensbildung vornehmen. Dabei wollen wir in unserer Betrachtung das Sparen des Staates und der Unternehmungen ausschalten und uns auf die Institution der privaten Haushalte beschränken; aber auch bei diesen sollen alle eng mit der Sphäre der Unternehmung und der Bildung von Produktivkapital verknüpften Sparvorgänge ausgeschlossen werden, so daß nur noch drei große Gruppen von Vermögensteilen übrig bleiben: abstrakte Rechtsansprüche und Sicherungen (z. B. Sozialversicherung, Pensionsansprüche, Lebensversicherung, Krankenversicherung, Risikoversicherungen); liquides Vermögen (Geldvermögen einschließlich Wertpapiere); illiquides Vermögen (vor allem langfristige Gebrauchsgüter, Einfamilienhäuser). Aus diesen drei Gruppen schließlich soll für die weitere Analyse nur das Geldvermögen herausgegriffen werden, da das empirische Material, auf das sich unsere Hypothesen über das Sparverhalten vorwiegend stützen, nur hierüber genauere Schlüsse zuläßt.

Die Bildung von Geldvermögen kann, wie wir gesehen haben, nicht auf ein einziges Motiv zurückgeführt werden. Weder allein die Sparwilligkeit, möglicherweise sogar auf einen einzigen Faktor, den Zins, reduziert, noch allein die Sparfähigkeit, besonders wenn sie ebenfalls auf eine einzige

4. Kap.: Umrisse einer empirischen Theorie des Sparverhaltens

Größe, das Einkommen, reduziert wird, können den Prozeß der Geldvermögensbildung befriedigend deuten. An die Stelle der monokausalen Erklärungversuche muß eine Theorie treten, die sowohl die Sparwilligkeit als auch die Sparfähigkeit und alle ihre einzelnen Determinanten umfaßt. Ansatzpunkte dazu liegen in großer Zahl besonders in den amerikanischen Untersuchungen[30], deren wichtigste bereits kurz referiert wurden. Diese Ansatzpunkte sollen hier durch einige Hypothesen ergänzt werden, die sich auf Grund der Auswertung empirischer Daten aus deutschen Bevölkerungsumfragen ergaben. An dieser Stelle sollen jedoch die sich aus unserer Untersuchung ergebenden Hypothesen nur in den Grundzügen skizziert und in eine Verbindung mit den Konzeptionen der ökonomischen Theorie gebracht werden; ein gründlicherer Einzelnachweis und die Beweisführung werden in den nächsten Kapiteln noch folgen.

Eine empirische Theorie des Sparverhaltens muß in den Zusammenhang mit einer allgemeinen Theorie über die Entwicklung der Bedürfnisse bei sich veränderndem Wohlstand[31] gestellt werden. Der Wohlstand hat daher für uns vier verschiedene, aber in enger Verbindung zueinander stehende Aspekte, die alle die wirtschaftliche Lage der Wirtschaftssubjekte anvisieren: der Konsum, das Vermögen, die Sicherung[32], die Freizeit. In unmittelbarem Konnex mit allen diesen Aspekten des Wohlstands steht dabei das Einkommen. Es stellt sowohl die Quelle des Konsums als auch der Vermögensbildung dar, wie andererseits auch das Vermögen Einkommensquelle sein kann. Das Einkommen kann über seine Verwendung zur Zahlung von Versicherungsbeiträgen Sicherheit verschaffen. Schließlich kann Arbeitseinkommen nur zu Lasten der Freizeit gewonnen werden; ohne ein Minimum an Freizeit kann das Einkommen wiederum kaum als Indikator für einen gewissen Wohlstand angesehen werden, da genügend Freizeit die Vorbedingungen für ein bestimmtes Konsumniveau bildet. Das Einkommen stellt aber nicht das einzige Bindeglied zwischen diesen Größen dar. Teilweise hängen sie auch unmittelbar zusammen, wie das Vermögen und die materielle Sicherung: ein genügend großes Vermögen kann alle Sicherungen übernehmen, die sonst kommerziell (Versicherungsgesellschaften) oder durch bestimmte Gemeinschaftsinstitutionen (Staat, Familie, Kirche, Nachbarschaft) mehr oder minder vollkommen abgedeckt zu werden pflegen. Die beiden letztgenannten Möglichkeiten der individuellen oder kollektiven Sicherung gehen auf dem Wege über Beiträge oder Steuern wieder zu Lasten des Konsums bzw. der Vermögensbildung oder über eine Verpflichtung zur Gegenseitigkeit (Nachbarschaftshilfe) teilweise zu Lasten der Freizeit.

---

[30] Vgl. Ferber, R.: Research on Household Behavior, a.a.O., S. 19 ff.

[31] Vgl. Scherhorn, G.: Empirische Theorie der Nachfrage, a.a.O., S. 193 ff.

[32] Sicherung gegen die verschiedensten Risiken: Krankheit, Invalidität, Arbeitslosigkeit, Haftpflicht, Vermögensschäden, Altersvorsorge etc.

2. Das Sparen im Konzept des Wohlstands

Die zweite große Klammer, die neben dem Einkommen diese vier Aspekte des Wohlstands miteinander verbindet, ist der Lebensstandard. Als „Vorstellungsgröße" (H. Kolms) soll er hier streng von der tatsächlichen Lebenshaltung unterschieden werden[33]. Die Lebenshaltung wird von den verfügbaren Mitteln, in der Verkehrswirtschaft vom Einkommen in Verbindung mit den Güterpreisen begrenzt[34]; sie wird also im wesentlichen durch die Höhe und Art der Mittelverwendung symbolisiert. Demgegenüber bedeutet der Lebensstandard die Normvorstellung von einem bestimmten Lebenshaltungsniveau, das für eine spezifische soziale Schicht oder Gruppe als verbindlich angesehen wird. Beim Lebensstandard handelt es sich um einen Teil jener Gruppennormen, die einen Druck auf den einzelnen ausüben und unter deren Gesetz er steht[35]. Vom Lebensstandard als Gruppennorm müssen wir das individuell determinierte „Anspruchsniveau" unterscheiden. Dieser Begriff „Anspruchsniveau" wurde von Tamara Dembo[36] in die psychologische und von Katona[37] in die ökonomische Fachliteratur eingeführt. Bei K. Lewin[38] und seiner Schule[39], zu der auch Dembo gehört, bedeutet er die Anforderung, die eine Person an ihre eigenen Leistungen stellt, also die jeweilige Höhe des Zieles, das sie sich bei einer auszuführenden (zukünftigen) Leistung setzt. Demgegenüber benutzt Lersch[40] den Terminus „Anspruchsniveau" zur Kennzeichnung dessen, was man nicht *von* sich, sondern *für* sich fordert; dabei beruft er sich auf den allgemeinen Sprachgebrauch. Die ökonomische Fachliteratur braucht den Begriff Anspruchsniveau in beiderlei Bedeutung, beim Unternehmerverhalten eher im Sinne des etwas *von* sich Forderns, beim Konsumentenverhalten mehr in der Bedeutung des etwas *für* sich Beanspruchens.

Während der Lebensstandard für eine bestimmte Gruppe oder Schicht einheitlich ist, kann das Anspruchsniveau jedes einzelnen Gruppenangehörigen verschieden sein, obwohl nicht übersehen werden darf, daß Wechselwirkungen zwischen beiden Größen bestehen. Einerseits ergibt

---

[33] Vgl. dazu auch Hoyt, E.: The Consumption of Wealth, New York 1928; Reichenau, Ch. v.: Die Kapitalfunktion des Kredits, Jena 1932, S. 84; Davis, J. St.: Standards and Contents of Living, in: American Economic Review, Vol. 35 (1945), S. 1 ff.; Brinkmann, C.: Art. „Lebensstandard", in: Handwörterbuch der Sozialwissenschaften, Bd. 6, Stuttgart - Tübingen - Göttingen 1959, S. 544 f.
[34] Kolms, H.: Art. „Konsum", in: Handwörterbuch der Sozialwissenschaften, Bd. 6, a.a.O., S. 143.
[35] Kyrk, H.: A Theory of Consumption, Boston -New York 1923, S. 179.
[36] Dembo, T.: Der Ärger als dynamisches Problem, in: Psychologische Forschung, 15. Bd., Berlin 1931, S. 50 ff.
[37] Katona, G.: Das Verhalten der Verbraucher und Unternehmer, a.a.O., S. 108.
[38] Lewin, K.: A Dynamic Theory of Personality, New York 1935.
[39] Vgl. Lewin, K., Dembo, T., Festinger, L. und Sears, P. S.: Level of Aspiration, in: J. M. Hunt (Hrsg.): Personality and the Behavior Disorders, Bd. 1, New York 1944, S. 336 ff.
[40] Lersch, Ph.: Aufbau der Person, 6. Aufl., München 1954, S. 130 ff.

sich der Lebensstandard als das durchschnittliche, besser: das vorherrschende Anspruchsniveau innerhalb einer Bezugsgruppe; andererseits wird das individuelle Anspruchsniveau nicht isoliert gebildet. Es orientiert sich weitgehend an den sozialen Standards der Gruppe. Die Standards wirken auf eine Anpassung sowohl der tatsächlichen Lebenshaltung als auch der Ansprüche an die Gruppennormen hin. Das bedeutet jedoch nicht, das nicht in vielen Einzelfällen das Anspruchsniveau des Wirtschaftssubjekts über oder unter dem gruppenspezifischen Lebensstandard liegen kann. Gerade der Prozeß der Anhebung des allgemeinverbindlichen Lebensstandards in der modernen Industriegesellschaft vollzieht sich in der Form, daß zunächst einzelne ihr Anspruchsniveau über das der Gruppe hinausheben und dann als „opinion leader" eine allmähliche Veränderung der Vorstellungen über den „angemessenen" Lebensstandard bewirken[41].

In einer dynamischen Gesellschaft besteht leicht ein gewisses Spannungsverhältnis zwischen aktueller Lebenshaltung und angestrebtem Lebensstandard, in dem sich das in unserer Gesellschaft mit einem positiven Wertakzent versehene Streben nach allgemeiner Verbesserung der Lebensverhältnisse ausdrückt. Für unsere Konzeption vom Wohlstand bedeutet das, daß man meist mehr an Konsum, an Vermögen, an Sicherung und an Freizeit fordert, als auf Grund der wirtschaftlichen Gegebenheiten (Einkommen) möglich ist. Die tatsächlichen Verhältnisse zwingen also den einzelnen entweder zu einer Senkung seines Anspruchsniveaus oder zu einer Anhebung seines Lebenshaltungsniveaus, da er die Diskrepanz zwischen beiden Größen auf die Dauer psychisch nur schwer verkraften kann[42].

Eine Anhebung des Lebenshaltungsniveaus ist in erster Linie nur über eine Erhöhung des Einkommens möglich, wenn man von der Einschränkung bestimmter Aufwendungen (z. B. durch Geburtenbeschränkung[43]) einmal absieht. Ein die tatsächliche Lebenshaltung stark überschreitendes Anspruchsniveau kann sich auf zwei gänzlich verschiedene Weisen auf die Gestaltung der Einkommensverhältnisse auswirken: ein Haushalt kann mehr *von* sich fordern (Überstunden, Mitarbeit der Ehefrau, beruflicher Aufstieg, Rationalisierungen etc. beim selbständigen Unternehmer), er kann aber auch mehr *für* sich verlangen (Forderung nach Lohnerhöhung, Umverteilung der Einkommen, Subventionen).

Sind ihm diese Möglichkeiten verschlossen, oder reichen sie nicht aus, so bleibt ihm nur übrig, eine gewisse Rationierung und Skalierung seiner Bedürfnisse vorzunehmen, also entweder seine Konsumausgaben, seine

---

[41] Vgl. Fricke, D.: Einkommen und Anspruchsniveau, Köln - Opladen 1972.
[42] Vgl. Dembo, T., a.a.O., S. 8 ff.
[43] Mackenroth, G.: Bevölkerungslehre, Berlin - Göttingen - Heidelberg 1953, S. 395 ff.

2. Das Sparen im Konzept des Wohlstands

Vermögensbildung, den Ausbau von „Sicherungen" oder die Freizeit einzuschränken. Schon bestimmte Formen der Einkommenserhöhung sind nur zu Lasten der Freizeit möglich; wählt ein Wirtschaftssubjekt in einem solchen Falle trotzdem die Alternative der Einkommenserhöhung durch Mehrarbeit, so zeigt es damit an, daß bei ihm das Bedürfnis nach Freizeit hinter den anderen Bedürfnisgruppen rangiert.

Nun handelt ein Wirtschaftssubjekt, wie besonders Duesenberry[44] gezeigt hat, bei einer solchen Skalierung seiner Bedürfnisse nicht isoliert nach einer unabhängigen persönlichen Präferenzskala; vielmehr richtet es sich weitgehend nach den herrschenden Standards aus, die ihm angeben, in welchem Verhältnis Konsum, Vermögensbildung, sonstige Risikoabsicherungen und Freizeit zueinander stehen sollen. Das Individuum paßt sich diesen herrschenden Vorstellungen mehr oder minder an. Dabei differieren die gesellschaftlichen Normen in den einzelnen Schichten teilweise und unterliegen im Zeitablauf gewissen Wandlungen. Wir können Perioden registrieren, in denen der Primat bei der Vermögensbildung lag (Calvinismus)[45], Zeiten, in denen man der Sicherung und Vorsorge einen Vorrang gab (Wirtschaften eines „ordentlichen Hausvaters")[46]; ferner wissen wir, daß ein gewisses Maß an Freizeit oder sogar „Müßiggang" in bestimmten Klassen[47] oder in bestimmten Zeitabschnitten (40-Stunden-Woche) als notwendig angesehen wird. Andererseits kann auch zeitweilig ein gewisser aufwendiger Konsum, mehr beim Städter als beim Landbewohner[48], als für das Sozialprestige wichtigstes Merkmal angesehen werden, eine Einstellung, die gerade heute von besonderer Aktualität sein dürfte[49].

Selbst wenn das eine oder das andere dieser Bedürfnisse zu bestimmten Zeiten oder in bestimmten Gruppen vorherrschend erscheint, so bedeutet das keinesfalls, daß nicht auch die anderen Bedürfnisse wenigstens zu einem Minimum abgedeckt werden müssen. Betrachten wir dies einmal an dem Verhältnis von laufendem Konsum zu Konsumvermögen und Geldvermögen. Das Geldvermögen stellt dabei keineswegs eine Restgröße dar[50], die etwa übrig bleibt, weil es keine weiteren akuten Konsumbedürfnisse mehr zu befriedigen gäbe. Es zeigt sich vielmehr bei unseren

---

[44] Duesenberry, J. S.: Income, Saving and the Theory of ..., a.a.O., S. 28 ff.
[45] Vgl. Manteuffel-Szöge, C. v., a.a.O., S. 31 ff.; Müller-Armack, A.: Religion und Wirtschaft, Stuttgart 1959, S. 111 ff.; Paschke, W., a.a.O., S. 23 ff.
[46] Vgl. Marshall, A.: Principles of Economics, Bd. 1, 9. Aufl., London 1961, S. 228 f.
[47] Veblen, Th., a.a.O., S. 47 ff.
[48] Ebenda, S. 96.
[49] Vgl. Rinsche, G., a.a.O., S. 124 ff.
[50] Vgl. dazu auch: Voigt, F.: Aussagefähigkeit und Erkenntnisgrenzen der Wirtschaftstheorie, in: Beiträge zur Theorie des Sparens und der wirtschaftlichen Entwicklung, Nr. 1 der Untersuchungen über das Spar-, Giro- und Kreditwesen (hrsg. v. F. Voigt), Berlin 1958, S. 13 ff.

empirischen Untersuchungen, daß auch bei ungünstiger wirtschaftlicher Lage zu Lasten des Konsums Geldvermögen gebildet wird, daß im Lebenszyklus die Geldvermögensbildung längst nicht so stark schwankt wie die Sparfähigkeit[51]. Andererseits scheint das Bedürfnis nach der Bildung von Geldvermögen auch nicht unbegrenzt zu sein. Spraos ermittelte einen Sättigungspunkt für die Bargeldhaltung in Relation zum Gesamtvermögen[52]. Etwas ähnliches scheint für das Verhältnis von Einkommen zu Geldvermögen zu gelten. Jedenfalls verändert sich bei den Sparern mit steigendem Einkommen die Relation Geldvermögen (ausgedrückt in einem Vielfachen des Einkommens) zu Einkommen nicht. Lediglich der Prozentsatz der Personen, die überhaupt über Geldvermögen verfügen, nimmt mit wachsendem Einkommen zu, so daß sich in einer Gesamtbetrachtung leicht der Eindruck eines überproportionalen Sparens im Sinne der Keynes'schen Sparfunktion ergibt.

Die Keynes'sche Sparfunktion müssen wir in der Querschnittsanalyse dergestalt interpretieren, daß mit steigendem Einkommen zwar die Zahl der Sparer zunimmt, also der Personen, die ihr latentes Bedürfnis nach liquiden Reserven abdecken; gleichzeitig erhöht sich aber nicht deren Sparquote und (relatives) Geldvermögen. Hat das einzelne Wirtschaftssubjekt einmal eine „angemessene" Reserve an liquiden Mitteln angesammelt, so scheinen anderen Bedürfnisse wieder vorrangig zu werden. Damit wäre nicht nur der Bedarf an Grundnahrungsmitteln (Engel) begrenzt, sondern auch der an liquiden Rücklagen, jedenfalls solange er mit sonstigen ungesättigten Bedürfnissen konkurriert; es besteht hier also kein prinzipieller Gegensatz zwischen Geld und Gütern[53].

Wann bei dem einzelnen Wirtschaftssubjekt ein solcher Sättigungsgrad erreicht ist, hängt von verschiedenen individualpsychischen und sozialen Faktoren[54] ab. So vom Beruf: Bei den Arbeitern ist die verwirklichte Relation Geldvermögen zu Einkommen deutlich kleiner als bei allen anderen Berufsgruppen. Das liegt höchstwahrscheinlich an bestimmten sozialen Normen, die im einzelnen noch weiter zu erforschen sind. Keinen Einfluß üben in diesem Zusammenhang die Schulbildung und die „wirtschaftliche Bildung" (Vertrautheit mit abstrakten Geld- und Rechtsgeschäften) aus. Neben den sozialen Normen spielen Erwartungsgrößen[55] und psychische Grundhaltungen wie Optimismus und Pessimismus[56] eine Rolle. Optimisten neigen zu einer Überschätzung ihrer Möglichkeiten; sie fühlen sich liquider, als sie in Wirklichkeit sind, und sparen ent-

---

[51] Vgl. Kapitel V.
[52] Spraos, J.: An Engel-type Curve for Cash, in: The Manchester School of Economic and Social Studies, Bd. 25 (1957), S. 183 ff.
[53] Veit, O.: Volkswirtschaftliche Theorie der Liquidität, Frankfurt/M. 1948.
[54] Vgl. Kapitel VI.
[55] Vgl. Kapitel V.
[56] Vgl. Kapitel VII.

sprechend weniger. Umgekehrt unterschätzen die Pessimisten ihre objektive Liquidität und sparen verstärkt, um die vermeintlichen Rückstände aufzuholen. Die Angst vor der Zukunft läßt bei ihnen das Bedürfnis nach finanziellen Reserven dominant werden.

Eine empirische Theorie des Sparverhaltens muß das Bedürfnis nach finanziellen Rücklagen und der darin gespeicherten Entscheidungsfreiheit in den Rahmen einer allgemeinen Theorie über das Verhältnis der Einzelbedürfnisse zueinander stellen. Dieses Verhältnis wird von einer allgemeinen oder gruppenspezifischen Vorstellung vom Lebensstandard beeinflußt; darüber hinaus kann aber das individuell durch Erfolg und Mißerfolg determinierte Anspruchsniveau für das einzelne Wirtschaftssubjekt eine abweichende Skalierung der Bedürfnisse bewirken. Endlich kommen als dritte Gruppe von Einflußgrößen bestimmte individualpsychische Faktoren[57] hinzu, die sich bei den einzelnen zusätzlich differenzierend auf die Abstufung der Bedürfnisse auswirken.

Das Zusammenwirken von individualpsychischer Veranlagung mit von außen kommenden Gruppennormen und der wirtschaftlichen Situation bestimmt also letztlich das Sparverhalten des Individuums. Wie sich diese Zusammenhänge im einzelnen gestalten, ist vorläufig noch weitgehend ungeklärt. Wir können anhand unserer Daten nur vermuten, daß als Resultat dieses Prozesses drei etwa gleich große Bevölkerungsgruppen entstanden sind, von denen die eine gar nicht (zumindest nicht institutionalisiert) freiwillig spart, eine zweite aus Sicherheitsmotiven Geldvermögen akkumuliert, während bei der dritten die Sparentscheidung hauptsächlich davon abhängt, ob ein ganz konkretes Sparziel, meist in Form von „Konsumvermögen", vor Augen steht. Je stärker solche Wünsche, desto stärker das laufende Sparen; dabei kommt es jedoch meist nicht zur Bildung von langfristigem Geldvermögen[58]. Um die Ursachen dieses konkreten Verhaltens der Wirtschaftssubjekte herauszufinden, um die sich im Zeitablauf ändernden Verhaltensweisen zu prognostizieren und um die theoretischen Grundlagen für eine Vermögensbildungspolitik zu legen, die diese Daten von außen beeinflussen will, bedarf es noch mancher Untersuchung.

3. Das empirische Material

Der vorgetragene Gedankengang über die Stellung des Sparens gegenüber den übrigen im Rahmen des Lebensstandards erforderlichen Einkommensverwendungen basiert teilweise auf den Materialien früherer empirischer Forschungen und den Überlegungen der volkswirtschaft-

---

[57] Vgl. Schmölders, G.: Psychologie des Geldes, Hamburg 1966.
[58] Vgl. Kapitel V.

lichen Theorie, teilweise hat er sich bei Auswertung der im Jahre 1959 als Repräsentativerhebung in Deutschland durchgeführten Erhebung „Umgang mit Geld" ergeben. Unsere Aussagen haben nur Hyopthesencharakter, müssen also unabhängig durch andere Untersuchungen überprüft werden.

Bevor wir die einzelnen Hypothesen empirisch belegen und näher erläutern, sollen daher das von uns benutzte Material und die operationalen Definitionen von Sparen und Geldvermögen, so wie sie von uns verwandt wurden, dargelegt werden; denn nur dann ist ein Vergleich mit anderen empirischen Untersuchungen möglich.

Bei der Erhebung „Umgang mit Geld" handelt es sich um eine im September 1959 vom Institut für Demoskopie, Allensbach, durchgeführte Bevölkerungsumfrage, bei der ein unter der Leitung von Prof. Dr. G. Schmölders von der Forschungsstelle für empirische Sozialökonomik, Köln, und dem Institut für Demoskopie gemeinsam erarbeiteter Fragebogen zugrunde gelegt wurde. Die Stichprobe umfaßt einen repräsentativen Querschnitt aller Haushalte im Bundesgebiet und Westberlin. In diesen Haushalten wurden nach Möglichkeit alle erwachsenen Haushaltsangehörigen (von 16 Jahren an) befragt; nur in 10 % der Haushalte ließ lich dies nicht durchführen, doch wurde auch hier zumindest der Haushaltsvorstand befragt. Die Auswahl der Haushalte geschah nach dem Quotenverfahren, wobei dem Interviewer genau vorgegeben war, in wievielen Haushalten, die bestimmte Bedingungen erfüllen mußten, er die Interviews durchzuführen hatte. Bindend vorgeschrieben waren dem Interviewer dabei folgende Merkmale des zu befragenden Haushalts: der Regierungsbezirk, die Ortsgröße, die Haushaltsgröße, der Beruf des Haushaltsvorstands, unterteilt nach berufstätigen und nicht-berufstätigen Haushaltsvorständen (nicht mehr berufstätige Haushaltsvorstände wurden nach ihrem früheren Beruf, Witwen nach dem Beruf ihres verstorbenen Mannes eingestuft). Nicht bindend vorgeschrieben, aber nach Möglichkeit zu berücksichtigen waren Geschlecht und Alter des Haushaltsvorstands. Die Befragungen fanden als persönliche Einzelinterviews an Hand eines normierten Fragebogens statt; die auf Lochkarten gespeicherten einzelnen Angaben dieser 2 435 Personen aus 1 050 Haushalten wurden hier mit Hilfe eines Elektronenrechners zusammengefaßt und ausgewertet.

Bei der operationalen Definition des Sparbegriffs mußten wir bei der Auswertung der Untersuchung von der für eine Erklärung des gesamten Sparprozesses notwendigen umfassenden Definition des Sparens abweichen (vgl. Abschnitt 1 dieses Kapitels) und uns auf einen Teilbereich, die Geldvermögensbildung, beschränken, da die Untersuchung „Umgang mit Geld" nur auf dieses Untersuchungsobjekt hin konzipiert war.

3. Das empirische Material

Zur Analyse des Sparverhaltens benutzten wir in unserer Untersuchung drei Indikatoren: das Geldvermögen, das „Ansparen" und das „Absparen".

Das *Geldvermögen* umfaßte dabei: Guthaben auf Postsparbüchern oder Postscheckkonten, auf Sparbüchern oder Gironkonten bei Banken und Sparkassen, ferner steuer- oder prämienbegünstigte Sparguthaben, Aktien, Pfandbriefe, Obligationen und Investmentzertifikate, ausgegebene Hypotheken oder Darlehen, Bargeldreserven und Ansprüche aus Bausparverträgen. Das Geldvermögen wurde somit als Brutto-Größe definiert und nicht um die entsprechenden Schuldpositionen gekürzt, obwohl auch diese Schulden erhoben waren. Eine Saldierung von Geldvermögen und Schulden wurde deshalb nicht durchgeführt, weil die über die Schuldaufnahme finanzierten Beschaffungen von Sachvermögen (Hausbau, Kauf von langlebigen Gebrauchsgütern) nicht ermittelt waren, so daß das Bild wahrheitsgetreuer wird, wenn wenigstens auch die entsprechenden Schuldposten in der Vermögensbilanz „unterschlagen" werden. Eine einfache Saldierung würde darüber hinaus auch die Analyse der hinter einer Kreditaufnahme stehenden Einstellungen und Verhaltensweisen erschweren; denn Verschuldung bedeutet einerseits vielfach eine besondere wirtschaftliche Dynamik und Aktivität, andererseits stellt sie ein Indiz für das Auseinanderklaffen von Einkommen und Anspruchsniveau dar.

Ansatzpunkt für die Erfassung der *laufenden Spartätigkeit* in Form des *„Ansparens"* war die Einkommensverwendung. Ausgehend von der Hypothese, daß das Sparen im Bereich der unteren und mittleren Einkommen überwiegend vertraglich oder habituell fixiert ist, wurden nur die regelmäßig wöchentlich oder monatlich bei Kreditinstituten eingezahlten Beträge erfragt. Dazu gehören alle Einzahlungen auf Postscheckkonten, Postsparbüchern, Girokonten und Sparbücher bei Banken und Sparkassen; ferner: Einzahlungen auf Bausparverträge, steuer- oder prämienbegünstigte Sparverträge, Lebensversicherungen (sofern dabei Kapital- oder Rentenansprüche nach einer bestimmten Anzahl von Jahren entstehen), der Kauf von Losen zum Prämiensparen sowie freiwillige Beiträge zur Altersvorsorge bei der Knappschafts-, Angestellten- oder Invalidenversicherung. Diese Form des regelmäßigen Sparens wurde für jede einzelne Person und auch für jeden Haushalt ermittelt und unter der Bezeichnung „Ansparen" zusammengefaßt. Das Datum Ansparen enthält damit fast alle regelmäßigen Zuwendungen (nicht Nettozuwendungen!) zum Geldvermögen oder zur freiwilligen Altersvorsorge.

Der dritte Indikator für die Spartätigkeit, das *„Absparen"*, umfaßt die Schuldentilgungen, und zwar Tilgungen (nicht Zinsen!) von Hypotheken, Grundschulden und Bauspardarlehen oder sonstigen Schulden[59].

---
[59] Darlehen vom Betrieb, Kredite von der Bank oder Sparkasse, private Darlehen und „sonstige" Darlehen oder Kredite. In diesen Fällen wurde nur der

An- und Absparen wurden in der späteren Analyse meist als gesonderte Kategorie behandelt und nicht addiert; einmal deshalb, weil dies den Vergleich mit anderen Untersuchungen erleichtert, die das Sparen überwiegend im Sinne des Ansparens definieren. Zum anderen aber auch, weil sich bei beiden Sparkategorien oft gegenläufige Tendenzen zeigen, deren Deutung für eine Analyse des Sparverhaltens von Wichtigkeit ist und die sonst leicht verloren gingen.

Insgesamt bleibt ein Teil der Ersparnisse außer Ansatz: so die Lebensversicherungen, das Konsumvermögen, der Haus- und Grundbesitz, das Betriebsvermögen der beruflich Selbständigen, die Ansprüche der Arbeitnehmer an die Rentenversicherung oder auf eine Beamtenpension. Teilweise liegt das in der Absicht der Untersuchung, die nur das freiwillige Sparen (also nicht die Zwangsbeiträge zur Sozialversicherung) der privaten Haushalte (und nicht das Unternehmenssparen) analysieren will; teilweise ist es in den technischen Schwierigkeiten begründet, die einer wertmäßigen Erfassung dieser Sparvorgänge entgegenstehen (langlebige Gebrauchsgüter); schließlich bleiben noch einzelne Posten übrig, die für unsere Analyse von Nutzen und auch technisch erhebbar gewesen wären, die aber bedauerlicherweise nicht erfragt waren (Lebensversicherungen).

Alles in allem zeigt sich, daß wir notgedrungen mit einem Spar- und Vermögensbegriff arbeiten müssen, der keineswegs vollkommen ist; das hat er aber mit allen in empirischen Untersuchungen bisher benutzten Definitionen gemeinsam. Da sich außerdem diese Arbeit ohnehin nur zum Ziel gesetzt hat, empirisch fundierte Hypothesen zu liefern, genügt uns die Beschränkung auf das regelmäßige institutionalisierte Sparen und das Geldvermögen. Die meisten empirischen Untersuchungen begnügen sich sogar mit weniger als diesen Daten.

Schuldenstand erfragt; bei der Berechnung der monatlichen Rückzahlungsrate wurde von der Annahme ausgegangen, daß derartige Schulden in der Regel innerhalb von zwei Jahren getilgt sein müssen. Allerdings wurden nur Tilgungsbeträge bis zum Höchstbetrag von DM 100,— monatlich berücksichtigt, es sei denn, die Person bzw. der Haushalt verfügte über einen finanziellen Spielraum, der auch höhere Schuldentilgungen im Monat möglich erscheinen ließ. Nicht mitgerechnet wurden Schulden, die durch Anschreiben beim Kaufmann entstehen, da diese normalerweise im Laufe eines Monats beglichen werden müssen. (Vgl. dazu: Institut für Demoskopie, Allensbach: Code-Buch zur Studie 223 [Haushaltsquerschnitt], als Manuskript vervielfältigt, S. 58).

Fünftes Kapitel

Das Sparen im Spannungsfeld der Bedürfnisse

1. Sparfähigkeit und Sparwilligkeit im Lebenszyklus

Die ökonomische Situation eines Haushalts oder einer Person ist keine statische Größe; vielmehr unterliegt sie im zeitlichen Ablauf ständigen Wandlungen. Solche Wandlungen können einmal durch *allgemeine* Veränderungen des Einkommensniveaus bedingt sein, etwa durch einen generellen Anstieg des Pro-Kopf-Einkommens im Zuge einer Erhöhung des Volkseinkommens als Folge wirtschaftlichen Wachstums. Die umgekehrte Situation, ein Absinken des Realeinkommens infolge Beschäftigungsrückgangs oder Inflation, ist natürlich ebenso denkbar, wenn sie auch im Deutschland der Nachkriegszeit als allgemeine Erscheinung noch nicht aufgetreten ist.

Von den Veränderungen des allgemeinen Einkommensniveaus müssen wir die *individuellen* Einkommensveränderungen einzelner Haushalte oder Personen streng unterscheiden; während sich im ersten Fall im Verhältnis der einzelnen Haushalte oder Personen zueinander keinerlei Veränderungen ergeben, das „relative Einkommen" im Sinne Duesenberrys konstant bleibt, so ist für den zweiten Fall gerade die Verschiebung der Einkommensrelationen besonders bedeutungsvoll. Bei allgemeinen Einkommenserhöhungen haben wir es mit dem Problem der Verwendung zusätzlicher Kaufkraft und ihrer Aufteilung auf Konsum und Sparen zu tun; entsprechendes gilt bei einer Verminderung des Einkommens. Hingegen tritt bei individuellen Einkommensveränderungen als Folge persönlichen beruflichen Aufstiegs oder Mißerfolges oder sonstiger persönlicher Umstände (z. B. Erbschaft oder Krankheit) eine Komplizierung auf, da dieser Vorgang neben der Veränderung der den Wirtschaftssubjekten zur Verfügung stehenden Kaufkraft mit allen Problemen des sozialen Aufstiegs und Abstiegs und seinen Begleiterscheinungen auf wirtschaftlichem Gebiet verknüpft ist.

Neben diesen durch die allgemeine wirtschaftliche Entwicklung oder die berufliche Karriere bedingten Einkommensveränderungen ist die ökonomische Situation einer Person oder eines Haushalts durch zwangsläufige, aus dem biologischen Lebensrhythmus resultierende, Veränderungen in der Haushaltsstruktur und in der beruflichen Leistungsfähigkeit einem steten Wandel unterworfen. Für diesen Entwicklungsprozeß, in dem nacheinander die Phasen der Kindheit und Jugend, des Mannes- und Greisenalters durchlaufen werden und der dabei gleichzeitig von einer ständigen Veränderung der Haushaltsgröße und -zusammensetzung begleitet ist, hat sich in Anlehnung an die angelsächsische Literatur der Begriff „Lebenszyklus" (life cycle) eingebürgert[1]. Im Laufe des Lebenszyklus verändert sich im idealtypischen Haushalt das Einkommen, und zwar sowohl das des Haushaltsvorstandes infolge seiner sich mit zunehmendem Alter verändernden beruflichen Leistungsfähigkeit als auch die durch Mitverdiener (berufstätige Hausfrau, mitverdienende Kinder) möglicherweise erbrachten zusätzlichen Einkünfte, die nicht so sehr unmittelbar vom Alter des Haushaltsvorstands, sondern eher vom Alter des Haushalts (Ehejahre) abhängig sind.

Aber nicht nur die „Ertragseite" des Haushalts ist im Laufe seines Bestehens starken Schwankungen ausgesetzt, auch auf der „Aufwandseite" ändern sich die Bedarfe stark in ihrer Höhe und Zusammensetzung. Bestimmte Bedarfe sind in starkem Maße altersgebunden; z. B. fallen Aufwendungen für die berufliche Fortbildung hauptsächlich bei jüngeren Personen an, Krankheitskosten belasten hingegen in erster Linie die Budgets der älteren Jahrgänge. Neben der ökonomischen Situation wandeln sich im Laufe des Lebens auch Denkart und Lebensweise und damit die Ansprüche und Kaufwünsche sowohl in quantitativer als auch in qualitativer Hinsicht; diesen letztgenannten Aspekt wollen wir jedoch zunächst noch zurückstellen.

Die einschneidendsten Veränderungen der Aufwandseite des Haushalts ergeben sich freilich aus dem Größer- und Kleinerwerden der Haushalte. Im Verlauf des Lebenszyklus wechselt der Haushalt mehrfach seine Gestalt: Sobald ein Junggeselle aus dem elterlichen Haushalt ausscheidet und einen eigenen Haushalt gründet, ändert sich seine Einkommensverwendung zum ersten Male grundlegend. Die selbständige Haushaltsführung bedingt Ausgaben für Wohnung, Nahrung und Kleidung, die früher im elterlichen Haushalt wenigstens teilweise von anderen bestritten wurden. Die Struktur des neuen Haushalts und seiner Ausgaben wird durch die Eheschließung abermals sprunghaft verändert; dabei ist der entstehende Zweipersonenhaushalt keine bloße Addition zweier Einpersonenhaushalte. Neue Ausgaben treten hinzu, alte Ausgaben vermindern sich, soweit die Frau ihre Arbeitskraft für den Haushalt einsetzt, selbst putzt, wäscht und kocht und damit dem Haushalt ein zusätzliches Natural-

---

[1] Vgl. Lydall, H. F.: The Life Cycle in Income, Saving, and Asset Ownership, in: Econometrica, Vol. 23 (1955), S. 131 ff.; Lansing, J. B. und Kish, L.: Family Life Cycle as an Independent Variable, in: American Sociological Review, Vol. 22 (1957), S. 512 ff.

1. Sparfähigkeit und Sparwilligkeit im Lebenszyklus 71

einkommen verschafft; geht die Ehefrau hingegen einem Beruf nach, so erhöht sich stattdessen das Geldeinkommen des Haushalts. Mit der Geburt von Kindern und dem Ausscheiden der Ehefrau aus dem Beruf tritt von neuem eine Veränderung in der Haushaltsstruktur ein; neue Belastungen kommen auf den Haushalt zu, die ihr Maximum erreichen, kurz bevor die Kinder erwachsen werden und anfangen mitzuverdienen. Nach dem Ausscheiden der Kinder aus dem elterlichen Haushalt verringern sich die Einnahmen und die Ausgaben des Haushalts wieder, freilich beide nicht unbedingt im gleichen Maße. Der Übergang vom Berufstätigen- zum Rentnerhaushalt betrifft zwar in erster Linie die Einkommensseite, aber auch die Ausgaben (Fahrtkosten zum Arbeitsplatz, Berufskleidung) bleiben nicht ganz unberührt davon. Die letzte Phase im Lebenszyklus eines Haushaltes, der Haushalt eines alleinstehenden Witwers oder einer Witwe, weist auf den ersten Blick gewisse Ähnlichkeiten mit dem Junggesellenhaushalt auf; die Übereinstimmung besteht allerdings hauptsächlich darin, daß beides Einpersonenhaushalte sind, von denen sich aber der eine in der Gründungsphase befindet, meist also erst über eine unvollständige Ausstattung mit langlebigen Gebrauchsgütern verfügt, während der andere auf diesem Gebiete vielfach keine Bedarfe mehr aufweist, es sei denn für neu auf den Markt gekommene Güter (Fernsehapparat, elektrische Haushaltsgeräte).

Es widerspricht dem hier idealtypisch aufgezeichneten Verlauf des Lebenszyklus nicht, daß keineswegs alle Haushalte ausnahmslos die beschriebenen Stadien durchlaufen. Manche überspringen die Stufe des Junggesellenhaushalts, manche verharren zeitlebens darin; es gibt kinderlose Haushalte und, insbesondere auf dem Lande, Großhaushalte, in denen die Generationen einander ablösen, ohne daß es zwischenzeitlich zur Gründung eigener selbständiger Haushalte kommt. Aber das sind Ausnahmen; für unsere Industriegesellschaft typisch ist die Kleinfamilie und der alle oder doch die meisten der beschriebenen Phasen durchlaufende Haushalt.

Bei den ständigen Veränderungen, der sowohl die Einnahmen als auch die (objektiv notwendigen) Aufwendungen des Haushalts im Verlaufe des Lebenszyklus unterworfen sind, schwankt auch in gewissem Umfang der Saldo zwischen beiden Größen, die „objektive" Sparfähigkeit. Diesen Wandlungen der Sparfähigkeit ist Rowntree[2] in einer modelltheoretischen Analyse nachgegangen; dabei stellt er in dem von ihm beschriebenen idealtypischen Verlauf für den Arbeiter drei Perioden wirtschaftlichen Drucks und zwei Perioden relativen Wohlstands fest. Die erste Phase wirtschaftlicher Beengtheit liegt in der Kindheit, wenn die Familie der Eltern mit den Geburten größer wird und ein gleichbleiben-

---
[2] Rowntree, B. S.: Poverty and Progress, London 1951, S. 160 f.

des Einkommen für eine größere Zahl von Personen ausreichen muß. Das ändert sich erst, wenn der junge Mensch seine Ausbildung vollendet hat und ins Erwerbsleben eintritt; es beginnt eine Phase relativen Wohlstands, da er mit seinem Einkommen nur für sich selbst zu sorgen hat. Darauf folgt eine zweite Periode wirtschaftlicher Beengtheit durch die Heirat und die Geburt eigener Kinder, in der sich für den jungen Arbeiter jene Sorgen wiederholen, die seine Eltern während seiner eigenen Kindheit durchzustehen hatten. Mit der wirtschaftlichen Verselbständigung der Kinder beginnt die zweite Periode eines bescheidenen Wohlstands, die mit dem Ausscheiden des Menschen aus dem Erwerbsleben und dem daraus resultierenen Einkommensrückgang endet und durch eine letzte dritte Periode der Armut abgelöst wird.

Ein ähnliches Modell „möglicher Schwerpunkte für die Ersparnisbildung und den Vermögensverzehr" wurde von Helga Schmucker[3] an Hand von Wirtschaftsrechnungen deutscher Arbeiterhaushalte aufgestellt. Im Lebenszyklus eines Haushalts unterscheidet sie zwei Phasen der Ersparnisbildung und zwei Phasen des Vermögensverzehrs. In der ersten „Spar"-Phase (bei einem Alter des Haushaltsvorstands von unter 30 Jahren) werde vornehmlich für die Anschaffung von langlebigen Gebrauchsgütern gespart; erst in der zweiten Periode des Sparens (bei einem Alter des Haushaltsvorstands zwischen 45 und 65 Jahren) komme es zur Bildung von Rücklagen. Dazwischen, bei einem Alter des Haushaltsvorstands zwischen 30 und 45 Jahren, liegen die Jahre der großen Belastung des Haushalts durch die heranwachsenden Kinder, in denen das Einkommen des Haushalts aber nicht mehr anwächst; im Modell zeichnet die Autorin hier eine Phase des Vermögensverzehrs (oder der Verschuldung?) auf. Die zweite Phase des Vermögensverzehrs liegt im Alter, wenn die beim Austritt aus dem Erwerbsleben verminderten Einkünfte durch Entsparen aufgebessert werden.

Die Modelle von Rowntree und Schmucker scheinen recht einleuchtend, jedenfalls soweit sie die Veränderungen der (objektiven) Sparfähigkeit im Lebenszyklus schildern; problematisch werden sie jedoch, wo sie von der Sparfähigkeit unmittelbar auf die Spartätigkeit schließen. Hier lassen sie das Zwischenglied „Sparwilligkeit" außer acht, ein Einwand, den bereits Becker[4] gegen den „Rowntree-Zyklus" geltend macht.

Gerade die Sparwilligkeit scheint sich aber im Laufe des Alters- und Lebenszyklus ebenfalls zu ändern, und zwar nicht immer parallel zur

---

[3] Schmucker, H.: Der Lebenszyklus in Erwerbstätigkeit, Einkommensbildung und Einkommensverwendung, in: Allgemeines Stat. Archiv, 40. Bd., Heft 1, München 1956, S. 1 ff.
[4] Becker, W.-D.: Die Einstellung zum Sparen. Ausgangspunkte zur Erforschung der Sparmotive, in: Sparkasse, 75. Jg., Heft 21, S. 343; derselbe: Problematischer „Rowntree-Zyklus", in: Sparkasse, 76. Jg., Heft 19, S. 338.

1. Sparfähigkeit und Sparwilligkeit im Lebenszyklus

Sparfähigkeit, sondern vielfach sogar ausgesprochen „antizyklisch"; jedenfalls deuten die empirischen Befunde darauf hin.

Unsere Erhebung erlaubt freilich eine Überprüfung der Hypothesen Rowntrees und Schmuckers nur in der Form einer Querschnittsanalyse; wir müssen also weitgehend mit der Hypothese arbeiten, daß sich die heutige junge Generation in ihrem Sparverhalten nicht grundsätzlich von früheren Generationen unterscheidet, als diese sich in der entsprechenden Lebensphase befanden, eine Unterstellung, die sich — wie wir sehen werden — jedoch nicht in allem ohne Einschränkung aufrechterhalten läßt.

Erste und einfachste Möglichkeit zur Ermittlung des Einflusses von Lebens- und Alterszyklus auf Sparfähigkeit, Sparwilligkeit und Spartätigkeit ist eine Gegenüberstellung von Gruppen von Haushalten mit unterschiedlichem Alter des Haushaltsvorstandes, eine Methode, die auch Janet Fisher[5] und Harold Lydall[6] bei ihren empirischen Untersuchungen über das Sparverhalten im Lebenszyklus anwandten. Damit analysiert man zwar in erster Linie den Alterszyklus einer Person; darüber hinaus kann man aber auch Rückschlüsse auf den Familienzyklus ziehen, denn in jeder Altersgruppe wird die dafür typische Haushaltsform durchschlagen und die Ergebnisse entsprechend beeinflussen.

Teilt man die Haushaltsvorstände in vier Altersgruppen ein, in die jüngere Generation der Haushaltsvorstände bis zu einem Alter von 30 Jahren, in die Generation der 30- bis 44jährigen, in die Generation der 45- bis 59jährigen und in die ältere Generation der 60jährigen und älteren Haushaltsvorstände, so spiegeln die Durchschnittseinkommen deutlich die Einkommensentwicklung im Alters- und im Familienzyklus wider.

Tabelle 2
Einkommen und Alter des Haushaltsvorstands

	Alter des Haushaltsvorstands			
	16 - 29 Jahre	30 - 44 Jahre	45 - 59 Jahre	60 Jahre und älter
Durchschnittliches[a] Nettoeinkommen des Haushaltsvorstands im Monat (in DM)	500,—	560,—	550,—	380,—
Durchschnittliche[a] Haushaltskasse[b] (in DM)	590,—	650,—	680,—	480,—
Durchschnittliches[a] Nettoeinkommen aller Haushaltsmitglieder zusammen (in DM)	620,—	700,—	820,—	500,—

a) Die Beträge wurden auf volle DM 10,— auf- oder abgerundet.
b) Die Haushaltskasse umfaßt die Einkünfte von Haushaltsvorstand und Hausfrau sowie die Beträge, die die sonstigen Einkommensbezieher im Haushalt zur gemeinsamen Haushaltsführung abgeben.

[5] Fisher, J.: Income, Spending, and Saving Patterns of Consumer Units in Different Age Groups, in: National Bureau of Economic Research (Hrsg.), Studies in Income and Wealth, Vol. 15, New York 1952, S. 75 ff.
[6] Lydall, H. F.: British Incomes and Savings, Oxford 1955, S. 211 ff.

5. Kap.: Das Sparen im Spannungsfeld der Bedürfnisse

Das persönliche Einkommen des Haushaltsvorstandes steigt zunächst noch leicht (um 10 %) an, bleibt im weiteren Bereich der mittleren Generation (30 bis 60 Jahre) etwa konstant und fällt bei den 60jährigen schließlich steil ab (70 % des vorhergehenden Einkommens). Etwas anders das Gesamteinkommen aller Haushaltsmitglieder: Es steigt wesentlich stärker an, erreicht erst später, bei einem Alter des Haushaltsvorstands von 45 bis 59 Jahren, seinen Höhepunkt, und sinkt dann etwa im gleichen Verhältnis wie das Haushaltsvorstandseinkommen ab. Die Haushaltskasse, d. h. das Einkommen, über das der Haushaltskern disponieren kann, nämlich die Einkünfte von Haushaltsvorstand und Hausfrau sowie die von den sonstigen Verdienern im Haushalt zur gemeinsamen Haushaltsführung beigesteuerten Beträge, weist im Alterszyklus tendenziell die gleiche Entwicklung wie das Gesamteinkommen aller Haushaltsmitglieder auf; die Entwicklung spielt sich lediglich auf einem etwas niedrigeren Niveau ab.

Aber nicht nur die Einkommenshöhe, auch die Haushaltsgröße ändert sich im Alterszyklus, und zwar parallel zur Entwicklung des Haushaltseinkommens (vgl. Tabelle A 1 im Anhang). Dadurch bleibt das Pro-Kopf-Einkommen relativ konstant. Gleiches Pro-Kopf-Einkommen bei unterschiedlicher Haushaltsgröße bedeutet freilich eine Besserstellung der großen Haushalte, da bestimmte Haushaltsausgaben eine Größendegression aufweisen. Wo das Anwachsen der Haushaltsgröße in erster Linie

Tabelle 3

Das Pro-Kopf-Einkommen im Lebenszyklus

Alter des Haushaltsvorstandes	Pro-Kopf-Einkommen in DM[a]	Zahl der Haushalte
Unter 30 Jahre	250,—	127
30 bis 44 Jahre	220,—	295
44 bis 50 Jahre	240,—	384
60 Jahre und älter	240,—	244

a) Auf volle DM 10,— gerundet.

auf die zunehmende Kinderzahl zurückzuführen ist, verstärkt sich diese Tendenz noch mehr, da die Bedarfsnormen für Kinder — abhängig vom Lebensalter — im allgemeinen unter denen von Erwachsenen liegen. Daher bedarf das Bild über die ökonomische Situation der einzelnen Altersgruppen, wie sie sich auf der Basis des Pro-Kopf-Einkommens darbietet, einer Korrektur; die Haushalte der jüngsten und der ältesten Generation sind trotz gleichen Pro-Kopf-Einkommens finanziell längst nicht so leistungsfähig wie die Haushalte in der Altersgruppe der 45- bis 59jährigen, da sie erheblich kleiner sind, während die Haushalte der 30- bis 44jährigen, bei denen das Pro-Kopf-Einkommen rund 10 % unter dem Durchschnitt liegt, wegen der überdurchschnittlichen Haushalts-

1. Sparfähigkeit und Sparwilligkeit im Lebenszyklus

größe und des hohen Anteils der Kinder daran keineswegs an letzter Stelle rangieren dürften. Unter Berücksichtigung der Faktoren Einkommen, Personenzahl und Kinderzahl im Haushalt könnte man die Altersgruppen nach ihrer finanziellen Leistungsfähigkeit etwa wie folgt gruppieren: An der Spitze liegt ohne Zweifel die Altersklasse der 45- bis 59jährigen; es folgen die beiden jüngeren Altersklassen, bei denen die von uns verwandten groben Merkmale für die ökonomische Situation keine weiteren Differenzierungen mehr erlauben; für die ältere Generation hingegen läßt sich auf der Grundlage unserer Bestimmungsfaktoren eindeutig feststellen, daß sie sich in der ungünstigsten wirtschaftlichen Lage befindet.

Die Spartätigkeit der einzelnen Altersgruppen entspricht nun jedoch nicht unbedingt der in dieser Weise ermittelten Sparfähigkeit:

Tabelle 4

Spartätigkeit des Haushalts und Alter des Haushaltsvorstands

	Alter des Haushaltsvorstands			
	16 - 29 Jahre	30 - 44 Jahre	45 - 59 Jahre	60 Jahre und älter
Durchschnittlicher Betrag, der im Monat zum regelmäßigen Ansparen verwendet wird (in DM)	24,—	34,—	35,—	16,—
Durchschnittlicher Betrag, der im Monat zum Absparen verwendet wird (in DM)	22,—	23,—	20,—	5,—
An- und Absparen zusammen (in DM)	46,—	57,—	55,—	21,—
Ansparen in % des Haushaltseinkommens	3,7	4,6	3,8	2,5
Absparen in % des Haushaltseinkommens	3,7	3,3	2,5	0,8
An- und Absparen zusammen in % des Haushaltseinkommens	7,4	7,9	6,3	3,3
Zahl der Haushalte	127	295	384	244

An der Spitze liegen beim regelmäßigen institutionalisierten Ansparen hinsichtlich der absoluten Beträge Kopf an Kopf die Haushalte der 30- bis 44jährigen und der 45- bis 59jährigen; dann folgen die Haushalte der jüngsten Generation, während die Haushalte der ältesten Generation die niedrigsten Sparbeträge aufweisen. In Relation zum Einkommen ist das Ansparen am stärksten bei den 30- bis 44jährigen, an zweiter Stelle liegen wiederum Kopf an Kopf die 45- bis 59jährigen und die 16- bis 29jährigen, den Schluß bilden abermals die 60jährigen.

5. Kap.: Das Sparen im Spannungsfeld der Bedürfnisse

Beim Absparen (Ratenzahlungen, Hypothekentilgungen, sonstige Rückzahlungen von Schulden) zeigen sich bei den absoluten Beträgen in den drei jüngeren Altersklassen keine nennenswerten Unterschiede; die älteste Altersklasse fällt hingegen deutlich ab. In Relation zum Einkommen zeigt sich mit wachsendem Alter des Haushaltsvorstands eine ständige Abnahme der Absparquote; auch hier ist ein deutlicher Sprung bei der ältesten Gruppe erkennbar.

Fassen wir Ansparen und Absparen zusammen, mit allen Vorbehalten, die bei einer derartigen Addition angebracht sind (vgl. Kap. IV), so zeigt sich nach der Höhe dieser Sparquote in Relation zum Haushaltseinkommen nachstehende Reihenfolge: Die Haushalte der 30- bis 44jährigen Haushaltsvorstände weisen die höchste Sparquote auf, dicht gefolgt von den Haushalten der 16- bis 29jährigen; es schließen sich die der 45- bis 59jährigen an; die niedrigste Sparquote finden wir in den Haushalten der 60jährigen und älteren Haushaltsvorstände.

Die Unterschiede zwischen den einzelnen Altersgruppen sind — mit Ausnahme der Gruppe der ältesten Haushaltsvorstände — zwar nicht sehr groß; bei einer für eine Mikroanalyse relativ großen Zahl von befragten Haushalten — wie sie für die vier Gruppen jeweils gegeben ist — genügen sie aber, um Schlüsse daraus zu ziehen, zumal die objektive Sparfähigkeit genau in die umgekehrte Richtung tendiert, die Unterschiede sich von hier aus also verstärken.

Lassen wir einmal die Haushalte der ältesten Generation beiseite, bei der wir die geringste Sparfähigkeit und auch die geringste Spartätigkeit festgestellt haben. In den übrigen Altersklassen haben sich die Verhältnisse genau umgekehrt. Die Sparfähigkeit der 45- bis 59jährigen ist größer als die der beiden jüngeren Altersgruppen, ihre Spartätigkeit hingegen geringer. Daraus ist zu schließen, daß die Sparwilligkeit im Alterszyklus keineswegs konstant bleibt; vielmehr verändert sie sich in umgekehrter Richtung, und zwar stärker als die Sparfähigkeit[7]. Jedenfalls kann die verbesserte Sparfähigkeit die verminderte Sparwilligkeit nicht voll kompensieren.

Sparfähigkeit war für uns bisher ein objektiver Begriff, der sich vornehmlich aus dem Einkommen und der Haushaltsgröße errechnete. Verwandelt man ihn in einen subjektiven Begriff, d. h. überläßt man es den Befragten selbst, ihre Sparfähigkeit einzuschätzen, so ermittelt man in Wahrheit statt dessen die Sparwilligkeit, und hat damit die Möglichkeit, die bisherigen Hypothesen über die im Alterszyklus veränderte Sparwilligkeit zu überprüfen.

---

[7] Dieser Befund spricht gegen die „Normaleinkommenshypothese" Friedmans und Modigliani-Brumberg-Ando's.

1. Sparfähigkeit und Sparwilligkeit im Lebenszyklus

Bei einer solchen Selbsteinschätzung des finanziellen „Spielraums" durch die betroffenen Haushaltsvorstände, d. h. bei einer Frage nach dem, was ihnen nach Abzug der Lebenshaltungskosten für größere Anschaffungen oder zum Sparen übrig bliebe, schätzten die Jüngeren ihre Sparfähigkeit sowohl relativ zum Einkommen als auch in absoluten Beträgen größer ein als die Älteren (vgl. Tabelle A 2 im Anhang).

Die sich darin dokumentierende größere Sparwilligkeit der Jüngeren resultiert aus ihren höheren Ansprüchen (vgl. Tabelle A 3 im Anhang) und Anschaffungswünschen (vgl. Tabelle A 4 und A 9 im Anhang).

Das mag zunächst paradox klingen, aber man muß dabei bedenken, daß der Sparwille der Jüngeren sich weniger auf die Akkumulation von Geldvermögen richtet; bei ihnen dominieren vielmehr konsumnahe Sparzwecke (Anschaffungen, Urlaubsreisen), wie die folgende Tabelle zeigt.

Tabelle 5
Konsum- und akkumulationsbezogene Gelder auf Konten nach Altersgruppen

Nur Haushalte mit Beträgen auf Konten	Alter des Haushaltsvorstands			
	16 - 29 Jahre %	30 - 44 Jahre %	45 - 59 Jahre %	60 Jahre und älter %
Nur konsumbezogene[a]) Gelder auf Konten	51	42	37	27
Akkumulationsbezogene[b]) *und* konsumbezogene Gelder auf Konten	25	38	34	35
Nur akkumulationsbezogene Gelder auf Konten	24	20	29	38
Zusammen	100	100	100	100
Basis	81	180	226	127

Für jedes Konto im Haushalt haben wir außer dem Inhaber, dem Kontostand und der Kontenbewegung auch festgestellt, welchen Zwecken das auf dem Konto befindliche Geld dient, d. h. welche Ausgaben damit getätigt werden.

a) Als *konsumbezogen* wurden danach alle Gelder bezeichnet, die entweder zur Bestreitung laufender Haushaltsausgaben oder für Anschaffungen und Reisen verwendet werden.

b) Als *akkumulationsbezogen* wurden alle Gelder bezeichnet, die zur Abdeckung von Risiken allgemeiner Art (Notgroschen) oder zur Ansammlung von Vermögen dienen.

Der Anteil der Sparer, die Geld ausschließlich für kurzfristige Sparziele ansammeln, geht von 51 % in der jüngsten Altersgruppe um etwa die Hälfte auf 27 % in der ältesten Gruppe zurück, während sich der Anteil der langfristigen Akkumulationssparer entsprechend erhöht.

Die Verschiebung der Sparzwecke im Alterszyklus hängt dabei eng mit der Entwicklung des „Konsumvermögens", den langlebigen Gebrauchsgütern im Haushalt, zusammen. Die beiden mittleren Generationen der Haushalte sind damit deutlich besser ausgestattet als die jüngere oder die ältere Generation (vgl. Tabelle A 5 im Anhang).

Bei den Jüngeren liegt das daran, daß der Zeitpunkt der Haushaltsgründung noch nicht allzu lange zurück datiert, so daß die Phase des Aufbaus noch nicht abgeschlossen ist. Anders bei den Älteren; Neuanschaffungen und Ergänzungen des Hausrats erfordern eine gewisse Dynamik, die mit steigendem Lebensalter nachläßt.

Je älter man wird, desto eher findet man sich mit den bestehenden Zuständen ab und desto schwieriger und umständlicher erscheinen alle Schritte zur Veränderung der gewohnten Umgebung, zumal dann, wenn auch die Einkommenssituation sich eher verschlechtert als verbessert hat. Somit unterbleiben dann die meisten Anschaffungen. Es darf aber ferner nicht vergessen werden, daß sich das Einkommensniveau im Laufe der letzten zwei Jahrzehnte stark angestiegen ist. Als sich also die ältere Generation in der Phase der Haushaltsgründung und des Haushaltsaufbaus befand, war ihr Einkommen — anders als bei der jüngeren und teilweise auch mittleren Generation von heute — gemessen am heutigen Stand recht niedrig; hinzu kommt der durch den Zweiten Weltkrieg bedingte Nachholbedarf. Für einen Teil der mittleren Generation gilt das zwar auch, aber hier standen die Haushaltsvorstände in den letzten Jahren noch im Erwerbsleben und hatten an den Einkommenserhöhungen vollen Anteil, während die 60jährigen und älteren gar nicht mehr oder nur für kurze Zeit noch berufstätig waren. Die Einkommensverbesserung, als Voraussetzung einer Verbesserung der Konsumausstattung, war bei ihnen — als Rentner — entweder gering oder von sehr kurzer Dauer.

Die stark ausgeprägten Unterschiede im Konsumvermögen der mittleren und älteren Generation sind daher nicht unbedingt eine typische Erscheinungsform des sich immer wiederholenden Lebenszyklus; es ist zu vermuten, daß die heute noch zu beobachtenden Niveauunterschiede in der Wohnungsausstattung weitgehend abgebaut sein werden, wenn die mittlere Generation von heute einmal den Platz der älteren Generation einnehmen wird.

Während die ältere Generation sich im großen und ganzen mit dem unterdurchschnittlichen Konsumvermögen — soweit es ihr überhaupt bewußt wird — abgefunden hat (vielleicht im Hinblick auf ihr gesunkenes Einkommen) und keine großen Ansprüche und Anschaffungswünsche mehr anmeldet, reagiert die jüngere Generation ganz anders. Bei ihr ist die Diskrepanz zwischen vorhandenem und angestrebtem Besitz besonders groß; das Dominieren der konsumnahen Sparzwecke und die hohe Absparquote (Ratenkäufe!) deuten an, wie sich dieser Spannungszustand auf das Sparverhalten auswirkt.

Vom laufenden Sparen streng zu scheiden ist der sich als Geldvermögen oder Kontenstand niederschlagende Sparerfolg. Mit zunehmendem Alter des Haushaltsvorstandes erhöht sich das durchschnittliche

1. Sparfähigkeit und Sparwilligkeit im Lebenszyklus

Geldvermögen in den Altersgruppen; es erreicht bei den 45- bis 59jährigen sein Maximum und fällt danach wieder leicht ab. Diese Vermögenskonzentration in der Altersgruppe, die kurz vor dem Eintritt in den Ruhestand steht, kennzeichnen nach Lydall ebenfalls die Verhältnisse in England[8] und nach Fisher[9] und Brady[10] auch die in den USA.

Tabelle 6

Geldvermögen und Lebenszyklus

	Alter des Haushaltsvorstandes			
	16 - 29 Jahre	30 - 44 Jahre	45 - 59 Jahre	60 Jahre und älter
Durchschnittliches Geldvermögen des Haushalts in DM ..	1 350,—	1 750,—	2 150,—	1 750,—
Durchschnittlicher Betrag, den die Haushalte auf Spar- oder Girokonten eingezahlt haben in DM	750,—	1 050,—	1 850,—	1 350,—

Die Kurven des Sparerfolgs und der regelmäßigen Spartätigkeit im Alterszyklus entsprechen jedoch einander nicht; die Jungen sparen zwar intensiver, verfügen aber über ein geringeres Geldvermögen als die Alten. Man kann also nicht — wie es oft geschieht — unbesehen Spartätigkeit und Vermögensbildung gleichsetzen. Freilich hängen beide zusammen: Einmal spielt der Zeitfaktor eine Rolle; wenn jahrelang regelmäßig kleine Beträge zurückgelegt werden, so summiert sich das oft zu einem größeren Betrag als bei einer sehr intensiven Spartätigkeit, die aber erst kurze Zeit andauert. Zum anderen bietet die Analyse der Sparzwecke eine Erklärung für die Diskrepanz zwischen der laufenden Spartätigkeit und dem Sparerfolg. Konsumbezogenes Sparen, wie es in der jüngeren Generation überwiegt, ist kurzfristig; allenfalls schlägt es sich in einer Verbesserung des „Konsumvermögens" nieder, nicht aber in einer Erhöhung des Kontenstandes. Da mit wachsendem Alter die Zahl derjenigen stetig zunimmt, die zur Akkumulation von Geldvermögen sparen, ließe sich die Hypothese formulieren, daß mit zunehmendem Alter auch die Höhe des Vermögens ansteigt.

Dieser Hypothese widerspricht freilich die Tatsache, daß der Stand des Geldvermögens bei den 60jährigen wieder absinkt. Hier muß man berücksichtigen, daß diese Generation durch die Währungsreform im Jahre 1948 ihre Ersparnisse zum großen Teil verloren hatte, so daß ihre Ausgangssituation zu jenem Zeitpunkt die gleiche wie die der heutigen

---

[8] Lydall, H. F.: The Life Cycle in Income, Saving, and Asset Ownership, a.a.O., S. 143.
[9] Fisher, J., a.a.O., S. 84.
[10] Brady, D. S.: Family Saving, in: Goldsmith, R. W. (Hrsg.): A Study of Saving in the United States, III. Bd., Princeton/New Jersey 1956, S. 192 ff.

mittleren Generation war; den Vorsprung in der Vermögensbildung, den sie infolge höheren Lebensalters hatte, büßte sie durch die Geldreform ein. Sie hatte aber nicht die Möglichkeit, in dem gleichen Maße erneut Geldvermögen zu bilden wie die 45- bis 59jährigen, da ihre Einkünfte mit dem Ausscheiden aus dem Berufsleben fühlbar geringer wurden. Zudem ist in der älteren Generation die Anzahl der Haushalte sehr hoch, die von verwitweten Frauen geführt werden, deren Renten noch niedriger sind als die gleichaltriger Männer. Außerdem hat sich hier das angesammelte Vermögen vielfach durch eine Erbteilung bereits verringert. Ferner darf nicht vergessen werden, daß sich das allgemeine Einkommensniveau in den letzten Jahren stark verbessert hat. Infolgedessen sind die laufend zurückgelegten Sparbeträge heute im Durchschnitt absolut höher geworden (nicht in Relation zum Einkommen!). Im Zuge einer solchen Entwicklung verlieren die Sparleistungen früherer Perioden mehr und mehr an Gewicht; es sind die Sparleistungen der letzten Jahre, die den Durchschnitt immer stärker beeinflussen. Diesen Aspekt muß jede langfristige Prognose über die Entwicklung der Vermögensverteilung unter den einzelnen Generationen beachten, wenn es sich um eine durch steigendes Einkommen gekennzeichnete dynamische Wirtschaft handelt.

Diese Tatsache mag die im natürlichen Ablauf des Lebenszyklus begründete Tendenz zu einer gewissen Vermögenskonzentration abschwächen. Diese Vermögenskonzentration zeigt sich nicht nur darin, daß das durchschnittliche Geldvermögen der Haushalte mit steigendem Einkommen zunimmt, sie prägt sich ebenso darin aus, daß sich dieses Vermögen in einer immer geringeren Zahl von Haushalten konzentriert. Während

Tabelle 7

Konsum- und akkumulationsbezogene Gelder auf Konten nach Altersgruppen

Alle Haushalte	Alter des Haushaltsvorstandes			
	16 - 29 Jahre %	30 - 44 Jahre %	45 - 59 Jahre %	60 Jahre und älter %
Keine Beträge auf Konten	36	39	41	48
*Nur konsumbezogene*a) Gelder auf Konten	32	26	22	14
*Auch akkumulationsbezogene*b) Gelder auf Konten	32	35	37	38
Zusammen	100	100	100	100
Basis	127	295	384	244

Für jedes Konto im Haushalt haben wir außer dem Inhaber, dem Kontenstand und der Kontenbewegung auch festgestellt, welchem Zweck das auf dem Konto befindliche Geld dient, d. h. welche Ausgaben damit getätigt werden.

a) Als *konsumbezogen* wurden danach alle Gelder bezeichnet, die entweder zur Bestreitung laufender Haushaltungsausgaben oder für Anschaffungen und Reisen verwendet werden.

b) Als *akkumulationsbezogen* wurden alle Gelder bezeichnet, die zur Abdeckung von Risiken allgemeiner Art (Notgroschen) oder zur Ansammlung von Vermögen dienen.

in den Haushalten der 16- bis 29jährigen Haushaltsvorstände bei nur etwas mehr als einem Drittel über keinerlei Geldvermögen verfügt wird, ist bei den 60jährigen schon nahezu die Hälfte der Haushalte ohne Geldvermögen. Demgegenüber bleibt die Gruppe derjenigen, die auch aus abstrakten Sicherheitsmotiven sparen (Akkumulationssparer), relativ konstant; die Verschiebungen vollziehen sich ausschließlich zu Lasten der „Zweck"- oder „Konsumsparer" (Tab. 7).

Aus dieser Tabelle über die sich im Alterszyklus vollziehenden Änderungen in der Struktur der Sparer läßt sich vielleicht bei einer dynamischen Interpretation des Querschnitts die folgende Hypothese ableiten. Innerhalb der deutschen Bevölkerung können wir drei in ihrem Sparverhalten verschiedene Grundtypen unterscheiden, die jeweils etwa ein Drittel der Bevölkerung ausmachen:

1. Die Gruppe der Nichtsparer.
2. Die Gruppe der „Akkumulationssparer", die — auch ohne ein ganz konkretes Sparziel vor Augen zu haben — allein aus Sicherheitsmotiven sparen; konsumnahe Sparziele können freilich noch zusätzlich hinzukommen.
3. Die Gruppe der „Konsumsparer"; sie spart nur dann, wenn ein ganz konkreter Sparzweck (z. B. Reise, Anschaffung) vor Augen steht. Läßt die Intensität derartiger Wünsche nach — etwa mit steigendem Alter — so reihen sie sich in das Lager der Nichtsparer ein.

Die Zugehörigkeit zu einer dieser drei Gruppen wird in erster Linie durch soziale Normen und individualpsychische Determinanten bestimmt, die wir noch im einzelnen untersuchen werden.

2. Spartätigkeit und Haushaltsgröße

Im Verlaufe des Lebenszyklus verändern sich neben dem Einkommen vornehmlich zwei Faktoren, die auf die Bedarfsseite des Haushalts Einfluß nehmen: einmal die Personenzahl im Haushalt, zum anderen bestimmte psychische Faktoren wie Erwartungen und Ansprüche. Bisher hatten wir vorwiegend den zusammengefaßten Einfluß *beider* Faktoren auf das Sparverhalten untersucht. Diese Betrachtung soll nun durch eine gesonderte Analyse jedes einzelnen dieser Faktoren ergänzt werden, wobei wir uns zunächst der Größe „Personenzahl im Haushalt" zuwenden wollen.

Die Sparfähigkeit eines Haushalts als objektive Größe hängt primär von dem ihm zur Verfügung stehenden Einkommen — das vorhandene Vermögen kann lediglich die Sparwilligkeit beeinflussen — und den notwendigen Ausgaben ab, für die es nur einen einzigen leicht erhebbaren objektiven Maßstab gibt: die Personenzahl im Haushalt (evtl. gewichtet nach Alter und Geschlecht). Diese Aussage erscheint so selbstverständlich, daß sie trivial klingt. Vielleicht liegt darin auch der Grund, warum diesem Tatbestand in allen Untersuchungen über das Sparverhalten, seien sie rein theoretischer oder empirischer Art, so wenig Aufmerksamkeit geschenkt wird. Meist wird vielmehr nur einer dieser beiden Faktoren, nämlich das Einkommen, seine Veränderungen und seine erwarteten Veränderungen diskutiert. Das mag daran liegen, daß das Einkommen als aggregierte Größe in der Volkswirtschaft im Verlaufe des wirtschaftlichen Wachstums und des konjunkturellen Auf- und Abschwungs ständigen Wandlungen unterworfen ist. Demgegenüber erscheint die Bevölkerungszahl und die Zusammensetzung der Haushalte für eine makroökonomische Betrachtung als eine sich nur langfristig ändernde, relativ starre Größe, die meist selbst bei einer mehrere Jahre oder gar Jahrzehnte umfassenden langfristigen Prognose unbeachtet zu bleiben pflegt.

Das gilt jedoch beispielsweise nicht für eine Analyse der Vermögensverteilung und eine theoretische Konzipierung einer Vermögensbildungspolitik. Man kann sich hierbei nicht mit dem Argument trösten, daß schließlich alle Personen und alle Haushalte im Laufe des Lebenszyklus sämtliche Stadien vom Einpersonenhaushalt bis zum vielköpfigen Großhaushalt durchlaufen, so daß sich in der Längsschnittbetrachtung die unterschiedliche Sparfähigkeit von Haushalten mit gleichem Einkommen, aber ungleicher Personenzahl, wieder ausgleicht. Es gibt Haushalte, die zeitlebens auf der Stufe der Ein- oder Zweipersonenhaushalte verharren und damit in ihrer Sparfähigkeit auf die Dauer allen anderen Haushalten der gleichen Einkommensgruppe überlegen sind. Genauere Daten darüber ließen sich allerdings nur in einer Längsschnittanalyse ermitteln. Die Tatsache des ungleichen Wohlstands der kleinen und großen Haushalte trotz gleichen Einkommens pointierte Conradt wie folgt: „In Deutschland leben unter der Herrschaft derselben Bedürfnisse zwei Völker. Entsprechend den beiden Völkern gibt es zwei Lebenshaltungen, zwei beherrschende Prinzipien. Überfluß und Mangel ... Es sind die Kinderarmen, die sich mit ihrem Leben viel Annehmlichkeiten leisten können, und die Kinderreichen, die sich in der Bedürfnisbefriedigung weitgehend einschränken müssen[11]."

Zwar kommen die Kinderreichen in den Vorteil der „Massenproduktion", d. h. bestimmte Kosten — insbesondere die Miete, Aufwendungen für Gebrauchsgüter etc. — sind entweder fix oder wachsen mit steigender Personenzahl nur unterproportional an[12]. Das kann die Unterschiede in

---

[11] Conradt, W.: Existenzminimum, ein rechnerischer Richtweg durch das haushaltende Deutschland der letzten 85 Jahre, Bd. I, Königsberg 1933; die These von den „zwei Völkern" stammt wahrscheinlich von Disraeli (aus seinem Roman „Sybil") und läßt sich sinngemäß schon bis zu dem Kirchenvater Chrysostomos zurückverfolgen.

[12] Vgl. dazu: Forsyth, F. G.: The Relationship between Family Size and Family Expenditure, in: Journal of the Royal Statistical Society, Serie A, Vol. 123 (1960), S. 367 ff.; Gollnick, H.: Ausgaben und Verbrauch in Abhängig-

2. Spartätigkeit und Haushaltsgröße

der Sparfähigkeit aber höchstens etwas mildern, sie aber nicht gänzlich aufheben. In der statistischen Erfassung dieser Unterschiede liegt ein Problem für jede praktische Vermögensbildungspolitik, die ihre materiellen Anreize zum Sparen danach staffeln will. Die zum Erhebungszeitpunkt geltenden Gesetze berücksichtigen einmal neben den Ehegatten nur die Zahl der Kinder unterhalb einer bestimmten Altersgrenze, nicht aber die Personenzahl im Haushalt generell; konsequenterweise gehen sie nicht von dem gesamten Haushaltseinkommen, sondern nur von dem Einkommen, das die bei der Berechnung der Begünstigung erfaßten Personen erzielen, aus. Zum anderen machen sie nur sehr globale Abstufungen nach der Kinderzahl. So sieht das Wohnungsbau-Prämiengesetz (Bauspargesetz)[13] folgende Staffelung vor:

	Höchstsparbetrag DM	Prämie in %	Prämienhöchstbetrag DM
Alleingestehende und Ehegatten ohne Kinder	1 600,—	25	400,—
Alleingestehende und Ehegatten mit 1 bis 2 Kindern	1 481,—	27	400,—
Alleinstehende und Ehegatten mit 3 bis 5 Kindern	1 334,—	30	400,—
Alleinstehende und Ehegatten mit mehr als 5 Kindern	1 143,—	35	400,—

Das Sparprämiengesetz[14] legt ohne ersichtlichen Grund eine ganz andere Staffelung der Höchstbeträge und Prämiensätze zugrunde:

	Höchstsparbetrag DM	Prämie in %	Prämienhöchstbetrag DM
Alleinstehende unter 50 Jahren ohne Kinder	600,—	20	120,—
Kinderlose Ehegatten sowie Alleinstehende über 50 Jahre	1 200,—	20	240,—
Ehegatten oder Alleinstehende mit 1 bis 2 Kindern	1 364,—	22	300,—
Ehegatten oder Alleinstehende mit 3 bis 5 Kindern	1 600,—	25	400,—
Ehegatten oder Alleinstehende mit mehr als 5 Kindern	1 600,—	30	480,—

keit von Einkommen und Haushaltsstruktur, in: Agrarwirtschaft, Sonderheft 6/7, Hannover 1959; Schmucker, H.: Die ökonomische Lage der Familie in der Bundesrepublik Deutschland, Stuttgart 1961.

[13] In der Fassung vom 28. 8. 1960 (BGBl I, S. 713).
[14] In der Fassung vom 16. 11. 1964 (BGBl I, S. 885).

5. Kap.: Das Sparen im Spannungsfeld der Bedürfnisse

Diese Abstufungen nach der Kinderzahl und dem Lebensalter entsprechen zwar in ihrer Tendenz der bei gleichem Einkommen abnehmenden Sparfähigkeit, in ihrer Quantifizierung sind sie jedoch völlig willkürlich. So zitiert Oeter[15] zwei Untersuchungen über die Kosten von Haushaltungen verschiedener Größe, die eine gänzlich andere und dabei untereinander überraschend ähnliche Entwicklungstendenz zeigen. Indexmäßig steigern sich die Haushaltskosten einer gleichen Lebenshaltung danach bei wachsender Kinderzahl wie folgt:

Quellen[a]	Zahl der Personen im Haushalt					
	1	2	3	4	6	8
Silberkuhl-Schulte	100	155	219	282	397	504
Rottier und Albert	100	180	225	260	335	410

a) Ziffern nach: Silberkuhl-Schulte, M.: Der Einfluß der Personenzahl auf die Kosten der Hauswirtschaft, in: Hauswirtschaftl. Jahrbücher, 7. Jg. (1934); Rottier, G. und Albert, J. F.: Les services sociaux Francais et la redistribution des revenus, Institut de science économique appliqué, Paris 1952.

Alle Zahlen, die auf diese Art und Weise die sich mit der Personenzahl ändernde Bedarfsstruktur des Haushalts zu quantifizieren versuchen, sind umstritten. Dennoch zeigen sie, daß die staatliche Sparförderungspolitik bei ihren Unterstützungstransfers sich nur recht oberflächlich an der unterschiedlichen Sparfähigkeit orientiert. Allerdings läßt sich aber auch bei der tatsächlichen Spartätigkeit kein solches krasses Gefälle erkennen, wie es infolge der unterschiedlichen Sparfähigkeit auf der Grundlage der von Oeter zitierten Untersuchungen zu finden sein müßte:

Tabelle 8
Ansparen und Haushaltsgröße

Alle Haushalte	Haushaltseinkommen[a]			
	unter DM 600,—	DM 600,— bis DM 799,—	DM 800,— bis DM 999,—	DM 1 000,— und mehr
	Monatliches Ansparen aller Haushaltsmitglieder in % des Haushaltseinkommens[b]			
Einpersonenhaushalte	4,4 (137)	7,7 (42)	x	x
Zweipersonenhaushalte	2,4 (57)	3,3 (82)	8,7 (61)	7,9 (45)
Dreipersonenhaushalte	1,6 (22)	4,1 (68)	8,4 (67)	5,6 (84)
Vierpersonenhaushalte	x	4,0 (39)	4,2 (43)	6,3 (89)
Fünf und mehr Personen im Haushalt	x	2,3 (23)	5,0 (31)	7,7 (108)

a) Addiertes monatliches Nettoeinkommen aller Haushaltsmitglieder.
b) Zahl der Haushalte ist in jeder Gruppe in Klammern ( ) beigefügt; x bedeutet, daß die Zahl der Haushalte in dieser Gruppe unter 20 liegt.

[15] Oeter, F.: Familienpolitik, Stuttgart 1954, S. 61.

2. Spartätigkeit und Haushaltsgröße

Die vorstehenden Zahlen lassen eine deutliche Abhängigkeit der Sparquote von der Haushaltsgröße erkennen; mit steigender Haushaltsgröße nimmt die Sparquote kontinuierlich ab. Die Korrelation wird aber um so schwächer, je höher das Einkommen ist.

Quantitativ entsprechen diese Unterschiede in der Spartätigkeit aber keinesfalls den vorhin zitierten Unterschieden in der Sparfähigkeit. Gehen wir von einem Vierpersonenhaushalt aus, der nach Rottier und Albert 260 % der Kosten eines Einpersonenhaushalts aufzuwenden hätte. Wenn dieser Haushalt bei einem Einkommen von 600,— DM bis 800,— DM 4 % spart und 96 % seines Einkommens konsumiert (vgl. Tab. 8), so müßte der Einpersonenhaushalt unter gleichen Bedingungen etwa 63 % seines Einkommens zurücklegen und dürfte nur 37 % desselben konsumieren[16]. Ein flüchtiger Blick auf die Tabelle zeigt, daß ein derartiges Gefälle in keiner der ausgewiesenen Einkommensgruppen auch nur annähernd gegeben ist.

Daraus läßt sich nur der Schluß ziehen, daß entweder die Kostenrelation zwischen Haushalten verschiedener Größe in Wahrheit längst nicht so ungünstig ist, wie sie den zitierten Zahlen zu entnehmen war, oder daß die Sparwilligkeit bei den Haushalten mit niedriger Personenzahl entsprechend abnimmt. Das zeigt aber, daß die Größe Sparfähigkeit in der hier benutzten objektivierten Form wenig Aussagekraft für die Bestimmung der wirklichen Spartätigkeit besitzt. Es scheint vielmehr, daß ein Minimum an liquiden Rücklagen ebenso zu den Grundbedürfnissen gehört, wie viele Konsumausgaben (Wohnung, Nahrung, Kleidung), so daß man zur Abdeckung dieses Bedürfnisses auch bei einer ungünstigen wirtschaftlichen Situation gewisse Konsumausgaben einschränkt. Das dürfte zumindest für die Personen gelten, die auf Grund ihrer individualpsychischen Veranlagung oder auf Grund sozialer Normen zur Gruppe der Sparwilligen gehören.

Diese Hypothese wollen wir noch einmal an Hand des Geldvermögens der Haushalte mit unterschiedlicher Personenzahl überprüfen (Tab. 9).

Auch hier zeigt sich eine Tendenz abnehmenden Geldvermögens bei wachsender Haushaltsgröße. Die hier auftretenden Unterschiede erweisen sich jedoch als stärker als beim laufenden Sparen, vor allem aber sind sie weit gewichtiger. Ein Haushalt, der monatlich 5 % anspart und gleichzeitig nichts entspart, braucht 20 Monate Sparzeit, um über Rücklagen in Höhe eines Monatsgehaltes zu verfügen; 100 % Unterschied im Geld-

---

[16] Bei einem Durchschnittseinkommen von DM 700,— und einer Konsumquote von 96 % betragen die Konsumausgaben DM 672,—. Unterstellt man, daß dies die notwendigen Ausgaben eines Vierpersonenhaushalts für den Konsum wären und sich die Kostenrelation gegenüber einem Einpersonenhaushalt wie 260 zu 100 verhalten, so dürften dann die Konsumausgaben des Einpersonenhaushalts nur DM 258,— (= 37 % des Einkommens von DM 700,—) ausmachen.

Tabelle 9

Geldvermögen und Haushaltsgröße

Alle Haushalte	Haushaltseinkommen[a]			
	unter DM 600,–	DM 600,– bis DM 799,–	DM 800,– bis DM 999,–	DM 1 000,– und mehr
Geldvermögen aller Haushaltsmitglieder in % des Haushaltseinkommens[b]				
Einpersonenhaushalte	220 (137)	360 (42)	x	x
Zweipersonenhaushalte	300 (57)	270 (82)	260 (61)	430 (45)
Dreipersonenhaushalte	70 (22)	220 (68)	160 (67)	340 (84)
Vierpersonenhaushalte	x	160 (39)	290 (43)	280 (89)
Fünf und mehr Personen im Haushalt	x	110 (23)	110 (31)	210 (108)

a) Addiertes monatliches Nettoeinkommen aller Haushaltsmitglieder.
b) Zahl der Haushalte ist in jeder Gruppe in Klammern ( ) beigefügt; x bedeutet, daß die Zahl der Haushalte in dieser Gruppe unter 20 liegt.

vermögen bedeuten unter diesen Bedingungen fast zwei Jahre Vorsprung in der Spartätigkeit. Zwar müßten die Unterschiede bei Zugrundelegung der zitierten Zahlen über die objektivierte Sparfähigkeit der verschiedenen Haushaltsgrößenklassen noch wesentlich krasser ausfallen; immerhin zeigt sich, daß die Angleichungstendenzen im Ansparen — besonders in den höheren Einkommensschichten — auch nicht überschätzt werden dürfen. Die Ansparätigkeit der großen Haushalte scheint stärker auf kurzfristige Sparziele konzentriert zu sein; bei ihnen dürfte das Entsparen häufiger vorkommen als in den kleinen Haushalten.

Insgesamt läßt sich das Fazit ziehen, daß die Sparfähigkeit zwar eine gewichtige Rolle spielt, daß aber doch die Sparwilligkeit — auch soweit sie aus dem Zwang der Umstände entsteht — das entscheidendere Kriterium für die eigentliche Spartätigkeit im Bereich der unteren und mittleren Einkommen zu sein scheint.

3. Erfahrungen und Erwartungen als Determinanten des Sparverhaltens

Die Sparwilligkeit wird im Lebenszyklus nicht nur durch Veränderungen der äußeren, materiellen Situation beeinflußt; darüber hinaus spielen Veränderungen der Erwartungsstruktur eine Rolle, da diese stark altersabhängig ist. Das gilt insbesondere für die Einkommenserwartungen, teilweise aber auch für andere Erwartungsgrößen (Geldwert- und Preis-

3. Der Einfluß von Erfahrungen und Erwartungen

erwartungen)[17], die hier aber nicht weiter behandelt werden sollen. Gerade der enge Zusammenhang zwischen Einkommenserwartungen und Alter wirft die Frage auf, wieweit es sich hierbei um zwei *unabhängige* Faktoren handelt, oder ob es nur verschiedene Bezeichnungen für ein und dieselbe Einflußgröße sind. Neben dieser Frage soll hier vor allem Art und Umfang der Beeinflussung der Spartätigkeit durch die Einkommenserwartungen und Einkommensentwicklung empirisch überprüft werden.

Bei den Erwartungen der Wirtschaftssubjekte haben wir es mit einem relativ jungen Untersuchungsobjekt der Volkswirtschaftslehre zu tun. Zwar wurden die Erwartungen der Wirtschaftssubjekte vereinzelt schon von Nationalökonomen des 19. Jahrhunderts als wirtschaftlich relevante Faktoren angesehen und als solche auch in die Wirtschaftstheorie einbezogen, so z. B. von Henry Thorton im Rahmen geldtheoretischer Überlegungen und von J. St. Mill in Form der Preiserwartungen als Ursachen des zyklischen Wirtschaftsablaufs; eine bedeutendere Rolle spielen die Erwartungen später in der Stockholmer Schule mit ihrer Unterscheidung von ex-ante und ex-post, geplanten (erwarteten) und verwirklichten Größen[18].

Der eigentliche Durchbruch zu Denkmodellen, bei denen die Erwartungen nicht nur in Teilbereichen berücksichtigt werden, sondern eine zentrale Stellung innerhalb des gesamten Systems einnehmen, findet aber erst bei Keynes statt, allerdings weit mehr für das Unternehmerverhalten als für das Konsumentenverhalten. Die beiden in seinem System die Investitionstätigkeit — und damit weitgehend den Konjunkturverlauf — bestimmenden Faktoren, die (antizipierte) „Grenzleistungsfähigkeit des Kapitals" und der Geldzins, sind entweder wie die erstgenannte, unmittelbare Erwartungsgröße oder sie zeigen sich doch zumindest wie der Geldzins und seine Determinante, die Liquiditätspräferenz, von Erwartungsgrößen (Transaktions-, Vorsichts- und Spekulationsmotiv) abhängig. Auch für das Konsumentenverhalten zählt Keynes als Einflußfaktoren eine Reihe von Erwartungsgrößen auf, denen er aber (wie den Einkommenserwartungen) Bedeutung nur für die individuellen Dispositionen beimißt, während sie für die Gesamtwirtschaft gegenseitig zum Ausgleich tendierten oder nur langfristigen Veränderungen unterlägen[19].

Diese Keynes'sche Deutung eines per-Saldo-Ausgleichs der positiven und der negativen Erwartungen entbindet uns jedoch keineswegs von der

---

[17] Vgl. Schmölders, G., Scherhorn, G. und Schmidtchen, G.: Umgang mit Geld, Köln 1966, unveröffentl. Ms.
[18] Seidenfus, H. St.: Zur Theorie der Erwartungen, in: Schmölders, G., Schröder, R. und Seidenfus, H. St.: John Maynard Keynes als „Psychologe", Berlin 1956, S. 102; Predetti, A.: The Consumer Expectations: A Critique of Some Recent Contributions and Particularities of a New Theoretical Scheme, in: Weltwirtschaftliches Archiv, 82. Bd. (1959 I), S. 68 f.
[19] Vgl. Kap. II.

Verpflichtung, diese Faktoren im Rahmen einer Mikroanalyse auf ihre Wirkungen hin zu untersuchen; inzwischen ist Keynes in diesem Punkte durch empirische Erhebungen sogar bereits mannigfach widerlegt worden[20]. Das Phänomen der „Ansteckung" beispielsweise gilt nicht nur für den Bereich der Börse oder des Produzenten, sondern genauso für den des Verbrauchsverhaltens. Erwartungen umfassen die Einschätzung zukünftiger unsicherer Ereignisse und Entwicklungen, bei denen das Wirtschaftssubjekt seine Unsicherheit vielfach dadurch zu überspielen hofft, daß es den (objektiv genauso unsicheren) Erwartungen anderer mehr Vertrauen entgegenbringt als der ersten eigenen Erwartung, und sich ihnen daher leicht anschließt. In dieser Kumulativwirkung der Erwartungen sieht W. A. Jöhr beispielsweise eine der wichtigsten Ursachen der konjunkturellen Schwankungen („sozialpsychologische Erklärung des Kernprozesses")[21]. Gleichförmigkeit und Ähnlichkeit neuer Entscheidungen der Wirtschaftssubjekte brauchen freilich nicht immer auf automatischen Reaktionen und Nachahmungen zu beruhen; sie können vielmehr auch das Ergebnis selbständiger Reaktionen vieler Individuen auf die gleiche Umweltänderung sein[22].

Da die Erwartungen nach G. Katona nicht angeborene oder instinktive Formen des Verhaltens sind, sondern das Ergebnis von Erfahrungen, gehören sie in den Bereich der Psychologie, insbesondere in den des Lernens und des Lernprozesses. Wie alles Lernen kann die Erfahrung durch zwei Prinzipien erklärt werden: durch Assoziationsbildung oder durch Einsicht (oder durch beides)[23]. Beruhen die Erwartungen auf Assoziationen, so bedeutet das, daß beim Eintreten eines bestimmten Ereignisses, das in der Vergangenheit stets als erstes Glied in einer Kette von Folgeerscheinungen aufgetreten war, die gleiche Abfolge der Geschehnisse auch für die Zukunft erwartet wird. Hat sich beispielsweise in der Vergangenheit auf eine gewerkschaftliche Forderung nach 12 % Lohnerhöhung regelmäßig eine Lohnaufbesserung von 6 % eingestellt, so werden diejenigen, die diese Abfolge beobachtet haben, geneigt sein, beim erneuten Auftreten einer Lohnforderung eine Einkommenserhöhung etwa um die Hälfte des Forderungsbetrages zu erwarten. Theoretisch könnten einzelne auch aus Einsicht, d. h. durch genaue Kenntnisse über die wirtschaftlichen Zusammenhänge, die jeweilige Machtposition der beiden Verhandlungspartner und dergleichen, zu demselben oder einem anderen Schluß kommen. Dieses zwar fiktive, aber nicht untypische Beispiel läßt allerdings

---

[20] Vgl. Katona, G.: Das Verhalten der Verbraucher und Unternehmer, Tübingen 1960, S. 167 f.
[21] Jöhr, W. A.: Die Konjunkturschwankungen, Tübingen - Zürich 1952, S. 604 ff.
[22] Katona, G.: Das Verhalten der Verbraucher und Unternehmer, a.a.O., S. 64.
[23] Ebenda, S. 62.

3. Der Einfluß von Erfahrungen und Erwartungen

vermuten, daß im Bereiche des Wirtschaftslebens, in dem es der Wissenschaft bisher kaum gelungen ist, treffsichere Prognosen zu stellen, eher mit Erwartungen auf der Grundlage von Assoziationen zu rechnen ist, als mit Erwartungen, die auf Einsicht gegründet sind.

Die Erwartungen, die auf Einsicht beruhen, gelten zwar als stärker und einflußreicher; aber auch die Erwartungen auf Grund von Assoziationen können relativ stabil und intensiv sein, wenn sie einer häufigen Wiederholung von Ereignissen entspringen und frühere Erwartungen in dieser Hinsicht immer wieder bestätigt wurden[24].

Bei einer Bevölkerung, die — wie in der Bundesrepublik — in den letzten 15 Jahren im allgemeinen nur Einkommenssteigerungen, aber keinen Einkommensrückgang erlebt hat, wäre demnach anzunehmen, daß im Laufe der Zeit bei einem immer größeren Teil der Bevölkerung positive Einkommenserwartungen vorherrschen und daß diese Erwartungen außerdem eine ziemlich starke Intensität aufweisen. Der empirische Befund sieht jedoch ganz anders aus: Die Bevölkerung erwartet überwiegend eine gleichbleibende wirtschaftliche Lage[25] oder Einkommensentwicklung[26]. Das Wort Einkommens*entwicklung* deutet aber bereits an, in welche Richtung der Befund zu interpretieren ist: Einkommenssteigerungen, die sich im Rahmen der allgemeinen Erhöhung des Einkommensniveaus im Verlaufe des wirtschaftlichen Wachstums bewegen, werden meist gar nicht mehr als Verbesserung der wirtschaftlichen Lage empfunden; die „wirtschaftliche Lage" scheint also eher als relative Position

---

[24] Vgl. ebenda, S. 63.
[25] Divo-Pressedienst, Juli (II) 1963.
Frage: „Und wie wird es in einem Jahr sein, glauben Sie, daß Ihre wirtschaftliche Lage dann besser, schlechter oder ungefähr genauso sein wird wie jetzt?"

Befragungs-zeitpunkt	Besser %	Ungefähr genauso %	Schlechter %	Keine Angabe %	Sa %
Juni 1961	19	63	10	8	100
Juni 1962	20	66	13	1	100
April 1963	19	65	15	1	100

[26] Emnid-Informationen, 1964, Nr. 43.
Frage: „Meinen Sie, daß Ihre Einkommensentwicklung in den nächsten 6 Monaten besser, etwa gleichbleibend oder schlechter sein wird als gegenwärtig?"

Befragungs-zeitpunkt	Besser %	Gleichbleibend %	Schlechter %	Keine klare Stellungnahme %	Sa %
Februar 1960	25	67	6	2	100
August 1962	14	69	11	6	100
September 1964	20	68	8	4	100

innerhalb der Einkommenspyramide aufgefaßt zu werden. Der Trend der allgemeinen Einkommensverbesserung etwa durch Tariferhöhungen mag infolge einer Art von Gewöhnung entweder gar nicht mehr registriert oder als bare Selbstverständlichkeit angesehen werden. Durch Befragung ermittelte positive oder negative Einkommenserwartungen dürften daher im allgemeinen, wenn nicht etwa der besondere Wortlaut der Frage dem entgegensteht, als Erwartungen über eine *relative* Veränderung der eigenen Einkommenslage innerhalb der Einkommenspyramide aufzufassen sein. Für diese Auslegung des empirischen Begriffs „Einkommenserwartungen" spricht fernerhin die Tatsache, daß es in erster Linie die jüngeren Altersgruppen sowie die Berufsgruppen der Angestellten und Beamten sind, die eine Verbesserung ihrer Einkommenssituation erwarten[27]; beide Merkmale deuten darauf hin, daß es sich weniger um Erwartungen allgemeiner tariflicher Einkommenserhöhungen handelt, die ja für alle Altersgruppen gleichmäßig und außerdem auch für die Arbeiter gelten würden, sondern um die Erwartung von Einkommenssteigerungen, die noch darüber hinaus gehen, also hauptsächlich in Berufen vorkommen, in denen im Laufe des Lebenszyklus die Einkünfte ansteigen oder in denen eine Karriere möglich ist.

Das gilt aber augenscheinlich nur für die Zukunftserwartungen. Bei einem Rückblick auf die Vergangenheit orientieren sich die meisten Befragten eher an der Veränderung der absoluten Größen als an ihrer relativen Position, zumal dann, wenn es sich um einen längeren Zeitraum handelt.

Die Einschätzung der eigenen wirtschaftlichen Lage in der Vergangenheit wurde in der Untersuchung „Umgang mit Geld" durch folgende Frage ermittelt:

„Wenn Sie einmal an die letzten fünf Jahre denken, also die Zeit seit 1954 — würden Sie sagen, es geht Ihnen heute im Vergleich zu damals wirtschaftlich wesentlich besser oder etwas besser, oder stehen Sie sich heute nicht besser als damals?"

Bei dieser Frage entschied sich die überwiegende Mehrzahl der Befragten für „besser" (76 %), davon 30 % für „wesentlich besser" und 46 % für „etwas besser"; nur 4 % sagten „schlechter" und 19 % „nicht besser als damals".

Bei der Frage nach den Einkommenserwartungen bestätigen sich auch in der Untersuchung „Umgang mit Geld" die Ergebnisse, die wir aus anderen deutschen Untersuchungen bereits kennen. Die Frage lautet:

„Und wenn Sie an die nächsten zwölf Monate denken: rechnen Sie damit, daß Ihr Einkommen steigen, gleichbleiben oder zurückgehen wird?"

---

[27] Emnid-Informationen, 1964, Nr. 43.

3. Der Einfluß von Erfahrungen und Erwartungen

Hier antwortete über die Hälfte der Befragten (54 %) „gleichbleiben"; weniger als ein Drittel (29 %) rechneten mit „Einkommenssteigerungen", während nur eine verschwindende Minderheit (4 %) einen Einkommensrückgang erwartete (keine Antwort: 13 %). Die Hypothese Katonas, daß Erwartungen die Folge eines Lernprozesses sind, wird also in unserer Untersuchung durch diese Form der Überprüfung für den Bereich der Einkommenserwartungen nicht bestätigt.

Wenn wir die Befragten nach den beiden Größen „Einkommensentwicklung in der Vergangenheit" und „Einkommenserwartungen für die Zukunft" in vier Gruppen einteilen, so ergibt sich folgender Anteil der Gruppen an der Gesamtheit der Einkommensbezieher[28]:

1. Steigendes Einkommen wird erwartet, und die wirtschaftliche Lage ist besser als vor fünf Jahren (31 % der Befragten).
2. Steigendes Einkommen wird erwartet, aber die wirtschaftliche Lage ist *nicht* besser als von fünf Jahren (4 % der Befragten).
3. Steigendes Einkommen wird *nicht* erwartet, wobei die wirtschaftliche Lage besser ist als vor fünf Jahren (47 % der Befragten).
4. Steigendes Einkommen wird *nicht* erwartet, wobei die wirtschaftliche Lage *nicht* besser ist als vor fünf Jahren (18 % der Befragten).

Danach rechnen fast genauso viel Personen mit einem Anhalten des Trends (Gruppe 1 und Gruppe 4 = 49 % der Befragten) wie mit einer Änderung der bisherigen Entwicklungstendenz (Gruppe 2 und Gruppe 3 = 51 % der Befragten).

Nach Katona hingegen besteht im allgemeinen eine positive Korrelation zwischen Einkommensentwicklung und Einkommenserwartung[29]. Wessen Einkommen gestiegen sei, der rechne mit weiteren Steigerungen; gesunkenes Einkommen gehe Hand in Hand mit negativen Einkommenserwartungen. Nur in bestimmten Fällen erwarten die Befragten keine Fortsetzung des bisherigen Einkommenstrends in der Zukunft, den sie auf befristete Ursachen zurückführen (Krankheit, ungewöhnliche einmalige Gewinne oder Verluste). Vor allem aber hänge das „Umschlagen" von Einkommenserwartungen (z. B. Erwartung von Einkommenssenkungen nach Einkommenssteigerungen) von der jeweiligen Beurteilung der wirtschaftlichen Gesamtentwicklung ab. Vielleicht liegt hierin eine der Ursachen für die Unterschiede, die in den Ergebnissen unserer Untersuchung und der von Katona bestehen; ein anderer Grund mag in den unterschiedlich langen Zeiträumen liegen, für die die Entwicklung der wirtschaftlichen Lage in der Vergangenheit erfragt wurde; in der von Katona be-

---
[28] Die nicht einstufbaren Fälle (10 % der Einkommensbezieher) sind ausgeschlossen.
[29] Katona, G.: Das Verhalten der Verbraucher und Unternehmer, a.a.O., S. 111 ff.

nutzten Erhebung war es ein Jahr, in unserer Umfrage hingegen waren es fünf Jahre.

Hansen und Wallberg[30] fanden auf Grund empirischer Untersuchungen in Schweden bei den Landwirten sogar einen Zusammenhang zwischen Einkommensentwicklung und Einkommenserwartungen, der den Ergebnissen Katonas diametral entgegengesetzt ist. Gestiegenes Einkommen in der Vergangenheit führte bei dieser Gruppe von Befragten zur Erwartung eines sinkenden Einkommens für die Zukunft und umgekehrt. Hansen und Wallberg begründen dies damit, daß die Landwirte mit einem für einen längeren Zeitraum relativ konstanten „Normaleinkommen" zu rechnen pflegten, so daß sie in einem „Einkommenstief" schon das nächste „Hoch" sicher erwarten, umgekehrt bei einem Einkommensanstieg schon den nächsten Einkommensabfall.

Der von Katona behauptete Zusammenhang zwischen Einkommensentwicklung und Einkommenserwartung bestätigt sich also in Europa bisher nicht; wenn somit auch über die Determinanten der Einkommenserwartung noch keine Einigkeit herrscht, so wird doch von keiner der genannten empirischen Untersuchungen bestritten, daß von den Erwartungen eine Beeinflussung des Sparverhaltens ausgeht, ebenso natürlich auch von der tatsächlichen Einkommensentwicklung.

Auch in unserer Untersuchung zeigen sich in den vier Gruppen, in die wir die Befragten eingeteilt haben, deutliche Unterschiede im Sparverhalten:

Tabelle 10

Spartätigkeit und Einkommenserwartung und -entwicklung

Nur Einkommensbezieher	Monatliches Ansparen	Monatliches Absparen	Geldvermögen	Zahl der Befragten
	des Befragten in % seines persönlichen Einkommens			
Steigendes Einkommen erwartet				
Wirtschaftliche Lage ist besser als vor fünf Jahren	4,3	3,9	170	491
Wirtschaftliche Lage ist nicht besser als vor fünf Jahren	2,2	3,6	150	66
Kein steigendes Einkommen erwartet				
Wirtschaftliche Lage ist besser als vor fünf Jahren	5,7	3,6	270	741
Wirtschaftliche Lage ist nicht besser als vor fünf Jahren	4,2	2,1	220	283

3. Der Einfluß von Erfahrungen und Erwartungen

Am wenigsten sparen diejenigen Personen an, deren wirtschaftliche Lage sich nicht gebessert hat, die aber mit Einkommenssteigerungen für die Zukunft rechnen. Das Geldvermögen dieser Gruppe liegt eindeutig unter dem Durchschnitt; lediglich in ihrer Abspartätigkeit nehmen sie einen mittleren Platz ein.

Am stärksten sparen hingegen diejenigen an, deren wirtschaftliche Lage sich gebessert hat, die aber kein Anhalten dieses Trends für die Zukunft erwarten. Auch mit ihren Rücklagen rangieren sie an der Spitze, während ihr Absparen sich auf einem durchschnittlichen Niveau bewegt.

Die beiden restlichen Gruppen unterscheiden sich in ihrer Anspartätigkeit kaum, dafür um so deutlicher in ihrer Abspartätigkeit und in der Höhe ihres Geldvermögens. Bei Erwartung steigenden Einkommens und bei einer effektiven Verbesserung der wirtschaftlichen Lage ist das Absparen relativ hoch und das Geldvermögen relativ niedrig. Im umgekehrten Falle, bei einer weniger positiven Entwicklung der wirtschaftlichen Situation in der Vergangenheit und bei ebenfalls weniger positiven Zukunftserwartungen, finden wir dementsprechend ein relativ hohes Geldvermögen und eine niedrige Absparquote.

Zusammenfassend läßt sich folgendes sagen: In der Erwartung steigenden Einkommens sind Geldvermögen und Ansparquote eindeutig niedriger als in Erwartung eines gleichbleibenden oder gar sinkenden Einkommens, während die Absparquote umgekehrt bei positiven Einkommenserwartungen höher ist als bei weniger positiven Einkommenserwartungen[31].

Dieser Befund läßt sich plausibel erklären. Die Erwartung eines höheren Einkommens und damit einer besseren persönlichen wirtschaftlichen Lage wird die Betreffenden vielfach geneigt machen, schon heute einen Teil ihres zukünftigen Wohlstands zu antizipieren, selbst auf Kosten ihrer bisherigen Rücklagen. Außerdem liegt für sie die Vermutung nahe, daß sich das unterbliebene Sparen später bei gestiegenem Einkommen leicht und mit weniger Entbehrungen nachholen lasse. Dies stellt sich jedoch oft als Selbsttäuschung heraus, da die Dynamik des Anspruchsniveaus vergessen wird, das oftmals schneller steigt als das Einkommen, so daß das Sparen in Zukunft nicht leichter sondern schwerer fällt. Die Erwartungen beeinflussen also die Bedürfnisstruktur der Wirtschaftssubjekte:

---

[30] Hansen, B. und Wallberg, U.: Sparen und Einkommensentwicklung, in: Skandinaviska Banken, 40. Jg. (1959), S. 126 ff.

[31] Dieser Befund wird dann besonders deutlich, wenn wir die ceteris-paribus-Bedingung einhalten, d. h. nur die Gruppen miteinander vergleichen, deren wirtschaftliche Entwicklung vergleichbar ist, wenn wir also die Gruppen I (positive Einkommenserwartung und positive Einkommensentwicklung) und III (keine positiven Einkommenserwartungen, aber positive Einkommensentwicklung) einander gegenüberstellen, und Gruppe II (positive Erwartungen, aber keine positive Entwicklung) mit Gruppe IV (keine positiven Erwartungen und keine positive Entwicklung) vergleichen.

Positive Einkommenserwartungen drängen das Bedürfnis nach Sicherheit und Vermögensbildung zugunsten der Konsumbedürfnisse zurück; negative Erwartungen wirken umgekehrt.

Hier stimmen unsere Ergebnisse mit denen Katonas[32] sowie mit denen von Hansen und Wallberg[33] überein; auch bei ihnen zeigt sich in Erwartung eines steigenden Einkommens eine geringere Spartätigkeit als in Erwartung eines gleichbleibenden oder gar sinkenden Einkommens.

Faßt man mehr die Entwicklung der wirtschaftlichen Lage in der Vergangenheit ins Auge, so weisen alle drei von uns benutzten Indizien für das Sparverhalten (Ansparen, Absparen, Geldvermögen) bei einer Isolierung des Faktors „Erwartungen" auf eine stärkere Spartätigkeit derjenigen hin, deren wirtschaftliche Lage sich verbessert hat. Die Erklärung dafür liegt auf der Hand: Die Verbesserung der wirtschaftlichen Lage in der Vergangenheit hat eine verstärkte Rücklagenbildung ermöglicht; gleichzeitig scheint bei den Personen ohne positive Einkommensentwicklung ein gewisser Nachholbedarf an Gütern und Dienstleistungen des laufenden Konsums zu bestehen, der als vorrangig empfunden wird, also vor der Auffüllung der finanziellen Rücklagen abgedeckt wird.

Katona[34], der in seinen Untersuchungen ganz ähnliche Zusammenhänge zwischen der wirtschaftlichen Entwicklung und dem Sparverhalten ermittelte, weist besonders auf die Tendenz zur Beibehaltung habitueller Verbrauchsnormen hin, die den Konsum bei gestiegenem Einkommen zunächst nur unterproportional ansteigen, bei gefallenem Einkommen jedoch ebenfalls nur unterproportional absinken ließen, was sich entsprechend auf das Sparen auswirke, ein Gedanke, den bereits Duesenberry und Modigliani in den Mittelpunkt ihrer Theorien stellten[35]. Auch in der schwedischen Erhebung von Hansen und Wallberg zeigen sich die gleichen Ergebnisse, die hier im Sinne des „permanenten Einkommens" (Modigliani, Friedman) interpretiert werden, das im Gegenwert einer „Normalernte" eingeplant werde; alle Abweichungen davon würden durch ein entsprechendes Sparen oder Entsparen ausgeglichen.

Diese Wirkungen von Einkommenserwartungen und Einkommensentwicklung auf das Sparverhalten bleiben auch dann deutlich sichtbar, wenn wir die Faktoren Einkommen und Beruf[36] isolieren. Auch die Faktoren Wohnortgröße oder Geschlecht spielen hier keine Rolle, da sie nach

---
[32] Katona, G.: Das Verhalten der Verbraucher und Unternehmer, a.a.O., S. 186 ff.
[33] Hansen, B. und Wallberg, U., a.a.O., S. 129.
[34] Katona, G.: Das Verhalten der Verbraucher und Unternehmer, a.a.O., S. 189.
[35] Vgl. Kap. III.
[36] Das gilt nur, wenn mit dem Beruf auch gleichzeitig das Alter isoliert wird, da in einzelnen Berufsgruppen bestimmte Altersgruppen überproportional vertreten sind.

3. Der Einfluß von Erfahrungen und Erwartungen

unseren Auszählungen weder mit den Erwartungen noch mit der Einkommensentwicklung korrelieren[37].

Stark abhängig zeigen sich aber Einkommensentwicklung und -erwartung vom Alter[38].

Tabelle 11

Alter, Einkommenserwartung und Entwicklung der wirtschaftlichen Lage

Nur Einkommensbezieher	Alter des Befragten				Zusammen	Basis
	Jahre 16 - 29 %	Jahre 30 - 44 %	Jahre 45 - 59 %	u. älter 60 Jahre %	%	
Steigendes Einkommen erwartet						
Wirtschaftliche Lage ist besser als vor fünf Jahren	62	19	14	5	100	481
Wirtschaftliche Lage ist nicht besser als vor fünf Jahren	34	26	30	10	100	67
Kein steigendes Einkommen erwartet						
Wirtschaftliche Lage ist besser als vor fünf Jahren	24	27	31	18	100	739
Wirtschaftliche Lage ist nicht besser als vor fünf Jahren ..	14	21	29	36	100	282

Je jünger die Befragten sind, desto mehr rechnen sie mit einem kurzfristig steigenden Einkommen, sowohl aus objektiven Gründen, weil bei ihnen die Einkommensentwicklung im Lebenszyklus ihren Höhepunkt noch nicht erreicht hat und Einkommensverbesserungen im Zuge des beruflichen Aufstieges bevorstehen mögen, aber auch aus einer höchst subjektiven Einschätzung der äußeren Situation, bei der Jüngere immer leichter zum Optimismus neigen als Ältere.

Diese Altersabhängigkeit gilt nicht nur für die Erwartungen. Auch bei einem Vergleich der wirtschaftlichen Lage zum Befragungszeitpunkt mit der Situation vor fünf Jahren geben die Jüngeren in einem weit stärkeren Maße als die Älteren an, es gehe ihnen heute besser. Auch das hängt teilweise mit einer optimistischen Grundhaltung zusammen, zum anderen aber auch mit der Einkommensentwicklung im Lebenszyklus. Die Jüngeren haben zu einem großen Teil nicht nur vom allgemeinen Einkommensanstieg profitiert; vielmehr hat sich ihr Einkommen häufig darüber hinaus im Zuge ihrer beruflichen Karriere verbessert. Die Älte-

---

[37] Auf den Einzelnachweis in Form von Tabellen soll hier verzichtet werden.
[38] Desgleichen vom Familienstand (ledig, verheiratet, verwitwet, geschieden); dahinter verbirgt sich jedoch abermals das Alter.

ren hatten hingegen ihren Einkommenshöhepunkt im Lebenszyklus teilweise schon zu einem Zeitpunkt erreicht, der vor dem Vergleichszeitraum von fünf Jahren lag, oder erfuhren während dieser Periode, beispielsweise durch Eintritt in den Ruhestand, sogar eine empfindliche Einkommensminderung.

Diese starke Korrelation zwischen dem Lebensalter einerseits und der Einkommenserwartung und -entwicklung andererseits könnte die Vermutung nahelegen, daß es sich bei dem oben registrierten Zusammenhang zwischen Sparverhalten und Erwartungen in Wahrheit um die gleichen Erscheinungen handelt, die wir bereits bei den Untersuchungen über den Lebenszyklus festgestellt haben, oder daß die Veränderungen des Sparverhaltens im Lebenszyklus mehr oder weniger ausschließlich auf Veränderungen der Erwartungsstruktur beruhen.

Doch auch wenn wir den Faktor Alter isolieren, d. h. das Sparverhalten von Personen derselben Altersstufe, aber mit unterschiedlicher Einkommensentwicklung und -erwartung, vergleichen, zeigt sich eine Korrelation von Sparen und Erwartungen.

Tabelle 12

Ansparen, Alter und Erwartungsstruktur

Nur Einkommens-bezieher	Alter des Befragten			
	16 - 29 Jahre	30 - 44 Jahre	45 - 59 Jahre	60 Jahre und älter
	Ansparen in % des persönlichen Einkommens[a]			
Steigendes Einkommen erwartet				
Wirtschaftliche Lage ist besser als vor fünf Jahren	4,3 (300)	4,3 (93)	4,4 (65)	3,5 (23)
Wirtschaftliche Lage ist nicht besser als vor fünf Jahren	2,6 (23)	1,7 (17)	2,8 (20)	0,2 (7)
Kein steigendes Einkommen erwartet				
Wirtschaftliche Lage ist besser als vor fünf Jahren	6,4 (174)	8,2 (202)	4,0 (229)	4,0 (134)
Wirtschaftliche Lage ist nicht besser als vor fünf Jahren	4,5 (39)	4,5 (60)	3,7 (82)	4,2 (101)

[a] Zahl der Befragten in jeder Gruppe ist in Klammern ( ) beigefügt.

Bei positiven Erwartungen wird im allgemeinen weniger angespart als bei nicht positiven Erwartungen (Ausnahme: Bei den 45- bis 59jährigen, die eine positive Einkommensentwicklung erfahren haben, sparen die Befragten mit positiven Einkommenserwartungen etwas stärker als die Befragten ohne positive Einkommenserwartungen).

3. Der Einfluß von Erfahrungen und Erwartungen

Der Einfluß der Entwicklung der wirtschaftlichen Lage in der Vergangenheit wird fast noch deutlicher sichtbar: Wiederum mit einer einzigen Ausnahme (Gruppe der über 60jährigen, die keinen Anstieg ihres Einkommens mehr erwarten) liegt die Ansparquote bei günstiger Gestaltung der wirtschaftlichen Lage höher als bei nicht so gutem Verlauf der Einkommensentwicklung.

Auch beim Geldvermögen kommen durch eine Isolierung des Faktors „Alter" die ermittelten Korrelationen zwischen Einkommenserwartung und Geldvermögen sowie zwischen der Entwicklung der wirtschaftlichen Lage und dem Geldvermögen nicht zum Verschwinden:

Tabelle 13

Alter, Erwartungsstruktur und Geldvermögen

Nur Einkommens-bezieher	Alter des Befragten			
	16 - 29 Jahre	30 - 44 Jahre	45 - 59 Jahre	60 Jahre und älter
	Geldvermögen in % des persönlichen Einkommens a)			
Steigendes Einkommen erwartet				
Wirtschaftliche Lage ist besser als vor fünf Jahren	120 (300)	240 (93)	280 (65)	220 (23)
Wirtschaftliche Lage ist nicht besser als vor fünf Jahren	80 (23)	70 (17)	210 (20)	350 (7)
Kein steigendes Einkommen erwartet				
Wirtschaftliche Lage ist besser als vor fünf Jahren	180 (174)	240 (202)	300 (229)	350 (134)
Wirtschaftliche Lage ist nicht besser als vor fünf Jahren	140 (39)	210 (60)	260 (82)	210 (101)

a) Zahl der Befragten in jeder Gruppe ist in Klammern ( ) beigefügt.

Es zeigt sich vielmehr, daß die finanziellen Rücklagen bei einer günstigen Entwicklung der wirtschaftlichen Lage in der Vergangenheit deutlich größer sind als bei einer gleichbleibenden oder negativen Entwicklung. (Die einzige Ausnahme — die über 60jährigen, die ein steigendes Einkommen erwarten — braucht wegen der zu kleinen statistischen Basis nicht weiter kommentiert zu werden.)

Vergleicht man wiederum die Gruppen, die eine gleiche Entwicklung, aber ungleiche Erwartungen aufweisen, so bestätigt sich abermals unser früheres Ergebnis, wonach die Rücklagen bei positiven Erwartungen geringer sind als bei nicht positiven Erwartungen.

Die Einkommenserwartungen und die Entwicklung der persönlichen wirtschaftlichen Lage in der Vergangenheit schälen sich demnach als zwei durchaus unabhängige Faktoren heraus, die auch bei Isolierung des Faktors Alter das Sparverhalten des Befragten deutlich beeinflussen. Gilt das aber auch für den umgekehrten Fall, oder spiegelt der Lebenszyklus mit seinen Veränderungen im Sparverhalten nur die Wandlungen der Erwartungs- und Erfahrungsstruktur wider?

Hier müssen wir modifizieren: Beim Ansparen werden die Schwankungen im Alterszyklus bei Isolierung der Erfahrungs- und Erwartungsstruktur etwas geringer, ohne daß jedoch die Tendenz ganz aufgehoben wird. Beim Geldvermögen jedoch dominiert unbestreitbar der Faktor Alter. Wenn wir den Einfluß von Alter und Einkommensentwicklung und -erwartung gegeneinander abwägen wollen, so läßt sich pointiert sagen: Die Erfahrungs- und Erwartungsstruktur beeinflußt das laufende Sparen stärker als der davon losgelöste Faktor Alter allein; die Höhe des Geldvermögens wiederum hängt enger mit dem Alter und der Zahl der Jahre, in denen man Rücklagen bilden konnte, zusammen als mit den Erfahrungen und Erwartungen.

Sechstes Kapitel

Das Sparen unter dem Einfluß sozialer Normen

1. Der Beruf als Determinante des Sparverhaltens

Die Abstufung, die jedes Wirtschaftssubjekt innerhalb der vier miteinander konkurrierenden Grundbedürfnisse nach Konsum, Vermögen, Sicherheit und Freizeit vornehmen muß, wird nicht nur von wirtschaftlichen Faktoren (Einkommen und Haushaltsgröße) beeinflußt; darüber hinaus spielen soziale Normen eine entscheidende Rolle. Von ihnen hängt es weitgehend ab, über welches Minimum an laufendem Konsum, an Konsumvermögen, an Geldvermögen, an sozialen Sicherungen und an Freizeit das Wirtschaftssubjekt verfügen muß, um innerhalb seiner Bezugsgruppe ein gewisses Maß von Statussicherheit zu gewinnen. Die Einwirkung dieser Normen auf das Verhalten des Verbrauchers ist um so intensiver, je näher ihm die Normen setzende Gruppe steht, je mehr sie seine alleinige Bezugsgruppe bildet. Derartige Bezugsgruppen können u. a. die Nation, die Landsmannschaft, die Gemeinde, die Nachbarschaft, die Berufskollegen, die Bildungsschicht und schließlich der Freundes- und Bekanntenkreis sein.

Das unserer Arbeit zugrunde liegende Material erlaubt allerdings nicht, den unmittelbaren Einfluß einer solchen Bezugsgruppe auf das Sparverhalten zu untersuchen, da bei einer Repräsentativerhebung Personen befragt werden, die normalerweise keinerlei Kontakt zueinander haben. Wir können uns lediglich an Bezugsgruppen halten, die dem einzelnen schon relativ fern stehen, wie der Beruf, die Bildungsschicht oder die sogenannte „soziale Schicht" (nach Interviewereinstufung).

Davon wird der Beruf in der volkswirtschaftlichen Literatur ziemlich häufig als eine der Determinanten des Sparverhaltens genannt; so beispielsweise von J. St. Mill, wenn er hervorhebt, daß gewerbstätige Klassen mehr sparen als andere[1], oder von Manteuffel, wenn er darüber klagt, daß wenig Sparsamkeit zu finden wäre, wo sie am nötigsten sei, weil die „Chancen wechseln", nämlich bei den Kriegs- und Seeleuten, bei den Goldsuchern, Spielern und Spekulanten[2]. Gelegentliche Bemerkungen

---

[1] Mill, J. St.: Grundsätze der politischen Ökonomie mit einigen ihrer Anwendungen auf die Sozialphilosophie, Bd. 1, abgedruckt in: Sammlung sozialwissenschaftlicher Meister, 17. Bd., 2. Aufl., Jena 1924, S. 262.

dieser Art finden sich zwar schon bei fast allen älteren Autoren, die sich mit dem Sparen beschäftigen; genauer untersucht wird der Zusammenhang zwischen Beruf und Sparen aber erst, seitdem der Einfluß des Berufs auf das Sparverhalten in konkreten empirischen Erhebungen deutlicher sichtbar wurde. Insbesondere wird auf die höhere Sparquote von Landwirten und selbständigen Gewerbetreibenden gegenüber den Arbeitnehmern hingewiesen[3], die mit den vielfältigen Sparanreizen erklärt werden, die sich aus der Möglichkeit der produktiven Verwendung der Mittel im eigenen Betrieb ergäben[4]; bei den Landwirten käme das weniger aufwendige Leben auf dem Lande hinzu[5]. Katona zählt auf Grund seiner Untersuchungen in den USA auch „Manager" und freiberuflich Tätige zu den besonders sparfreudigen Gruppen[6], wohingegen Lydall in England für die Berufsgruppe der „Manager" eine relativ geringe Spartätigkeit feststellt[7].

Aber nicht nur zwischen den beruflich Selbständigen (einschließlich der diesen verwandten Berufe) und den Arbeitnehmern bestehen Unterschiede im Sparverhalten; auch die einzelnen Gruppen der Unselbständigen differieren in ihrer Sparintensität. H. F. Lydall stellt für England folgende Rangordnung der Berufe nach ihrem Geldvermögen auf: An erster Stelle stehen die Büroangestellten und Verkäufer; es folgen die gelernten Arbeiter, dann die ungelernten und schließlich die Rentner und die Arbeitslosen. Sogar innerhalb der Arbeiter beobachtet Lydall gewisse Abstufungen: Arbeiter in der Metall- und Maschinenbauindustrie

---

[2] Manteuffel-Szöge, C. v., a.a.O., S. 47.

[3] Friend, I.: Individuals' Saving. Volume and Composition, New York - London 1954, S. 128 f.; Johnson, D. G.: Some Effects of Region, Comunity Size, Color, and Occupation on Family and Individual Income, in: National Bureau of Economic Research (Hrsg.): Studies in Income and Wealth, Vol. 15, New York 1952, S. 59 ff.; Morgan, J. N.: Factors Related to Consumer Saving when it is Defined as a Net-Worth Concept, in: Klein, L. R., Katona, G., Lansing, J. B., Morgan, J. N., a.a.O., S. 104.

[4] Klein, L. R.: Savings Concepts and Data. The Needs of Economic Analysis and Policy, in: Heller, W. W., Body, F. M., Nelson, F. L. (Hrsg.): Savings in the Modern Economy. A Symposium, Minneapolis 1953.

[5] Smelker, M. W.: Problems of Estimating Spending and Saving in Long-Range Projections, in: National Bureau of Economic Research (Hrsg.): Studies in Income and Wealth, Vol. 16 (1954), S. 351.

[6] Katona, G.: Analysis of Dissaving, in: American Economic Review, Vol. 39 (1949), S. 677.

[7] Lydall, H. F.: British Incomes and Savings, Oxford 1955, S. 82 ff.; hier ist allerdings möglich, daß Lydall einen Teil des Sparens der Manager nicht erfaßt hat. Denn auch Klein-Straw-Vandome kamen zunächst zu demselben Ergebnis wie Lydall, fanden dann aber heraus, daß die Manager vielfach einen Teil ihrer Tantiemen als Beteiligung in den Unternehmungen stehen ließen, zweifelsohne ein Sparvorgang, der aber als persönliches Kontensparen oder dergl. statistisch nicht erfaßbar ist. (Vgl. Klein, L. R., Straw, K. H. und Vandome, P.: Savings and Finances in the Upper Income Classes, in: Bulletin of the Oxford University Institute of Statistics, Vol. 18 [1956], S. 307.)

1. Der Beruf als Determinante des Sparverhaltens

haben in stärkerem Umfange Vermögen gebildet als etwa die Landarbeiter, Bergarbeiter oder Bauarbeiter[8].

Auch in deutschen Sparuntersuchungen zeigt sich das Sparverhalten vom Beruf abhängig: Nach einer Untersuchung des „Instituts für Selbsthilfe" aus dem Jahre 1957[9] sind die sparfreudigsten[10] Berufsgruppen die Beamten, die freiberuflich Tätigen und die Landwirte; es folgen die Angestellten, dann die Gewerbetreibenden, schließlich die Arbeiter und an letzter Stelle die Rentner und Pensionäre. Nach der Höhe des Kontenstandes ergibt sich eine etwas geänderte Reihenfolge: Freie Berufe, Gewerbetreibende, Handwerker, Beamte, Angestellte, Landwirte, Arbeiter, Rentner und Pensionäre[11]. Auch andere Erhebungen[12] zeigen, daß die berufsspezifischen Unterschiede im Sparverhalten noch nicht verschwunden sind, wenngleich durch eine Aufgliederung des Tatbestandes „Sparen" in ein „freies" und in „vertragliches" Sparen die Ergebnisse deutlich modifiziert werden; beim „freien Sparen" (zu Hause im Sparstrumpf, bei einer Bank, Sparkasse oder dergleichen) dominieren die Beamten und Angestellten (47 % bzw. 44 % Sparer) gegenüber allen anderen Berufen (zwischen 33 % und 35 % Sparer); beim „vertraglichen" Sparen hingegen (Sparvertrag, Lebensversicherung, Bausparkasse, freiwillige Beiträge zur Angestelltenversicherung oder dergleichen) liegen die Selbständigen und freiberuflich Tätigen (51 % Sparer) deutlich an der Spitze vor den Beamten und Angestellten (42 % bzw. 41 % Sparer), den Landwirten und Arbeitern (30 % bzw. 29 % Sparer) sowie den Rentnern (17 % Sparer).

Auch die Bundesbank ermittelt für den Durchschnitt der Jahre 1960 bis 1967 eine unterschiedliche Sparintensität der Berufsgruppen: Selbständige sparen 17,2 %, Arbeitnehmer 9,7 % und Rentner 4,8 % des verfügbaren Einkommens[13].

Im großen und ganzen läßt sich eine Übereinstimmung mit den ausländischen Untersuchungen erkennen, wobei jedoch auffällt, daß die Landwirte hier nicht wie in den USA zu den sparfreudigsten Gruppen zu gehören scheinen, sondern im unteren Drittel der Skala plaziert sind.

Wenn sich in den erwähnten Erhebungen Unterschiede in der Sparintensität der einzelnen Berufsgruppen gezeigt haben, so ist damit noch nichts über deren Ursachen gesagt. Da bestimmte mit dem Sparverhalten

---

[8] Lydall, H. F.: British Incomes and Savings, a.a.O., S. 84.
[9] Blume, O.: Sparmotive und Spartätigkeit sozialer Gruppen, in: Sparkasse, 76. Jg. (1959), S. 141.
[10] Fragewortlaut: Vorfrage: „Was halten Sie überhaupt vom Sparen..." Frage: „Sparen Sie nun tatsächlich auch?"
[11] Institut für Selbsthilfe: Tätigkeitsbericht 1957/58, Köln, als Manuskript vervielfältigt, S. XXXI a.
[12] Emnid-Informationen, 1965, Nr. 4.
[13] Die Ersparnisbildung in Haushalten von Arbeitnehmern, Selbständigen und Rentnern, in: Monatsberichte der Deutschen Bundesbank, 20. Jg., Nr. 7 (Juli 1968), S. 5.

korrelierende Merkmale, wie zum Beispiel das Einkommen oder das Alter bzw. der Lebenszyklus, nicht gleichmäßig über alle Berufsgruppen gestreut sind[14], schließt sich die Frage an, ob es eigentlich wirklich „berufsspezifische" Unterschiede sind, die hier erkennbar werden, oder ob nicht in Wahrheit eine abweichende Altersstruktur oder Einkommenshöhe dahinter stehen. Eizenga[15] kam nach einer rechnerisch durchgeführten Gleichsetzung der Alters- und Einkommensstruktur der einzelnen Berufsgruppen zu verblüffenden Ergebnissen: Die Selbständigen, die in der von ihm benutzten Untersuchung[16] mit ihren Ersparnissen ursprünglich an der Spitze lagen, fielen nach der Eliminierung der Einkommens- und Alterseinflüsse auf den letzten Platz zurück, die angelernten Arbeiter rückten in der Skala vom fünften auf den zweiten Rang vor und auch die übrigen Berufsgruppen änderten fast alle ihre Reihenfolge untereinander.

Auch in unserer Untersuchung sieht es zunächst gar nicht nach einem spezifischen Einfluß des Faktors „Beruf" aus; es zeigen sich sogar auffällige Parallelen zwischen der durchschnittlichen Einkommenshöhe und der ermittelten Ansparquote in den einzelnen Berufsgruppen[17].

Tabelle 14

Beruf und Spartätigkeit

	Regelmäßiges Ansparen pro Monat in DM	Ansparen in % des persönlichen Einkommens	Persönliches Nettoeinkommen in DM
Nur Einkommensbezieher:			
Selbständige Gewerbetreibende und freie Berufe	31,—	6,5	634,—
Angestellte und Beamte	32,—	6,9	445,—
Landwirte	10,—	4,3	406,—
Arbeiter und Landarbeiter	14,—	3,2	341,—

Zwar zeigen sich erhebliche Unterschiede in den Sparbeträgen; doch werden diese Unterschiede geringer, wenn man die durchschnittliche

---

[14] So sind die Gewerbetreibenden, die Landwirte und die Beamten älter als der Durchschnitt der befragten Einkommensbezieher, die Arbeiter und Angestellten hingegen jünger; die Reihenfolge nach der Höhe des Einkommens lautet: Gewerbetreibende, Beamte und Angestellte, Landwirte, Arbeiter (vgl. Tab. 14).
[15] Eizenga, W.: Demographic Factors and Savings, in: Contributions to Economic Analysis, Bd. 12 (hrsg. v. Strotz, R. u. a.), Amsterdam 1961, S. 81 ff.
[16] Study of Consumer Expenditures, Incomes and Savings, Statistics, Tables Urban U.S. — 1950, tabulated by the Bureau of Labor Statistics, U.S. Department of Labor, for the Wharton School of Finance and Commerce, University of Pennsylvania. Volume XVIII, Summary of Family Incomes, Expenditures and Savings, all urban areas combined, University of Pennsylvania, 1957.
[17] Der hier weniger bedeutsame Faktor „Alter" sei vorläufig ausgeklammert.

1. Der Beruf als Determinante des Sparverhaltens

Sparquote, d. h. das Verhältnis von Sparsumme zum Einkommen nimmt. Berücksichigt man ferner die Tatsache, daß im allgemeinen in einer Querschnittsanalyse mit steigendem Einkommen auch die Sparquote[18] zunimmt, so findet man hier scheinbar ein Abbild der Keynes'schen Version der Sparfunktion des Einkommens vor; lediglich die Selbständigen fallen etwas aus der skizzierten Tendenz heraus, was aber möglicherweise mit der ungenauen Erfassung ihrer Einkünfte und ihrer Ersparnisse zusammenhängt.

Aber auch nach einer Isolierung des Faktors „Einkommen" bleibt ein Einfluß des Berufs erhalten; bei gleichem Einkommen liegt die Ansparquote der Selbständigen, Beamten und Angestellten merklich über der der Arbeiter und Landwirte (Tab. 15).

---

[18] Die Sparquote wurde für jede einzelne Einkommenseinheit (hier Person) als Relation des Einkommens zu den regelmäßigen Sparbeträgen ermittelt; die durchschnittliche Sparquote einer Gruppe errechnet sich infolgedessen aus den einzelnen Sparquoten ihrer Mitglieder. Das ergibt bei einem nicht proportionalen Zusammenhang zwischen Einkommen und Sparen ein anderes Resultat, als wenn man erst alle Ersparnisse (in DM) addiert und alle Einkommen zusammenzählt und die Gesamtersparnisse als Prozentsatz des Gesamteinkommens ausdrückt. Die von uns verwandte erstgenannte Methode mißt die Sparintensität einer Gruppe ungewichtet, d. h. der Angehörige einer niedrigen Einkommensklasse, der absolut wenig, aber relativ viel spart, beeinflußt den Gruppendurchschnitt genau so stark, wie der Bezieher eines hohen Einkommens, der vielleicht absolut viel, aber relativ wenig spart. Die zweite Methode wichtet hingegen die Größen: Der Einfluß einer Einkommenseinheit mit hohem Einkommen und absolut großer Sparsumme beeinflußt den Durchschnitt stärker als mehrere Einkommenseinheiten mit geringen Einkommen. Daher ist die erste Methode angebracht, wenn es um die Erforschung der Determinanten und Motivationen des Sparverhaltens geht, die zweite zum Aufrechnen auf makroökonomische Gesamtgrößen. Das folgende Beispiel mag zur Verdeutlichung des Gesagten dienen:

	I	II	III	IV	V	VI
	Zahl der Einkommenseinheiten	Einkommen je Einheit	Sparen je Einheit	Gesamteinkommen	Gesamtsparsumme (I x III)	Addierte Sparquoten ([III in % von II] x I)
		DM	DM	DM	DM	
Einkommensklasse A	10	100,—	5,—	1 000,—	50,—	50
Einkommensklasse B	5	1 000,—	100,—	5 000,—	500,—	50
Zusammen	15			6 000,—	550,—	100

Die durchschnittliche Sparquote (Sa VI dividiert durch Sa I) = 6,7 %.
Die Gesamtersparnisse (Sa V) in % des Gesamteinkommens (Sa IV) = 9,2 %.
Bei der ersten Berechnungsmethode schlagen die in der Mehrzahl befindlichen Einkommenseinheiten von 100 DM durch, die 5 % davon sparen; bei der zweiten Methode die Minderheit der Einkommenseinheiten von 1 000 DM, die 10 % ihres Einkommens sparen.

Tabelle 15

Einkommen, Beruf und Spartätigkeit

Nur Einkommens-bezieher	Monatliches Nettoeinkommen des Befragten			
	unter DM 300,—	DM 300,— b. DM 495,—	DM 500,— u. mehr	Alle Einkommensgruppen
	Ansparquote in % des persönlichen Einkommens			
Selbständige Gewerbetreibende und freie Berufe ..	5,0	6,3	7,1	6,5
Angestellte und Beamte	5,3	5,5	9,9	6,9
Landwirte	6,1	2,3	3,9	4,3
Arbeiter und Landarbeiter	3,4	3,2	2,5	3,2
	Absparquote in % des persönlichen Einkommens			
Selbständige Gewerbetreibende und freie Berufe ..	1,0	3,1	1,4	1,7
Angestellte und Beamte	3,8	3,5	2,7	3,3
Arbeiter und Landarbeiter	3,6	4,5	3,5	3,9
Landwirte	0	3,1	1,0	1,3

Anders verhält es sich mit dem Absparen. In der Höhe der durchschnittlichen Absparquote unterscheiden sich die einzelnen Berufe längst nicht so stark wie in der Ansparquote. Außerdem hat sich die Rangfolge verschoben: Mit ihrer Absparquote an der Spitze liegen die Arbeiter und Landarbeiter, dicht gefolgt von den Angestellten und Beamten; danach kommen mit deutlichem Abstand die Selbständigen und an letzter Stelle schließlich die Landwirte. Auch hierbei handelt es sich um berufsspezifische Abweichungen vom Durchschnitt, die nicht allein auf das Einkommen zurückgeführt werden können, etwa in dem Sinne, daß das Absparen eine typische Sparform der unteren Einkommensschichten sei, so daß die Absparquote einer Berufsgruppe bei höherem Durchschnittseinkommen dieser Gruppe automatisch niedriger sei. Dagegen spricht zweierlei: Einmal ist das Absparen eine Verhaltensweise, die nicht für die alleruntersten Einkommensschichten typisch ist, sondern eher für eine mittlere Einkommensschicht; zum anderen zeigen sich berufsspezifische Unterschiede auch dann, wenn das Einkommen isoliert wird, also bei gleichem Einkommen (Tabelle 15). Der Ratenkauf, diese Form des Konsumkredits verbirgt sich ja in erster Linie hinter dem Begriff „Absparen", ist eben eine Erscheinung, die für Arbeiter- und auch Angestelltenhaushalte charakteristischer ist als für die Haushalte von Selbständigen oder gar Landwirten. Dadurch wird aber die Reihenfolge der Berufe in der „Gesamtsparquote" (An- und Absparquote zusammen) kaum verändert. An der Spitze liegen die Selbständigen, fast Kopf an Kopf die Beamten und Angestellten, dann folgen die Arbeiter und Landarbeiter und an letzter Stelle rangieren die Landwirte.

1. Der Beruf als Determinante des Sparverhaltens

Die niedrige Sparquote der Landwirte mag überraschen, weil sie dem traditionellen Bild vom sparsamen oder gar geizigen Bauern widerspricht. Es muß allerdings berücksichtigt werden, daß hier nur das *regelmäßige,* institutionalisierte Sparen erfaßt wurde. Gerade beim Landwirt aber ist der Zufluß an Geldeinkommen starken saisonalen Schwankungen unterworfen; wahrscheinlich wird bei den Landwirten besonders von den unregelmäßigen Einkünften (Ernteerlöse!) ein größerer Teil gespart. Darauf deuten jedenfalls die bei dieser Berufsgruppe weit über dem Durchschnitt liegenden Geldbeträge hin, die auf Spar- oder Girokonten angesammelt sind. Die Landwirte rangieren hier hinter den Selbständigen an zweiter Stelle vor den Beamten und Angestellten, die ihrerseits in ihrem durchschnittlichen Kontenstand einen deutlichen Abstand zu den Arbeitern und Landarbeitern zeigen (Tabelle A 10). Die Kapitalakkumulation bei den beruflich Selbständigen (einschließlich der Landwirte) überragt die der Arbeitnehmer stark, stärker jedenfalls als man auf Grund der Einkommenssituation (vgl. Tabelle 14) vielleicht vermuten würde. Dahinter steht freilich auch die Notwendigkeit, in größerem Ausmaße Rücklagen zu bilden, denn das Einkommen fließt unregelmäßiger; vielleicht gilt es sogar, einmal eine Verlustperiode zu überbrücken. Auch die Krankheit- und Altersvorsorge bleibt im großen und ganzen der eigenen Initiative der Selbständigen überlassen, während den Arbeitnehmern die Risiken der Arbeitslosigkeit, der Krankheit und der Altersversorgung vom modernen Wohlfahrtsstaat abgenommen worden sind.

Das gewonnene Bild über die berufsspezifischen Unterschiede im Sparverhalten kann allerdings kaum einen Anspruch auf Vollständigkeit erheben. Das Sparen der Arbeitnehmer, soweit es sich in Zwangsbeiträgen zur Sozialversicherung niederschlägt, ist ebensowenig berücksichtigt wie die Selbstfinanzierng der Unternehmer und Landwirte, da sich die vorliegende Erhebung bewußt auf das freiwillige Sparen der Haushalte beschränkt. Denn das Zwangssparen der Beitragszahler zur Sozialversicherung läßt nicht mehr Verhaltensspielraum als das Steuerzahlen, so daß es für eine Analyse des Spararverhaltens kaum Aufschlüsse liefert; höchstens insofern, als man voraussetzen kann, daß eine staatlich geregelte zwangsweise Altersvorsorge bereits ein bestimmtes Sicherungsbedürfnis abdeckt und damit das freiwillige Sparen teilweise überflüssig macht.

Auch das Unternehmenssparen hat mit dem eigentlichen „Sparverhalten" wenig zu tun; die Höhe der einbehaltenen Gewinne hängt in erster Linie von Liquiditäts- und Investitionsüberlegungen oder von Gesichtspunkten der Bilanz- und Dividendenpolitik ab, dagegen nur in geringem Maße von Spar- und Konsumentscheidungen der Inhaber oder Anteilseigner.

In dieser Untersuchung geht es aber um die Sparentscheidungen im Bereiche der privaten Haushalte; nur darüber liegt Material vor. Zugegebenermaßen läßt sich allerdings eine genaue Abgrenzung der privaten von der betrieblichen oder geschäftlichen Sphäre oft kaum durchführen. Das gilt vor allem für die landwirtschaftlichen Haushalte, und zwar um so mehr, je stärker die Haushalte noch „Selbstversorger" sind. Aber auch für einen großen Teil der kleineren und mittleren Gewerbetreibenden und Geschäftsleute trifft dies zu; daher hat die Angabe über die Sparbeträge hier nur den Charakter von Näherungswerten. Ebenfalls mit großen Unsicherheitsmomenten behaftet ist bei diesen Berufen die Einkommensangabe. Ein Teil des Einkommens besteht in Naturaleinkünften, deren Bewertung an sich schon problematisch ist, die aber in Bevölkerungumfragen allenfalls in der Form von Spezialbefragungen erhoben werden können. Dienen, wie in unserem Falle, die Einkommensangaben der Befragten selbst als Grundlage, so kann man wahrscheinlich unterstellen, daß dabei Naturaleinkünfte wie freie Wohnung, evtl. auch Heizung und Beleuchtung, Essen usw. im großen und ganzen unberücksichtigt bleiben dürften. Sogar bei den Geldeinkünften ist nicht immer ganz klar, was die Befragten mit ihrer Auskunft über das Einkommen im Sinn hatten; haben sie ihren steuerlichen oder einen „echten" betriebswirtschaftlichen Gewinn angegeben? Haben sie überhaupt den Jahresgewinn, dividiert durch zwölf, oder die normalen monatlichen Privatentnahmen (vielleicht ohne Berücksichtigung von „Sonderentnahmen" für größere Anschaffungen?) als „Einkommen" aufgefaßt? Nachträglich läßt sich das ohne neue Erhebungen nicht eindeutig feststellen. Von den Landwirten hat ohnehin ein großer Teil überhaupt keine Einkommensangabe gemacht, so daß ihr Einkommen später auf Grund ihrer Ausgabenstruktur geschätzt werden mußte.

Aus all diesen Gründen haben die Angaben der Landwirte und Selbständigen, soweit sie Sparbeträge und Einkommenshöhe oder die Relation zwischen beiden Größen angeben, nur einen beschränkten Aussagewert. Es sind Angaben mit Näherungscharakter, die bei einem Vergleich der Selbständigen oder der Landwirte untereinander durchaus noch brauchbar sind; fragwürdiger werden sie allerdings, wenn man sie zum Vergleich mit anderen Berufsgruppen benutzt; unbrauchbar erscheinen sie vollends zum Heraufrechnen auf makroökonomische Größen[19].

Daher beschränkt sich die hier durchgeführte Analyse des Sparverhaltens vielfach auf die Arbeitnehmerhaushalte, also die Arbeiter, Angestellten und Beamten, deren Angaben untereinander ohne Bedenken vergleichbar sind. Eine Untersuchung des Sparverhaltens der Selbständigen kann nur anhand von Material durchgeführt werden, das auch Aufschluß

---

[19] So weisen zum Beispiel die Daten von Kaiser-Zerwas durchgängig höhere Sparquoten für alle Berufsgruppen auf, da dort eine weitergefaßte Spardefinition benutzt wurde (Kaiser, W. und Zerwas, A.: Die Struktur des Sparens in der Bundesrepublik Deutschland von 1950 bis 1967, Bd. 50 der Untersuchungen über das Spar-, Giro- und Kreditwesen (hrsg. von F. Voigt), Berlin 1970, S. 101).

1. Der Beruf als Determinante des Sparverhaltens

über ihre Investitionsentscheidungen, über das Ausmaß der Gewinnthesaurierung und andere Daten aus dem Unternehmensbereich liefert[20].

Zudem empfiehlt sich aus statistisch-technischen Gründen immer dann eine Beschränkung auf die zahlenmäßig größten Berufsgruppen, nämlich die Arbeiter auf der einen und Angestellte und Beamte auf der anderen Seite, wenn neben dem Beruf noch zusätzlich weitere Einflußgrößen eliminiert werden sollen, so daß dabei so kleine Untersuchungsgruppen entstehen, daß nur bei entsprechend großen Ausgangsbasen eine — zumindest zur Formulierung von Hypothesen — noch hinreichende Repräsentanz gewährleistet bleibt.

Aber nicht nur im „Niveau" des Sparens, abzulesen an der Sparquote und an der Höhe des Geldvermögens, zeigen sich unabhängig vom Einkommen berufsspezifische Abweichungen vom Durchschnitt; darüber hinaus wird in der Querschinttsanalyse ein unterschiedlicher Trend sichtbar. Während die Sparquote bei den Angestellten und Beamten (das gleiche gilt für die Selbständigen) mit zunehmendem Einkommen wächst, bleibt sie bei den Arbeitern in allen Einkommensklassen etwa konstant. Die Keynes'sche Sparfunktion des Einkommens in der Form einer Querschnittsanalyse bestätigt sich also nur bei den Angestellten und Beamten; bei den Arbeitern hingegen scheint sie nicht zuzutreffen. Aber auch bei den Angestellten und Beamten sieht es so aus, als gelte im Bereich der

Tabelle 16
Ansparquote in % des persönlichen Einkommens

Nur Einkommens-bezieher	Monatliches Nettoeinkommen in DM							
	unter 100	100 - 299	300 - 399	400 - 499	500 - 599	600 - 699	700 - 999	1 000 u. m.
	%	%	%	%	%	%	%	%
Arbeiter und Landarbeiter	3,1	3,5	3,4	2,9	2,2	2,9	3,3	—
Angestellte und Beamte	5,4	5,3	4,8	6,5	8,8	9,4	10,5	11,5

unteren Einkommen (bis zu DM 400,— monatliches Nettoeinkommen) die Gesetzmäßigkeit von der mit wachsendem Einkommen ansteigenden Sparquote keineswegs; in diesem Einkommensbereich befanden sich aber 1959 mehr als die Hälfte aller Angestellten und Beamten (53 %). Das regelmäßige Sparen scheint sich also in den unteren Einkommensschichten und in der Berufsgruppe der Arbeiter nur proportional mit dem Einkommen zu verändern[21]; es ergibt sich auf Grund unserer Untersuchung

---

[20] Vgl. Morgan, J.: The Structure of Aggregate Personal Saving, in: Journal of Political Economy, Vol. 59 (1951), S. 530.
[21] Hier liegen gewisse Parallelen zur Proportionalitätshypothese Friedman's und Modigliani-Brumberg-Ando's vor.

für diese demographischen Teilbereiche eine Einkommenselastizität von eins, während H. Schmucker für 1960/61 für die Bundesrepublik eine durchschnittliche Einkommenselastizität des Sparens von fast 2,9 ermittelt hat[22]. Freilich handelt es sich in beiden Fällen um Berechnungen auf der Basis von Querschnittsanalysen, bei denen eine Projizierung in zeitliche Dimensionen — und Elastizitätskoeffizienten bedeuten meist nichts anderes als eine solche Projektion — immer recht problematisch ist, da durch Analogieschluß unterstellt wird, daß die Haushalte, deren Einkommen sich erhöht (oder vermindert), sich in ihrer Ausgabengebarung ebenso oder ähnlich verhalten werden wie die Haushalte, die bisher auf dieser Einkommensstufe standen. Wenn wir aber nun die empirischen Befunde mit aller gebotenen Vorsicht zu einer dynamischen Interpretation benutzen, so würden sie doch zu einer Modifizierung mancher wirtschaftstheoretischer und wirtschaftspolitischer Konzeptionen führen müssen, wenn sie sich als allgemeingültig erweisen sollten.

Deshalb ist eine genaue Überprüfung unserer Ergebnisse anhand von Vergleichsmaterial unbedingt notwendig; freilich gibt es nur wenige Erhebungen, die eine solche Gegenüberstellung zulassen. Amerikanische Untersuchungen scheiden aus, da die amerikanische Sozialstruktur mit der unsrigen nur bedingt vergleichbar ist; während z. B. der Beruf in Deutschland trotz der vielleicht langfristig zu beobachtenden Angleichungsprozesse nicht nur eine bestimmte Tätigkeit von der anderen abgrenzt, sondern darüber hinaus ganz unterschiedliche Normen und Verhaltensweisen auf allen Lebensgebieten bedingt, hat die Unterscheidung zwischen Arbeitern und Angestellten in den Vereinigten Staaten nur eine relativ geringe Bedeutung; auffallende Unterschiede im Sparverhalten dieser beiden Gruppen sind jedenfalls bisher noch nicht festgestellt worden.

Deutsche Erhebungen liegen, wenn auch nur in geringer Zahl, in Form von Befragungen und von Wirtschaftsrechnungen vor. Beide Quellen vermitteln ein von unseren Ergebnissen abweichendes Bild.

In den Wirtschaftsrechnungen aus den Jahren 1927/28[23] weichen die durchschnittlichen Sparquoten der einzelnen Berufsgruppen kaum voneinander ab, obwohl ein erhebliches Einkommensgefälle besteht. Trotz höheren Einkommens sparen Angestellte und Beamte nur unwesentlich mehr als Arbeiter.

---

[22] Schmucker, H.: Die langfristigen Strukturwandlungen des Verbrauchs der privaten Haushalte, in: Schriften des Vereins f. Socialpolitik, N.F. Bd. 30, I, Berlin 1964, S. 175.

[23] Wirtschaft und Statistik, 9. Jg. (1929), S. 822, 10. Jg. (1930), S. 40 und S. 268. Alle späteren Erhebungen, insbesondere die von 1937 und 1951 sind für unsere Zwecke nicht verwendbar, da sie die Arbeitnehmer als einheitliche Gruppe zusammenfassen und ein Vergleich der einzelnen Berufsgruppen nicht möglich ist.

1. Der Beruf als Determinante des Sparverhaltens

Tabelle 17

Sparen und Einkommen in Arbeitnehmerhaushalten 1927/28

Jahreseinkommen je Haushaltung in RM	Arbeiter	Angestellte	Beamte
	Sparen in % des Einkommens		
unter 2 500,—	0,8	—	—
2 500,— bis unter 3 000,—	0,9	1,4	1,2
3 000,— bis unter 3 600,—	1,2	1,2	1,6
3 600,— bis unter 4 300,—	1,6	1,6	1,2
4 300,— bis unter 5 100,—	2,8	1,7	2,2
5 100,— bis unter 6 100,—	—	1,8	1,4
6 100,— bis unter 7 300,—	—	2,8	2,0
7 300,— und mehr	—	—	1,3
Gesamtdurchschnitt	1,5	1,9	1,6
Durchschnittseinkommen	3 325,—	4 712,—	5 249,—

Bei gleichem Einkommen differieren die Sparquoten in den einzelnen Berufen zwar kaum; aus den geringfügigen Abweichungen läßt sich auch keine eindeutige Tendenz ableiten, wonach eine Gruppe gegenüber der anderen eine stärkere Sparintensität aufzuweisen hätte. Da aber die Sparquote bei den Angestellten und Beamten mit zunehmendem Einkommen nicht eindeutig ansteigt, erhalten wir ein Gesamtbild, das unseren Ergebnissen diametral entgegensteht. Nicht die Beamten und Angestellten sind die sparfreudigste Gruppe, eher fast die Arbeiter; nicht bei den Angestellten und Beamten scheint sich die Keynes'sche Version der Sparfunktion des Einkommens zu bewahrheiten, sondern bei den Arbeitern.

Allerdings ist diese Analyse von Haushaltsrechnungen mit unserer Erhebung „Umgang mit Geld" nur sehr bedingt vergleichbar. Einmal gilt das für die Erhebungsmethode; Wirtschaftsrechnungen liefern zwar im allgemeinen numerisch exaktere Ergebnisse, sind aber eigentlich nur repräsentativ für solche Haushalte, die gewöhnlich Haushaltsbücher führen, und nicht für die Gesamtbevölkerung[24]. Außerdem können wir in unserer Stichtagserhebung nur Aussagen über das regelmäßige Sparen und das Geldvermögen berücksichtigen[25].

Zum anderen mag der Unterschied in den Ergebnissen auch daher rühren, daß zwischen beiden Erhebungen ein Zeitraum von mehr als dreißig Jahren liegt, eine Periode, die so lang ist, daß die Möglichkeit eines sozialen Wandels nicht ausgeschlossen werden kann; ein solcher Prozeß mag sich beispielsweise dergestalt vollzogen haben, daß die Arbeiterklasse mobiler und besonders in ihren Konsumgewohnheiten flexibler geworden ist.

---
[24] Vgl. Kap. IV.
[25] Vgl. Kap. IV.

Vom Sparverhalten ausgehend könnte man die Gruppe der Arbeiter in den zwanziger Jahren als geschlossene „Klasse" deuten, deren klassenspezifischer Lebensstil Aufwendungen nur bis zu einer begrenzten Höhe fordert; nach der Erfüllung dieser Aufwandsnormen werden die Konsumimpulse schwächer, so daß die darüber hinausgehenden Einkommensteile zu einem überproportionalen Sparen zur Verfügung stehen. Heute hingegen scheint die Arbeiterklasse in wesentlich stärkerem Maße nach oben „offen" zu sein, d. h. es ist eher möglich, sich durch bestimmte Verhaltensweisen, wozu auch ein aufwendiger Konsum gehört, ein höheres gesellschaftliches Prestige zu verschaffen[26]. Dieses bewirkt aber eine Verstärkung der Konsummotive bei entsprechender Abschwächung der Sparmotive.

Bei den Angestellten und Beamten sieht es so aus, als sei diese zuletzt beschriebene Form des Konsumverhaltens in den zwanziger Jahren für beide Berufsgruppen typisch gewesen, während sich heute, bei erhöhtem Wohlstand, die Sparmotive wieder verstärkt hätten, mit anderen Worten: Innerhalb des „Konzerts" der Bedürfnisse hat das Bedürfnis nach Vermögen in Form von liquiden Rücklagen gegenüber den übrigen Bedürfnissen, insbesondere den Konsumbedürfnissen, an Gewicht gewonnen. Ob tatsächlich ein sozialer Wandel in dem eben skizzierten Sinne stattgefunden hat, läßt sich allerdings anhand des aus methodischen Gründen nur schlecht vergleichbaren Materials nicht entscheiden.

Die Eliminierung des Zeitfaktors bereitet bei den nur in geringer Zahl vorhandenen Bevölkerungsumfragen über das Sparverhalten in Deutschland zwar keine solchen Schwierigkeiten, da alle Umfragen aus der Nachkriegszeit stammen; dafür gibt es aber keine vergleichbare Erhebung, in der die Spar*quote* ermittelt wurde. Allenfalls wurde erfaßt, ob der Haushalt oder der Sparer über die Voraussetzungen für ein institutionalisiertes Sparen verfügt (Kontenbesitz) und welche Guthaben er angesammelt hat, ferner die Tatsache, ob ein Haushalt überhaupt spart oder nicht; damit läßt sich aber kein Vergleich der Sparquoten durchführen, auf den es uns hier ankommt. Als einzige Untersuchung, die hierfür zur Verfügung steht, bleibt eine schriftliche Befragung von österreichischen Arbeiter und Angestellten durch die Wiener Arbeiterkammer[27] übrig.

In dieser Untersuchung wird für die Arbeiterhaushalte ähnlich wie in der unsrigen ein linearer Zusammenhang zwischen Einkommenshöhe und

---

[26] Vgl. Bednarik, K.: Der junge Arbeiter von heute — ein neuer Typ, Stuttgart 1953.

[27] Österreichischer Arbeiterkammertag und Österreichischer Gewerkschaftsbund (Hrsg.): Sparneigung und Spargewohnheiten von Wiener Arbeitnehmerhaushalten im Jahre 1958. Eine Studie der wirtschaftswissenschaftlichen Abteilung der Wiener Arbeiterkammer, Beilage Nr. 7 zu Arbeit und Wirtschaft, 13. Jg. (1959), Nr. 10.

1. Der Beruf als Determinante des Sparverhaltens

Sparsumme festgestellt[28]; die Sparquote bleibt also in der Querschnittsanalyse konstant, ohne im Sinne der Keynes'schen Sparfunktion anzusteigen. Bei den Angestellten im unteren Einkommensbereich scheint — ebenfalls wie in unserer Untersuchung — die Sparfunktion etwa linear zu verlaufen, im oberen Einkommensbereich dagegen progressiv[29].

Wenn auch hier unsere Ergebnisse wenigstens in der Tendenz bestätigt werden, so darf diese Bestätigung doch nicht überbewertet werden, da die österreichische Untersuchung nicht als repräsentativ angesehen werden kann[30]; immerhin können wir danach unsere Ergebnisse bei unseren weiteren Untersuchungen als durchaus plausible Arbeitshypothese zugrunde legen.

Bisher haben wir meist mit dem Begriff „durchschnittliche Sparquote" gearbeitet. Diese Größe errechnet sich aus zwei Faktoren: aus der *Zahl der Sparer* innerhalb der einzelnen Gruppe und aus ihrer *spezifischen Sparquote*. Eine Erhöhung der durchschnittlichen Sparquote bei steigendem Einkommen (in einer Querschnittsanalyse) kann also darauf zurückzuführen sein, daß sich der *Prozentsatz der Sparer* gegenüber dem der Nichtsparer *erhöht*, während die *Sparquote der Sparer konstant bleibt*. Umgekehrt kann es aber auch sein, daß der *Prozentsatz der Sparer* in allen Einkommensschichten *gleichbleibt*, während sich aber die *Sparquote der Sparer erhöht*. Außerdem sind alle möglichen Kombinationen zwischen beiden Fällen denkbar, als Extremfall sogar, daß sich eine der beiden Größen vermindert, die andere diesen Effekt aber durch ein überproportionales Anwachsen wieder wettmacht. Für eine Theorie des Sparverhaltens ist es aber von großer Bedeutung, auf welchem Wege eine Veränderung (oder Konstanz) der durchschnittlichen Sparquote einer Gruppe zustande kommt.

Zeigt sich die Zahl der Sparer in allen Einkommensschichten konstant und verändert sich nur deren Sparquote, so heißt das mit anderen Worten: Die Zahl der Sparwilligen in allen Einkommensschichten bleibt unverändert, eine Verbesserung der Sparfähigkeit macht sich nur bei denen bemerkbar, die ohnehin schon sparen. Das würde bedeuten, daß es eine ver-

---

[28] Ebenda, S. 9.
[29] Das läßt sich jedenfalls den Tabellen und Diagrammen entnehmen; die Autoren selber interpretieren nur den Verlauf der Funktion bei den Arbeitern als linear, während bei den Angestellten „dieser Zusammenhang weniger deutlich" sei.
[30] Die Methode der schriftlichen Befragung bringt den ersten Verzerrungseffekt mit sich, weil die an dem Fragenkomplex „Sparen" besonders Interessierten und darunter besonders die Schriftgewandten überrepräsentiert sein werden; hinzu kommt die Beschränkung der Stichprobe auf eine einzige (atypische?) Großstadt — Wien. Ferner werden die Durchschnitte anhand von aggregierten Größen berechnet, also gewichtete Durchschnitte ermittelt, während in unserer Untersuchung mit dem für eine Mikroanalyse geeigneteren ungewichteten Durchschnitten gearbeitet wird.

mutlich individualpsychisch determinierte, durch ökonomische Daten kaum beeinflußbare Veranlagung zum Sparen gäbe, eine für eine staatliche Sparförderungspolitik weitgehend unerreichbare conditio sine qua non; Sparförderungsmaßnahmen, die in einer Hebung der Sparfähigkeit bestehen, würden danach die auch innerhalb der einzelnen Einkommensgruppen bestehenden Vermögensunterschiede nicht nur nicht ausgleichen können, sondern auf die Dauer noch verschärfen.

Gänzlich andere theoretische Schlußfolgerungen bieten sich an, wenn die Sparquote der Sparer konstant bliebe, während der Anteil der Sparer an der Gesamtzahl der Mitglieder der einzelnen Einkommensgruppen sich veränderte. Das spräche dann dafür, daß das Bedürfnis nach Liquiditätsreserven nicht unbegrenzt wäre, sondern daß es in einer festen, von der Einkommenshöhe selbst unabhängigen Relation zum Einkommen stünde; je günstiger die ökonomische Situation, desto mehr Wirtschaftssubjekte könnten und würden dieses Bedürfnis nach finanziellen Reserven befriedigen; je größer das Einkommen, desto gleichmäßiger die Vermögensbildung und langfristig auch die Vermögensverteilung, jedenfalls in der Querschnittsbetrachtung.

Der empirische Befund spricht für die zweite Hypothese (Tab. 18). Das zahlenmäßige Verhältnis zwischen Sparern und Nichtsparern verändert sich in der Querschnittsanalyse mit steigendem Einkommen stetig zugunsten der Sparer; diese Aussage gilt ausnahmslos für alle Berufsgruppen, die, wenn wir einmal von den Landwirten absehen, bezüg-

Tabelle 18

Anteil der Sparer in den verschiedenen Einkommensgruppen

Alle Befragten	Kein Einkommen	Einkommen des Befragten			
		unter DM 300,—	DM 399,— bis DM 300,—	DM 599,— bis DM 400,—	DM 600,— und mehr

Beruf des Befragten[a]

Prozentsatz der Ansparer in der betreffenden Einkommensgruppe[b]

Selbständige Handel- und Gewerbetreibende	35 (89)	59 (73)		79 (61)	
Landwirte	14 (94)	35 (68)		47 (47)	
Angestellte und Beamte	34 (204)	36 (194)	49 (113)	61 (137)	75 (140)
Arbeiter und Landarbeiter ..	35 (294)	39 (374)	53 (198)	55 (254)	67 (70)

a) Bei Rentnern und Pensionären früherer Beruf, bei nicht berufstätigen Hausfrauen Beruf des Ehemannes, bei Witwen der des verstorbenen Mannes und bei sonstigen berufslosen Haushaltsangehörigen der des Haushaltsvorstands.
b) Die absolute Zahl der Befragten ist für jede Gruppe in Klammern ( ) beigefügt.

1. Der Beruf als Determinante des Sparverhaltens

lich ihres Anteils an „Ansparern" in den einzelnen Einkommensgruppen eine auffällige Übereinstimmung aufweisen. Die bei Isolierung des Faktors Einkommen festzustellenden Unterschiede in der durchschnittlichen Ansparquote von Arbeitern auf der einen, Angestellten und Beamten auf der anderen Seite können also keinesfalls daher rühren, daß etwa ein geringerer Prozentsatz von Arbeitern regelmäßig anspart; die Differenzen und die abweichende Entwicklungstendenz können logischerweise nur durch eine unterschiedliche Sparintensität bei den einzelnen Sparern erklärt werden. Der empirische Beweis für diese unterschiedliche Sparintensität ergibt sich aus der folgenden Tabelle:

Tabelle 19

Sparquote der Sparer in den verschiedenen Einkommensgruppen

Nur Einkommensbezieher, die regelmäßig institutionalisiert ansparen	Monatliches Nettoeinkommen des Befragten			
	unter DM 300,—	DM 300,— bis DM 399,—	DM 400,— bis DM 599,—	DM 600,— und mehr
	Regelmäßiges Ansparen in % des Einkommens[a]			
Selbständige Handel- u. Gewerbetreibende, freie Berufe	9,2 (43)		10,0 (48)	
Landwirte	12,6 (24)		8,6 (22)	
Angestellte und Beamte	14,9 (69)	9,9 (55)	12,1 (84)	13,7 (105)
Arbeiter und Landarbeiter	8,7 (147)	6,4 (105)	4,8 (140)	4,6 (47)

a) Die absolute Zahl der Ansparer ist für jede Gruppe in Klammern ( ) beigefügt.

Dieser Tabelle können wir zwei wichtige Hinweise entnehmen:
1. Arbeiter, die ansparen, weisen bei gleichem Einkommen eine gegenüber anderen Berufsgruppen um ein bis zwei Drittel niedrigere durchschnittliche Sparquote auf.
2. Die Sparquote, bezogen auf die Sparer, wird mit höherem Einkommen nicht größer. Sie verläuft vielmehr in allen Berufsgruppen kaum verändert; bei den Arbeitern nimmt sie sogar ab.

Betrachten wir die Gesamtheit der befragten Einkommensbezieher, also sowohl Sparer als auch Nichtsparer, so resultiert das Anwachsen der Sparquote bei steigendem Einkommen bei den Angestellten und Beamten (ebenso wie bei den beruflichen Selbständigen einschließlich der Landwirte) nur aus der Zunahme der Zahl von Sparern in den höheren Ein-

6. Kap.: Das Sparen unter dem Einfluß sozialer Normen

kommensschichten; die Sparer selbst legen aber bei höherem Einkommen keineswegs einen größeren Prozentsatz ihres Einkommens beiseite.

Bei den Arbeitern treffen zwei gegenläufige Tendenzen zuammen: Einmal ist bei ihnen in den höheren Einkommensschichten die Zahl der Sparer größer, zum anderen nimmt bei diesen Sparern die Sparquote jeweils ab. Beides zusammen ergibt die beobachtete Konstanz der Sparquote für die Gesamtgruppe.

Bevor wir jedoch aus diesen Ergebnissen einer Querschnittsanalyse weitere Schlüsse, insbesondere hinsichtlich der Bedeutung dieser Ergebnisse für eine Theorie der Vermögensbildung ziehen, sei zunächst untersucht, welche Zusammenhänge zwischen Beruf, Einkommen und Vermögen bestehen. In der absoluten Höhe des Geldvermögens[31] zeigen sich bei den einzelnen Berufsgruppen zunächst starke Unterschiede: die selbständigen Handel- und Gewerbetreibenden und die freien Berufe liegen mit ihrem Geldvermögen weitaus an der Spitze. Es folgen mit größerem Abstand die Angestellten und Beamten; ihr durchschnittliches Geldvermögen beträgt weniger als die Hälfte des bei den Selbständigen registrierten Vermögens. Die Landwirte liegen dichtauf an dritter Stelle, während die Arbeiter und Landarbeiter im Durchschnitt wiederum weniger als die Hälfte des in der Gruppe der Landwirte ermittelten Geldvermögens besitzen (Tabelle 20).

Tabelle 20
Geldvermögen und Beruf

	Kein eigenes Einkommen	Einkommen des Befragten			Durchschnitt aller Befragten
		unter DM 300,—	DM 300,— bis DM 499,—	über DM 500,—	
	Durchschnittliches Geldvermögen in DM[a)]				
Beruf des Befragten[b)]					
Selbständige sowie freie Berufe	1 042,— (88)	990,— (27)	2 008,— (29)	4 501,— (75)	2 348,— (219)
Landwirte	379,— (94)	663,— (43)	1 150,— (34)	2 324,— (35)	896,— (206)
Angestellte und Beamte	335,— (204)	433,— (191)	1 008,— (193)	2 400,— (193)	1 036,— (781)
Arbeiter und Landarbeiter	202,— (291)	254,— (370)	515,— (359)	1 076,— (157)	431,— (1177)

a) Die Zahl der Befragten in der jeweiligen Gruppe ist in Klammern () angegeben.
b) Rentner und Pensionäre wurden nach ihrem früheren Beruf, nicht berufstätige Hausfauen nach dem des Ehemannes, Witwen nach dem des verstorbenen Mannes und sonstige berufslose Haushaltsangehörige nach dem des Haushaltsvorstandes eingestuft.

[31] Das Geldvermögen setzt sich aus liquiden Vermögensteilen wie Guthaben auf Sparbüchern, Girokonten, Postsparbüchern, Postscheckkonten, steuer- oder prämienbegünstigten Sparverträgen, Bausparguthaben, Wertpapierbesitz und größeren Bargeldreserven zusammen (vgl. Kap. IV).

1. Der Beruf als Determinante des Sparverhaltens

Da aber auch erhebliche Einkommensunterschiede zwischen den Berufsgruppen bestehen und die Höhe des Geldvermögens wiederum vom Einkommen abhängt, müssen wir, wenn wir berufsspezifische Unterschiede im Sparverhalten untersuchen wollen, diesen Faktor isolieren.

Es zeigt sich dabei, daß die Unterschiede zwischen den Berufsgruppen auch nach Eliminierung des Faktors Einkommen bestehen bleiben; lediglich die Landwirte liegen danach mit den Angestellten und Beamten etwa an gleicher Stelle.

Selbst wenn man zusätzlich die Einflußgröße Alter isoliert, bleiben — wie wir überprüft haben — die Abstufungen in der Höhe des bei den einzelnen Berufsgruppen gebildeten Geldvermögens erhalten.

Wenn wir das Verhältnis Einkommen—Geldvermögen in absoluten Zahlen betrachten, so scheint sich zumindest innerhalb der einzelnen Berufs- und Altersgruppen die Keynes'sche Sparfunktion in der Form einer Querschnittsanalyse zunächst zu bestätigen. Setzen wir es hingegen, wie es sinnvoller ist und wie wir es auch mit der Summe der regelmäßig gesparten Beträge getan haben (Ansparen in %/o des Einkommens), in Relation zum Einkommen, so ergibt sich ein gänzlich anderes Bild:

Tabelle 21

Geldvermögen in Prozent des Einkommens

Nur Einkommens-bezieher	Monatliches Nettoeinkommen des Befragten			
	unter DM 300,—	DM 300,— bis DM 399,—	DM 400,— bis DM 599,—	DM 600,— und mehr
Berufsgruppe	Geldvermögen des Befragten in %/o seines Einkommens[a]			
Selbständige in Handel und Gewerbe, freie Berufe	1 040 (27)	480 (13)	410 (33)	420 (61)
Landwirte	440 (45)	320 (23)	220 (26)	380 (21)
Angestellte und Beamte	240 (194)	280 (113)	260 (137)	320 (140)
Arbeiter und Landarbeiter	140 (372)	150 (198)	140 (254)	140 (70)

a) Basis ist in Klammern ( ) beigefügt.

Bei den Selbständigen in Handel und Gewerbe, den freiberuflich Tätigen und den Landwirten nimmt das „relative" Geldvermögen (Geldvermögen ausgedrückt in Prozent des Nettoeinkommens) keineswegs mit dem steigenden Einkommen zu; es scheint eher konstant zu bleiben (geringfügige Schwankungen lassen sich aus den teilweise sehr kleinen Basiszahlen erklären, die Zufallsabweichungen nicht unbedingt ausschließen können). Bei den Arbeitern ist diese Konstanz der Relation Einkommen zu Geldvermögen am augenfälligsten. Lediglich bei den Angestellten und Beamten ist eine schwach ansteigende Tendenz zu beobachten; während die liquiden Rücklagen bei einem Einkommen von unter DM 300,— das 2,4fache dieses Einkommens ausmachen, beträgt die Relation bei einem Einkommen von über DM 600,— 1 zu 3,2.

Herrscht im Entwicklungs*trend*, sofern man bei Daten aus einer Querschnittsanalyse überhaupt davon sprechen kann, zwischen den einzelnen Berufsgruppen noch weitgehend Übereinstimmung, so bestehen doch starke berufsspezifische Unterschiede im „*Niveau*". Arbeiter verfügen im Durchschnitt nur über Rücklagen in Höhe von 1½ Monatseinkommen, Angestellte hingegen im allgemeinen über 2½ bis 3 Monatsgehälter; bei Landwirten machen die Rücklagen 3 bis 4 Monatseinkommen aus, bei Selbständigen sogar 4 bis 5 Monatseinkommen. Daß die beruflich Selbständigen in stärkerem Maße Rücklagen bilden als die Arbeitnehmer, erscheint angesichts ihres größeren Risikos, ihrer geringeren sozialen Sicherung und ihrer weniger stetigen Einnahmen durchaus plausibel und von ihrer wirtschaftlichen Lage her begründet. Solche Erklärungsversuche versagen aber, wenn man den Niveauunterschied innerhalb der Schicht der Arbeitnehmer deuten will; wir werden uns damit noch auseinanderzusetzen haben.

Tabelle 22

Personen mit Geldvermögen nach Einkommensgruppen

	Monatliches Nettoeinkommen des Befragten				
	Kein eigenes Einkommen	unter DM 300,—	DM 300,— bis DM 399,—	DM 400,— bis DM 599,—	DM 600,— und mehr
	Von den Befragten verfügen über Geldvermögen[a]				
Berufsgruppe	%	%	%	%	%
Selbständige, freie Berufe	48 (89)	52 (27)	54 (13)	67 (33)	82 (61)
Landwirte	27 (94)	56 (45)	44 (23)	54 (26)	71 (21)
Angestellte und Beamte	51 (204)	51 (194)	65 (113)	85 (137)	89 (140)
Arbeiter und Landarbeiter	32 (294)	43 (372)	51 (198)	61 (254)	71 (70)

a) Basis jeweils in Klammern ( ) beigefügt.

Zunächst soll, wie dies auch beim Ansparen durchgeführt wurde, die Frage geprüft werden, woraus sich die Konstanz (bzw. bei den Angestellten und Beamten: die Veränderung) der Relation Einkommen zu Geldver-

1. Der Beruf als Determinante des Sparverhaltens

mögen bei sich änderndem Einkommen ableitet, d. h. ob wir es mit einem in allen Einkommensschichten gleichen Anteil von Personen mit Geldvermögen und gleichzeitig einer unveränderlichen Relation von Einkommen zu Rücklagen bei diesen Befragten zu tun haben oder ob sich etwa zwei gegenläufige Tendenzen aufheben und dadurch äußerlich das Bild eines gleichbleibenden Verhältnisses von laufenden Einkünften zu vorhandenen Reserven vermitteln.

Es zeigt sich deutlich, daß in allen Berufsgruppen mit steigendem Einkommen der Prozentsatz der Personen, die in irgendeiner Form über Geldvermögen verfügen, stetig zunimmt. Bei den Angestellten und Beamten ist er bei gleichem Einkommen am höchsten; ansonsten zeigt sich bei den verschiedenen Berufen kein herausragender Unterschied (Tab. 22).

Während die Zahl der Personen, die auf Ersparnisse zurückgreifen können, sich mit wachsendem Einkommen vergrößert, vermindert sich gleichzeitig bei diesen die relative Höhe ihrer Reserven (Tab. 23).

Tabelle 23

Geldvermögen in Prozent des Einkommens

Nur Personen mit eigenem Einkommen und Geldvermögen	Monatliches Nettoeinkommen des Befragten			
	unter DM 300,–	DM 300,– bis DM 399,–	DM 400,– bis DM 599,–	DM 600,– und mehr
	Geldvermögen des Befragten in % seines Einkommens[a]			
Berufsgruppe				
Selbständige, freie Berufe	2 010 (14)	890 (7)	610 (22)	520 (50)
Landwirte	790 (25)	740 (10)	400 (14)	530 (15)
Angestellte und Beamte	460 (99)	430 (73)	310 (117)	360 (124)
Arbeiter und Landarbeiter	320 (160)	290 (100)	230 (156)	200 (50)

a) Zahl der Fälle in Klammern ( ) beigefügt.

Bei einem Angestellten oder Beamten, der über Ersparnisse verfügt, machen diese bei einem monatlichen Nettoeinkommen von DM 300,– durchschnittlich das 4,6fache des Einkommens aus, bei einem Einkommen von über DM 600,– nur noch das 3,6fache. Arbeiter, soweit sie überhaupt Geldvermögen besitzen, haben bei einem Einkommen von unter DM 300,– im Durchschnitt Reserven von 320 % des Einkommens, bei einem Einkommen von über DM 600,– nur noch von 200 %.

6. Kap.: Das Sparen unter dem Einfluß sozialer Normen

Es gilt daher, drei verschiedene Phänomene zu interpretieren:
1. Bei gleichem Einkommen sind die finanziellen Rücklagen der Arbeiter sehr viel geringer als die aller anderen Berufsgruppen.
2. Mit steigendem Einkommen nimmt die Zahl der Personen zu, die in irgendeiner Form Geldvermögen besitzen.
3. Gleichzeitig geht aber mit steigendem Einkommen die (relative) Höhe der vorhandenen Reserven bei diesen Personen im Durchschnitt zurück.

Beschränken wir uns vorerst auf die Deutung der unter 2. und 3. genannten Ergebnisse.

Dazu ist es notwendig, zunächst einmal die Wirkungen einer Einkommensänderung auf die Relation Vermögen zu Einkommen theoretisch zu analysieren.

Steigendes Einkommen bedeutet, daß das Verhältnis Vermögen zu Einkommen kleiner wird. Besitzt jemand ein Geldvermögen von DM 2 000,—, so stellt dies bei einem Einkommen von DM 500,— eine Reserve in Höhe von 4 Monatseinkommen dar; verdoppelt sich sein Einkommen auf DM 1 000,—, so gehen die Rücklagen gleichzeitig (relativ) auf die Hälfte, nämlich auf 2 Monatsgehälter zurück. Soll die alte Relation von 1:4 wieder hergestellt werden, so kann das nur durch ein entsprechendes Nettosparen geschehen.

Die dazu erforderliche Sparquote hängt ab:
1. Vom Zeitraum, innerhalb dessen die alte Relation wiederhergestellt sein soll.
2. Von der relativen Höhe des Einkommensanstiegs.
3. Von der angestrebten (alten) Relation Vermögen zu Einkommen.

Nehmen wir einmal an, ein Einkommensbezieher mit einem bisherigen Gehalt von DM 1 000,— monatlich würde eine Gehaltsaufbesserung von 10 % (netto) erfahren, er hätte bisher Rücklagen in Höhe eines Monatsgehalts gehabt und wollte diese Relation innerhalb eines Jahres wiederherstellen, so muß er DM 8,33 monatlich (100,— DM : 12) oder 0,75 % seines neuen Einkommens von DM 1 100,— monatlich den Rücklagen zuführen. Das erscheint nicht allzu viel; betrug jedoch die alte Geldvermögens-Einkommens-Relation etwa 5 : 1, so macht die erforderliche Sparquote bereits das Fünffache, nämlich 3,75 % aus. Außerdem muß es sich um Nettosparleistungen handeln, d. h. um den nach Abzug des Entsparens übrig bleibenden Teil der laufenden Ersparnisse[32].

---

[32] Vgl. dazu auch die „Wachstumsratenhypothese" von Friedman/Modigliani-Brumberg-Ando.

1. Der Beruf als Determinante des Sparverhaltens

Sinkt hingegen das Einkommen, so steigt bei in absoluten Beträgen unvermindertem Geldvermögen das „relative" Geldvermögen, ausgedrückt als Vielfaches des Einkommens. Einkommensveränderungen dieser Art können sowohl als allgemeine Erscheinung für die gesamte Volkswirtschaft auftreten (Wachstum des Sozialprodukts, konjunkturelle Krise), sie können aber auch individuell determiniert sein (beruflicher Auf- oder Abstieg, Einkommensveränderungen im Lebenszyklus).

Allgemeine Einkommensveränderungen betreffen im großen und ganzen alle Einkommensschichten gleichermaßen; die individuellen Einkommensveränderungen sind aber nicht gleichmäßig über alle Einkommensschichten gestreut. In den unteren Einkommensschichten sind überproportional Rentner vertreten, also Personen mit einem gegenüber einem früheren Zeitpunkt gesunkenen Einkommen; in den oberen Einkommensschichten hingegen treffen wir häufiger Personen mit gestiegenem Einkommen an.

Das erklärt — zumindest teilweise — den aus der Querschnittsanalyse abzulesenden Rückgang der relativen Höhe des Geldvermögens bei den Sparern in den höheren Einkommensschichten. Ob diese Einflüsse jedoch so stark sind, daß sie allein eine Umkehrung des nach Keynes (und den meisten empirischen Querschnittsanalysen) im Sinne seiner Version der Sparfunktion zu erwartenden überproportionalen Ansteigens der Ersparnisse bewirken können, muß stark angezweifelt werden.

Vielmehr legen die Ergebnisse unserer Untersuchung die folgende Hypothese nahe:

Der Wunsch, über Rücklagen in Form von Geldvermögen zu verfügen, steht in Konkurrenz mit einer Vielzahl von anderen Wünschen, die sich auf ein Mehr an Freizeit und an sozialen Sicherungen, auf den laufenden Konsum oder auf die Anschaffung von langlebigen Gebrauchsgütern einschließlich des eigenen Hauses beziehen. Im Bereich der unteren und mittleren Einkommen (nur diese werden in einer normalen Repräsentativerhebung erfaßt) können die Wirtschaftssubjekte nicht alle diese Bedürfnisse gleichzeitig befriedigen; sie stellen vielmehr, bewußt oder unbewußt, eine Rangordnung ihrer Bedürfnisse auf. An erster Stelle rangieren naturgemäß die lebensnotwendigen Bedarfe des laufenden Konsums; sie werden vorab gedeckt. Der danach verbleibende Einkommensrest wird mit steigendem Einkommen absolut und relativ immer größer. Nur für diesen Teil des Einkommens ergeben sich echte alternative Verwendungsmöglichkeiten.

Bei einer geringen „freien" Einkommensspitze dominieren zunächst die anderen Bedürfnisse, die sich auf zusätzlichen laufenden Konsum oder den Kauf von Dauergütern beziehen, bei den meisten Wirtschaftssubjekten. Je höher das Einkommen, bei desto mehr Personen geraten die latent vorhandenen Bedürfnisse nach finanziellen Reserven in die Position des „Minimumfaktors", desto mehr Personen bilden also Geldvermögen. Sind jedoch einmal Rücklagen in einer bestimmten Höhe gelegt worden, so nimmt die Intensität wieder ab, andere Wünsche („durables", Hausbau) werden wieder dominant. Die Höhe der angestrebten Reserven steht dabei in einem bestimmten proportionalen Verhältnis zum Einkommen, welches weder von der absoluten Höhe desselben noch von der Stellung der betreffenden Person innerhalb der Einkommenspyramide abhängt. Diese Relation wird hingegen von wirtschaftlichen Notwendigkeiten und bestimmten sozialen Normen beeinflußt, die mit der Zugehörigkeit zu einer bestimmten Berufsschicht verbunden sind[33].

2. Die Bildungsabhängigkeit des Sparens — eine Scheinkorrelation

Da die Arbeiter bis auf wenige atypische Ausnahmen (7 %) nur die Volksschule besucht haben, während bei den Angestellten und Beamten immerhin 44 % der Befragten die mittlere Reife, das Abitur oder ein Hochschulstudium als Ausbildungsabschluß nennen[34], liegt der Gedanke nahe, hinter dem unterschiedlichen Sparverhalten der Arbeiter auf der einen und dem der Angestellten und Beamten auf der anderen Seite weniger einen berufsspezifischen Tatbestand zu vermuten, sondern einen versteckten Einfluß der Schulbildung. Diese Frage nach dem Einfluß der Schulbildung auf das Sparverhalten ist besonders angesichts der neuerlichen bildungspolitischen Bemühungen auch für eine langfristige Prognose der aggregierten Gesamtsparquote von Interesse. Bei besserer Schulbildung erweitert sich im allgemeinen der Planungs- und Erwartungshorizont in der zeitlichen Dimension; je mehr man aber die Zukunft in die Überlegungen der Gegenwart einbezieht, desto mehr tritt auch die Vorsorge für die Zukunft und damit das Zurücklegen von Geld für diese Zeit ins Bewußtsein[35]. Die höhere Sparquote der Angestellten und Be-

---

[33] Auf die geldtheoretische Relevanz dieser Ergebnisse, besonders für die Einkommensgeschwindigkeit des Geldes weist Dürr hin, wobei er diese Untersuchung als einen positiven Test für die Liquiditätstheorie des Geldes wertet (Dürr, E.: Geldtheoretische Aspekte der Untersuchung, Korreferat zum Vortrag von D. Fricke: Das Sparen im Spannungsfeld der Bedürfnisse, in: Wirtschaftstheorie als Verhaltenstheorie. Ein Symposion der Forschungsstelle für empirische Sozialökonomik, Beiträge zur Verhaltensforschung, H. 11, Berlin 1969, S. 56 f.).

[34] Alle Einkommensbezieher.

[35] Vgl. Jevons, W. St.: Die Theorie der Politischen Ökonomie, zit. nach der deutschen Ausgabe (Bd. 23 der Sammlung sozialwissenschaftlicher Meister, hrsg. v. H. Waentig), Jena 1924, S. 34.

2. Die Bildungsabhängigkeit des Sparens — eine Scheinkorrelation

amten könnte also einfach, statt im Beruf, in diesem durch die Schulbildung bedingten längerfristigen Erwartungshorizont begründet sein[36].

Andererseits wird für ein rational handelndes Wirtschaftssubjekt die Zahl der bei seiner Entscheidung über die Zukunftsvorsorge zu berücksichtigenden „Zufallsvariablen" um so geringer, je weiter sein „ökonomischer Horizont" ist, so daß auch ein mit steigendem Bildungsgrad *abnehmendes* Sparen denkbar wäre[37]. Selbst wenn man nicht so weit gehen will, sich des Modells eines solchermaßen „rational" handelnden Wirtschaftssubjektes zu bedienen, spricht ein weiterer Grund für eine bei besserer Schulbildung eher etwas verminderte Spartätigkeit: Von den Absolventen höherer Schulen wird oft ohne viel Rücksicht auf ihr Einkommen ein „standesgemäßer" Lebensstil erwartet; außerdem bringt eine gehobene Schulausbildung leicht ein höheres individuelles Anspruchsniveau mit sich, so daß infolge eines aufwendigeren Konsumstils weniger zum Sparen übrig bleiben könnte.

Auf Grund des engen Zusammenhangs zwischen Beruf, Einkommen und Bildung muß eine empirische Untersuchung über den Einfluß des Bildungsgrades auf das Sparverhalten die Faktoren Beruf und Einkommen konstant halten und nur den Faktor Bildung variieren, um die Veränderungen der Sparquote als abhängiger Variabler festzustellen. Ein solcher Test bleibt notwendigerweise auf die Berufsgruppe der Angestellten und Beamten beschränkt[38], da es sich bei Arbeitern mit gehobener

Tabelle 24

Schulbildung und Ansparen

Nur Einkommensbezieher	Volksschule	Schulabschluß Mittlere Reife	Abitur
	Ansparen in % des persönlichen Einkommens[a]		
Angestellte und Beamte			
Monatliches Einkommen			
unter DM 300,—	4,4 (139)	10,3 (40)	—
DM 300,— bis DM 400,—	7,0 (107)	3,1 (70)	7,2 (15)
DM 500,— und mehr	9,6 (65)	10,5 (75)	9,8 (52)

a) Zahl der Befragten jeweils in Klammern ( ) beigefügt.

---

[36] Vgl. auch Watts, H. W.: Long-run Income Expectations and Consumer Saving, in: Dernburg, Th. F., Rosett, R. N., Watts, H. W.: Studies in Household Economic Behavior, New Haven (Conn.) 1958, S. 101.

[37] Paschke, W.: Bestimmungsgründe des persönlichen Sparens, a.a.O., S. 106 und S. 111.

[38] Bei den Landwirten und bei den Selbständigen in Handel und Gewerbe sind die Ausgangsbasen in unserem Sample zu klein; eine gleichzeitige Aufgliederung nach Beruf, Einkommen und Schulabschluß läßt so kleine Untergruppen entstehen, daß eine selbst nur zur Hypothesenbildung hinreichende statistische Masse nicht mehr vorhanden ist.

6. Kap.: Das Sparen unter dem Einfluß sozialer Normen

Schulbildung heute noch um atypische Sonderfälle handelt, aus deren Spar- und Konsumgewohnheiten sich kaum allgemeingültige Schlüsse ziehen lassen.

Aus den Ergebnissen läßt sich eine Abhängigkeit des regelmäßigen Ansparens von der Schulbildung nicht ableiten. In der höchsten Einkommensgruppe weisen alle Bildungsstufen eindeutig die gleiche Sparquote auf; in der untersten Einkommensgruppe sparen zwar die Befragten mit der mittleren Reife als Schulabschluß stärker als die Volksschüler; dafür kehren sich die Relationen in der mittleren Einkommensgruppe genau um. Eine klare Tendenz wird jedenfalls nicht erkennbar (Tab. 24).

Das gleiche gilt für das nachträgliche Sparen, das Absparen (Tab. 25). Auch hier besteht offensichtlich kein Zusammenhang zwischen dem Bildungsniveau und der Höhe der Absparquote:

Tabelle 25

Schulbildung und Absparen

Nur Angestellte und Beamte, die eigenes Einkommen beziehen	Volksschule	Schulabschluß Mittlere Reife	Abitur
	Absparen in % des persönlichen Einkommens[a]		
Monatliches Nettoeinkommen			
unter DM 300,—	3,3 (139)	4,7 (40)	—
DM 300,— bis DM 400,—	4,1 (107)	2,8 (70)	2,7 (15)
DM 500,— und mehr	2,1 (65)	2,8 (75)	3,5 (52)

a) Zahl der Befragten jeweils in Klammern ( ) beigefügt.

Auch hinsichtlich der Höhe der bei gleichem Einkommen gebildeten Rücklagen unterscheiden sich die einzelnen Bildungsstufen kaum. Zwar liegt bei einem monatlichen Nettoeinkommen unter DM 500,— das (relative) Geldvermögen der Absolventen mit mittlerer Reife leicht über dem Durchschnitt, bei einem Einkommen von über DM 500,— ist es jedoch umgekehrt. Alles in allem wird auch hier kein eindeutiger Zusammenhang erkennbar (Tab. 26).

Tabelle 26

Geldvermögen und Schulbildung

Nur Angestellte und Beamte, die eigenes Einkommen beziehen	Volksschule	Schulabschluß Mittlere Reife	Abitur
	Geldvermögen in % des persönlichen Einkommens[a]		
Monatliches Nettoeinkommen			
unter DM 300,—	200 (139)	250 (40)	—
DM 300,— bis DM 400,—	240 (107)	290 (70)	220 (15)
DM 500,— und mehr	320 (65)	290 (75)	320 (52)

a) Zahl der Befragten jeweils in Klammern ( ) beigefügt.

2. Die Bildungsabhängigkeit des Sparens — eine Scheinkorrelation 123

Das gleiche gilt auch — wie wir überprüft haben — für das Netto-Geldvermögen, denn auch zwischen der Höhe der durchschnittlichen Verschuldung und dem Bildungsgrad wird nach der Isolierung von Einkommen und Beruf keine Korrelation erkennbar; selbst wenn man das Sachvermögen in Form des Hausbesitzes als Kriterium hinzuzieht oder wenn man noch weitere Faktoren (Alter, Stellung im Haushalt) isoliert, läßt sich kein klarer Zusammenhang zwischen Vermögensbildung und Schulabschluß feststellen.

Die Unterschiede im Sparverhalten der Arbeiter und der Angestellten und Beamten lassen sich somit nicht auf den Faktor Bildung zurückführen, wie sich auch bei einem direkten Vergleich dieser beiden Gruppen bei der Isolierung des Faktors Bildung zeigt. Arbeiter mit Volksschulbildung sparen weniger an und haben ein geringeres Geldvermögen als Angestellte und Beamte mit Volksschulbildung (vgl. Tabelle A 6 im Anhang). Lediglich ihre Absparquote liegt geringfügig über der der Angestellten und Beamten.

Die Schulbildung übt also offensichtlich keinen Einfluß auf das Sparverhalten aus; es sei denn, zwei entgegengesetzte Tendenzen würden sich genau kompensieren, d. h. einer Verstärkung der Sparmotivationen durch einen infolge besserer Schulbildung weiter reichender Planungshorizont bei einem bestimmten Personenkreis steht eine entsprechende Abschwächung der Sparmotivationen bei einer anderen Bevölkerungsgruppe gegenüber, bei der eine bessere Bildung höhere Konsumansprüche verursacht[39]. Das aber können wir anhand des vorliegenden Materials nicht überprüfen.

Die von uns ermittelte Unabhängigkeit des Sparens vom Faktor Bildung widerspricht der fast allgemein in der Literatur vertretenen Ansicht, mit besserem Bildungsgrad werde die Einstellung zum Sparen positiver und entsprechend nehme auch das Sparen selber zu. Da sich die betreffenden Autoren, insbesondere Becker[40], Blume[41], Boehme[42] und Paschke[43] dabei auf die Ergebnisse empirischer Untersuchungen berufen, sollen die aufgetretenen Widersprüche anhand des zitierten Beweismaterials geklärt werden[44].

---

[39] Vgl. Farrell, M. J., a.a.O., S. 354 f.

[40] Becker, W.-D.: Die Einstellung zum Sparen. Ausgangspunkte zur Erforschung der Sparmotive, in: Sparkasse, 75. Jg. (1958), H. 21, S. 342.

[41] Blume, O.: Sparmotive und Spartätigkeit sozialer Gruppen, in: Sparkasse, 76. Jg. (1959), H. 7, S. 140 f.

[42] Boehme, H.: Geldwertbewußtsein und Sparerverhalten, Köln und Opladen 1960, S. 63.

[43] Paschke, W.: Bestimmungsgründe des persönlichen Sparens, a.a.O., S. 183.

[44] Da sich Boehme und Paschke wiederum auf die empirischen Ergebnisse bei Becker und Blume stützen, braucht lediglich das Material der beiden letzteren genauer überprüft zu werden.

6. Kap.: Das Sparen unter dem Einfluß sozialer Normen

Amerikanische Untersuchungen lassen keine eindeutigen Schlüsse zu. Friend[45] stellte für ein Sample aus dem Jahre 1945 zwar eine positive Korrelation zwischen Bildungsgrad und Sparquote fest; bei einer späteren Erhebung im Jahre 1946 war jedoch kaum ein Einfluß des Faktors Bildung zu erkennen. Die für eine Bildungsabhängigkeit des Sparens sprechenden Ergebnisse der genannten deutschen Autoren mögen teilweise darauf zurückzuführen sein, daß in den von ihnen als Beweismaterial hinzugezogenen Untersuchungen bis auf eine Ausnahme nur *Einstellungen* zum Sparen erhoben wurden, nicht aber das konkrete *Sparverhalten* selber; Einstellung und Verhalten brauchen aber keineswegs in jedem Falle identisch zu sein. Wenn sich zu der Frage, ob „Sparen heute wieder einen Sinn habe"[46], die Befragten mit mittlerer Reife oder Abitur zu 75 % oder 80 % positiv äußern, bei den Volksschülern hingegen nur zu 50 % (Anzahl der positiven Antworten in einer späteren Umfrage: Volksschüler 56 %, mittlere Reife 67 %, Abitur 76 %, Hochschule 74 %)[47], so kann man daraus noch längst nicht ohne weiteres folgern, die Absolventen einer Mittel- oder Oberschule würden auch tatsächlich in überproportionalem Maße Geld zurücklegen. Auch bei den übrigen zitierten Beweismitteln handelt es sich um Einstellungsfragen[48]; lediglich in einer einzigen Untersuchung wird auch das konkrete Verhalten erhoben, jedoch unmittelbar im Anschluß an eine Einstellungsfrage, so daß auch hier die Gefahr einer Verzerrung vorliegt, da es für einen Befragten, der sich gerade positiv über den Sinn des Sparens geäußert hat, psychologisch recht schwierig ist, sofort anschließend zuzugeben, daß er persönlich nicht spart und damit gegen seine eigene Einstellung oder Überzeugung han-

---

[45] Friend, I.: Individuals' Saving, New York - London 1954, S. 131.

[46] Intermarket: Das Wirtschaftswunder an Rhein und Ruhr, als Manuskript vervielfältigt, 2. Aufl., Düsseldorf 1956, S. 35. Wortlaut der Frage: Zwei Männer unterhalten sich über das Sparen. Der eine sagt: „Es ist richtig, sein Geld zu sparen. Sparen hat heute wieder Sinn." — Der andere sagt: „Ich halte nichts vom Sparen. Wenn man sein Geld ausgibt, dann hat man wenigstens etwas davon." Welche der beiden Ansichten halten Sie persönlich für richtig? (zitiert bei Becker).

[47] Intermarket: Das Verhalten der Verbraucher, Düsseldorf 1957, S. 4 (zitiert bei Becker).

[48] z. B. bei der von Becker hinzugezogenen Untersuchung des Instituts für Demoskopie, Allensbach („Die Rentenreform", 1956, Anhang Tabelle XIII).
Frage: „Sehen Sie einmal her! Da unterhalten sich zwei Männer; wenn Sie gefragt würden — wer von den beiden hat den richtigen Standpunkt?"
Vorlage eines Bildblattes, das folgende Alternativen enthält:
A. „Ich will sparen und erwarte, daß alles getan wird, um den Wert des Geldes zu erhalten. Ich glaube auch, daß das nicht so schwer ist, wenn nur die Regierung in Bonn dafür sorgt."
B. „Ich will nichts sparen, das Geld behält doch nicht seinen Wert. Ich will mir deshalb lieber für alles, was ich verdiene, gleich etwas anschaffen."

2. Die Bildungsabhängigkeit des Sparens — eine Scheinkorrelation

delt[49]. Aber selbst, wenn wir diesen durch die Anordnung der Fragen entstandenen möglichen Verzerrungseffekt außer acht lassen, bleibt ein noch stärkerer methodischer Einwand gegen die Interpretation der empirischen Befunde im Sinne einer „Bildungsabhängigkeit" des Sparverhaltens bestehen; offensichtlich fehlt jede Überprüfung, ob es sich bei den ermittelten Korrelationen nicht um „scheinbare Zusammenhänge"[50] oder „Scheinkorrelationen"[51] handelt. Es wird hier lediglich in Form einer Einfachkorrelationen konstatiert, daß ein Zusammenhang zwischen dem Bildungsniveau und der Tatsache des Sparens oder Nichtsparens vorliege. Da aber die Angehörigen höherer Bildungsschichten im Durchschnitt über ein größeres Einkommen verfügen und meist sparfreudigeren Berufsgruppen angehören als Volksschulabsolventen, käme die ermittelte Korrelation zwischen Sparverhalten und Bildung bei einer Isolierung der Faktoren Einkommen und Beruf wahrscheinlich zum Verschwinden. Die Ergebnisse der genannten empirischen Erhebungen können also wegen ihrer methodischen Ungenauigkeiten keinesfalls als ernsthafter Einwand gegen unsere Hypothese von der Bildungsunabhängigkeit des Sparverhaltens gelten.

Eine andere Frage ist es, wie jene spezifische Form der wirtschaftlichen „Bildung" mit der Spartätigkeit zusammenhängt, die sich in einer besonderen, überdurchschnittlichen Vertrautheit mit den abstrakten Formen des Umgangs mit Geld äußert, insbesondere in der Handhabung der bargeldlosen Zahlungsweise. Das Sparen auf einem Konto, der zwanglose Umgang mit diesem Konto, die Wahl bestimmter Geldanlageformen, zum Beispiel steuer- oder prämienbegünstigte Sparverträge, Lebensversicherungen oder Wertpapiersparen, setzen ein Mindestmaß an Abstraktionsvermögen voraus. Man könnte daher vermuten, daß Kenntnisse in solchen abstrakten Geldgeschäften den Schritt zur Errichtung eines eigenen

---

[49] Institut für Selbsthilfe e. V.: Verbraucherstudie 1957; zitiert nach Blume, O., a.a.O., S. 139.

A. Frage: „Was halten Sie überhaupt vom Sparen: Soll man — so wie die Dinge heute liegen — möglichst viel sparen, oder soll man alles Geld ausgeben? Oder was denken Sie sonst?"

Für diese Frage wurden die folgenden Antwortmöglichkeiten vorgegeben:
a) möglichst viel sparen
b) nur für bestimmte Zwecke sparen
c) nur Notgroschen hinlegen
d) alles Geld ausgeben
e) andere Antwort

B. Frage: „Sparen Sie nun tatsächlich auch?"
f) ja
g) nein

[50] Kellerer, H.: Statistik im modernen Wirtschafts- und Sozialleben, Rowohlts Deutsche Enzyklopädie, Bd. 103/104, Hamburg 1960, S. 186.

[51] Noelle, E.: Umfragen in der Massengesellschaft, Rowohlts Deutsche Enzyklopädie, Bd. 177/178, Hamburg 1963, S. 234 ff.

6. Kap.: Das Sparen unter dem Einfluß sozialer Normen

Kontos und damit zum institutionalisierten Sparen technisch erleichtern und gleichzeitig psychische „Barrieren" abbauen, die in der unpersönlichen Atmosphäre der Geldinstitute leicht gegeben sind; Kenntnisse dieser Art vermittelt oft zwangsläufig der Beruf oder die Ausbildung für einen bestimmten Beruf. Der Beruf des Arbeiters oder Landarbeiters bringt solche Fertigkeiten so gut wie gar nicht mit sich, während bei den Angestellten und Beamten ein Großteil der beruflichen Tätigkeit darin besteht, abstrakte Geldgeschäfte zu erledigen oder ähnliche Vorgänge zu bearbeiten.

Möglicherweise resultieren daher die von uns festgestellten Unterschiede im Sparverhalten der Arbeiter sowie der Angestellten und Beamten aus diesem stark differierenden Grad an Vertrautheit mit Buchgeld und Zahlungsvorgängen, zumal wir ja in unserer Untersuchung hauptsächlich das institutionalisierte Sparen erfaßt haben. Die Einflußgröße „Vertrautheit mit abstrakten Geld- und Rechtsgeschäften" haben wir dabei anhand folgender Frage operationalisiert und gemessen:

Frage: „Steht irgend etwas auf dieser Liste hier, was Sie persönlich schon irgendwann einmal gemacht haben?"

Die Liste enthält folgende Angaben:
(1) Ein Konto bei der Sparkasse oder Bank eingerichtet
(2) Eine Steuerklärung ausgefüllt
(3) Einen Antrag gestellt, um Kredit von der Sparkasse oder Bank zu bekommen
(4) Einen Versicherungsvertrag geprüft, ob nichts vergessen ist
(5) Einen Abzahlungsvertrag abgeschlossen
(6) Wertpapiere gekauft oder verkauft
(7) Einen Wechsel unterschrieben
(8) Auf mein Konto einen Scheck ausgestellt
(9) Von meinem Konto Geld überwiesen

Da Ansparen und der Besitz von Geldvermögen, jedenfalls so wie beide Größen in unserer Untersuchung zur Auswertung des empirischen Materials definiert wurden, fast notwendigerweise an den Besitz eines Kontos gebunden sind, blieben die Listenpunkte 1 (Konto eingerichtet), 8 (Scheck ausgestellt) und 9 (Überweisung vorgenommen) unberücksichtigt.

Aus diesen Zahlen läßt sich keine eindeutige Abhängigkeit der Sparquote von dem Grad der Vertrautheit mit abstrakten Geld- und Rechtsgeschäften ablesen; zwar steigt die Sparquote in der untersten Einkommensschicht mit zunehmender Praxis in Gelddingen an, dafür zeigt sich in der obersten Einkommensschicht aber eine leicht umgekehrte Tendenz (Tab. 27).

2. Die Bildungsabhängigkeit des Sparens — eine Scheinkorrelation

Tabelle 27

Ansparen und Vertrautheit mit abstrakten Geld- und Rechtsgeschäften

Nur Einkommensbezieher	Zahl der genannten Listenpunkte			
	0	1	2 - 3	4 u. mehr
	Ansparen in % des persönlichen Einkommens[a]			
Angestellte und Beamte				
Monatliches Nettoeinkommen:				
unter 300,— DM	5,0 (143)	5,8 (34)	7,8 (16)	—
300,— bis 499,— DM	5,1 (86)	5,7 (55)	6,0 (45)	—
500,— DM und mehr	12,4 (47)	13,0 (40)	8,6 (70)	5,4 (31)
Arbeiter und Landarbeiter				
Monatliches Nettoeinkommen:				
unter 300,— DM	2,8 (265)	4,8 (79)	5,7 (28)	—
300,— bis 499,— DM	4,2 (159)	2,6 (128)	2,1 (68)	—
500,— DM und mehr	2,0 (43)	2,9 (53)	1,9 (53)	—

a) Die Zahl der Befragten in der jeweiligen Gruppe ist in Klammern ( ) beigefügt.

Eine zusätzliche Überprüfung dieses Befundes anhand des Geldvermögens der Befragten scheint schon eher für einen Zusammenhang zwischen Sparverhalten und ökonomischer Bildung zu sprechen (Tab. 28).

Tabelle 28

Geldvermögen und Vertrautheit mit abstrakten Geld- und Rechtsgeschäften

Nur Einkommensbezieher	Zahl der genannten Listenpunkte			
	0	1	2 - 3	4 u. mehr
	Geldvermögen in % des persönlichen Einkommens[a]			
Angestellte und Beamte				
Monatliches Nettoeinkommen:				
unter 300,— DM	180 (143)	230 (34)	740 (16)	—
300,— bis 499,— DM	250 (86)	250 (55)	310 (45)	—
500,— DM und mehr	300 (47)	260 (40)	350 (77)	330 (31)
Arbeiter und Landarbeiter				
Monatliches Nettoeinkommen:				
unter 300,— DM	140 (265)	100 (79)	230 (28)	—
300,— bis 499,— DM	120 (159)	130 (128)	190 (68)	—
500,— DM und mehr	170 (43)	210 (53)	90 (53)	—

a) Die Zahl der Befragten in der jeweiligen Gruppe ist in Klammern ( ) beigefügt.

Aber auch hier läßt sich kein ganz eindeutiges Bild gewinnen. Selbst wenn man die Tatsache, daß in wenigstens drei der sechs Gruppen (Angestellte und Beamte unter DM 300,— Einkommen und zwischen DM 300,— und DM 500,— Einkommen sowie Arbeiter zwischen DM 300,— und DM 500,— Einkommen) höheres Geldvermögen mit stärkerer Vertrautheit mit abstrakten Geldgeschäften Hand in Hand geht, als funktionales Abhängigkeitsverhältnis zwischen beiden Größen deuten möchte, da in den restlichen Gruppen zumindest keine ausgesprochen gegenläufige Tendenz, eher ein unklarer Zusammenhang zu beobachten ist, so erklärt das noch nicht die Richtung eines etwaigen kausalen Zusammenhangs. Ein solches Ursache-Wirkung-Verhältnis kann nicht nur darin bestehen, daß mehr Geldvermögen gebildet wurde, weil die Befragten über alle damit verbundenen organisatorischen Vorkehrungen besser informiert waren; genauso erscheint ein Kausalzusammenhang in umgekehrter Richtung denkbar, denn wer ein größeres Vermögen besitzt, kommt zwangsläufig leichter und häufiger mit bestimmten Dingen wie Steuererklärung, Versicherungsvertrag, Wertpapiertransaktion, Wechselausstellung oder Bankkredit in Berührung als der Vermögenslose oder der Besitzer eines kleineren Vermögens.

Alles in allem hat sich die Hypothese vom Zusammenhang zwischen Kenntnissen in Geld- und Rechtsgeschäften einerseits und der Spartätigkeit andererseits nicht voll bestätigt. Das unterschiedliche Sparverhalten der Arbeiter und der Angestellten kann also nicht aus der unterschiedlichen Gewandtheit im Schriftverkehr und Vertrautheit mit abstrakten Rechengrößen erklärt werden. Für die praktische Vermögensbildungspolitik bedeutet das, daß die mancherseits ausgesprochenen Hoffnungen, durch einen technischen Kunstgriff, über eine Einführung der bargeldlosen Lohnzahlung und eine damit zwangsläufig verbundene Gewöhnung des Arbeiters an Buchgeld diese Berufsgruppe zu einem verstärkten Sparen zu bewegen, nur geringe Aussichten auf Erfolg versprechen.

3. Die soziale Schicht

Neben der Berufsgruppe und der Bildungsschicht beeinflußt die Zugehörigkeit zu einer bestimmten sozialen Schicht die Verhaltensweisen der Wirtschaftssubjekte[52]. Der Begriff der sozialen Schicht setzt dabei voraus, daß nicht alle Mitglieder einer Gesellschaft gleiches soziales Ansehen genießen, sondern daß eine Abstufung und Rangordnung gegeben ist. Wenn die moderne Industriegesellschaft auch nicht mehr eine so eindeutige hierarchische Gliederung ihres Sozialgefüges aufweist, wie dies früher auf Grund ständischer, feudaler oder ethnischer Schichtstrukturen der Fall war, so kann man ihr doch eine gewisse Gliederung nicht absprechen[53]. Charakteristikum dieser Gliederung ist allerdings, daß sie nicht auf einen einzigen Faktor zurückzuführen ist, sondern durch das Zusammenwirken mehrerer „Teilstrukturen", wie z. B. Einkommensstruktur, Bildungsstruktur und Berufsstruktur, zustande kommt. Solange die Teilstrukturen parallel laufen, also z. B. höheres Einkommen, bessere

---

[52] Vgl. Ghaussy, Gh., a.a.O., S. 174 ff.
[53] Mayntz, R.: Begriff und empirische Erfassung des sozialen Status, in: Kölner Ztschr. f. Soziologie u. Sozialpsychologie, 10. Jg. (1958), S. 59.

3. Die soziale Schicht

Schulbildung und angesehener Beruf zusammentreffen, ist die Bestimmung der Schichtzugehörigkeit relativ einfach; schwieriger wird es, wenn eine Kongruenz der Teilschichtungen nicht mehr gegeben ist, etwa im Falle des reichen Gemüsehändlers, des schlechtbezahlten Wissenschaftlers oder des Arbeiters mit einem höheren politischen Ehrenamt. Immerhin mißt die Gesellschaft auch diesen atypischen Fällen einen bestimmten, freilich nicht unbedingt stabilen Status zu, der von dem der einzelnen Einkommens-, Bildungs- oder Berufsgruppe abweichen mag. Der Status als Stellung innerhalb eines differenzierten sozialen Systems schließt ein dieser Stellung zugemessenes soziales Prestige, aber auch bestimmte Verhaltenserwartungen ein[54].

Solchen Verhaltenserwartungen werden vielfach Wirkungen auf das Sparverhalten zugeschrieben, sei es in dem Sinne, daß bei einem höheren sozialen Status ein größeres Verantwortungsgefühl und eine bessere Zukunftsvorsorge und damit ein stärkeres Sparen erwartet wird, sei es, daß zur Erhaltung des Prestiges eine Dokumentation der Schichtzugehörigkeit in Form einer aufwendigen — und damit sparfeindlichen — Lebenshaltung als erforderlich erachtet wird. Werden beide Verhaltensweisen gleichzeitig erwartet, so ergibt sich besonders dort ein Dilemma, wo die Zugehörigkeit zu einer gehobenen sozialen Schicht entgegen der Einkommenssituation allein auf Grund anderer Faktoren wie z. B. Bildung, Beruf oder Herkunft gegeben ist.

Die Aufgabe, diese Fälle empirisch zu untersuchen, stößt auf die Schwierigkeit, den sozialen Status empirisch zu erfassen. Die empirische Sozialforschung begnügt sich meist ebenso wie die Markt- und Meinungsforschung mit einer recht groben Einteilung in Oberschicht, obere Mittelschicht, breite Mittelschicht und Unterschicht. Dabei wird die Schichteinstufung der Befragten fast immer dem Interviewer überlassen; das mag eine gewisse Verzerrung auf Grund unterschiedlicher subjektiver Wertmaßstäbe der einzelnen Interviewer zur Folge haben[55]. Um die Willkür bei der Einstufung möglichst gering zu halten, waren in der Untersuchung „Umgang mit Geld" den Interviewern bestimmte Merkmale und Beispiele vorgegeben, anhand derer die Schichtzuordnung vorzunehmen war. Dabei sollten vor allem die berufliche Stellung und das Bildungsniveau, aber auch der Lebensstil, die finanziellen und wirtschaftlichen Verhältnisse und die Ausstattung der Wohnung berücksichtigt werden.

---
[54] Ebenda, S. 60.
[55] Allerdings sollten sie auch nicht überschätzt werden: Ein Vergleich zwischen der Schichtzuordnung auf Grund der Interviewereinstufung und einer nachträglichen Einstufung mit Hilfe eines komplizierten sozio-ökonomischen Statusindex, den das soziologische Forschungsinstitut der Kölner Universität durchgeführt hat, zeigte eine weitgehende Übereinstimmung der Ergebnisse. Vgl. Scheuch, E. K. und Rüschemeyer, R.: Scaling Social Status in Western Germany, in: The British Journal of Sociology, Vol. 11 (1960), S. 158 ff.

Nach der Interviewereinstufung zählten 1 % der Befragten zur Oberschicht, 21 % zur gehobenen, 64 % zur breiten Mittelschicht, sowie 13 % der Befragten zur Unterschicht[56]. Bei einer ersten einfachen Korrelation zeigte sich zwar ein starker Zusammenhang zwischen Sparquote und sozialer Schicht; je höher die Schicht, desto größer die Sparquote. Da jedoch bei der vorliegenden Schichteinstufung Einkommen und Beruf eine große Rolle spielen, müssen wir das Einkommen und den Beruf isolieren, um festzustellen, ob von den übrigen den sozialen Status bestimmenden Momenten irgendwelche zusätzlichen Einflüsse ausgehen.

Tabelle 29

Ansparen und soziale Schicht

Nur Einkommensbezieher	Monatliches Nettoeinkommen		
	unter DM 300,—	DM 300,— bis DM 499,—	DM 500,— und mehr
	Ansparen in % des persönlichen Einkommens[a]		
Angestellte und Beamte			
Interviewereinstufung:			
Gehobene Mittelschicht	5,8 (41)	4,9 (56)	9,9 (115)
Breite Mittelschicht	5,3 (116)	6,4 (124)	9,8 (80)
Untere Schicht	5,2 (34)	—	—
Arbeiter und Landarbeiter			
Interviewereinstufung:			
Gehobene Mittelschicht	3,2 (20)	3,6 (23)	2,2 (17)
Breite Mittelschicht	3,6 (228)	3,4 (289)	2,7 (129)
Untere Schicht	3,1 (120)	1,3 (50)	—

a) Die absolute Zahl der Ansparer ist für jede Gruppe in Klammern ( ) beigefügt.

Damit verschwindet alsbald jegliche Korrelation mit der sozialen Schichtung. Ob ein Angestellter oder Beamter zur gehobenen Mittelschicht, zur breiten Mittelschicht oder zur Unterschicht gehört, scheint auf sein Sparverhalten keinen Einfluß auszuüben, sofern man den Faktor Einkommen konstant hält. Auch bei den Arbeitern zeigen sich keine signifikanten Unterschiede in der Sparquote der einzelnen Schichten; ein Arbeiter, der der gehobenen Mittelschicht zugerechnet wird, spart keineswegs mehr als ein Arbeiter der breiten Mittelschicht (Tab. 29).

Hingegen werden abermals starke berufsspezifische Unterschiede im Sparverhalten sichtbar. Bei gleichem Einkommen und Zugehörigkeit zur gleichen sozialen Schicht sparen Arbeiter weniger als Angestellte oder Beamte.

---

[56] 1 % der Befragten war nicht eingestuft worden.

Von einer Abhängigkeit des Sparverhaltens von der sozialen Schicht können wir daher nur sprechen, wenn wir den Begriff soziale Schichtung lediglich als Oberbegriff für Einkommen und Beruf verstehen. Die Feststellung, das Sparverhalten sei von Beruf, Einkommen *und* sozialer Schicht[57] abhängig, ist daher entweder tautologisch oder gibt eine Scheinkorrelation wieder. Zumindest bedarf es einer anderen empirischen Erhebung des Tatbestandes „soziale Schicht" als durch einfache Interviewereinstufung, wenn man auf diese Art und Weise die soziale Bezugsgruppe ermitteln will, nach denen die Befragten ihr Konsum- und Sparverhalten ausrichten.

---

[57] Paschke, W., a.a.O., S. 184.

Siebentes Kapitel

Subjektive und objektive Liquidität

In der modernen Geldtheorie finden wir die Unterscheidung zwischen der „objektiven" und der „subjektiven" Liquidität, die den tatsächlichen Besitz an finanziellen Mitteln (einschließlich der tatsächlichen Rückgriffsmöglichkeiten durch Verschuldung) als objektive Größe von dem trennt, was als finanzieller Spielraum den Überlegungen und Plänen des Wirtschafters subjektiv zugrunde liegt[1]. Bei einer pessimistischen oder zur Vorsicht neigenden Grundhaltung des Wirtschaftssubjekts kann dabei die an Hand objektiver Kriterien (Bargeldbesitz, Kontenstand, Kreditspielraum) ermittelte objektive Liquidität leicht größer sein als die subjektive; bei Optimismus und positiven Erwartungen wird hingegen der finanzielle Spielraum leicht überschätzt: die subjektive Liquidität übersteigt die objektive.

Wir haben näher untersucht, in welcher Weise solche subjektiven Einstellungen zu den gegebenen finanziellen Möglichkeiten mit dem effektiven Sparverhalten zusammenhängen. Dazu mußten wir jedoch einen Liquiditätsbegriff benutzen, der von der seit dem sogenannten Radcliff-Report[2] üblich gewordenen Definition etwas abweicht; während diese Definition die Kreditmöglichkeiten mit umfaßt, müssen wir hier vom Kreditspielraum absehen, über den die Befragten sich nicht zu äußern hatten. Für die Ermittlung der „subjektiven Liquidität" diente stattdessen die folgende Frage:

„Angenommen, Sie würden plötzlich alle Ihre Einnahmen verlieren und bekämen auch keine Unterstützung und überhaupt gar nichts — wie lange würden Sie dann noch durchkommen, mit dem, was Sie sich zurückgelegt haben —? Ich meine, bevor Sie sich wesentlich einschränken oder gar anfangen müßten, etwas von Ihren Sachen zu verkaufen."

Neben dem Kredit blieben also bei dieser Frage auch die liquiden Mittel in Form von Wertpapieren und anderen verkäuflichen Werten unberücksichtigt.

---

[1] Schmölders, G.: Geldpolitik, Tübingen - Zürich 1962, S. 92 ff.
[2] Report of the Committee on the Working of the Monetary System, London 1959, S. 132.

7. Kap.: Subjektive und objektive Liquidität

Dieser begrifflich etwas eingeschränkten subjektiven Liquidität stellten wir als objektive Liquidität die auf Konten gehaltenen Guthaben gegenüber. Die Angaben zu beiden Komplexen stammten vom Befragten selbst; da sie jedoch an verschiedenen Stellen im Fragebogen und jeweils in einem anderen Sachzusammenhang erfragt wurden, erscheint es ziemlich ausgeschlossen, daß der Befragte seine Antworten während des Interviews bewußt aufeinander abgestimmt haben konnte.

In der Analyse wurden nur diejenigen Personen berücksichtigt, die über eigenes Einkommen und ein eigenes Konto verfügten und die gleichzeitig irgendeinen Zeitraum genannt hatten, für den sie glaubten, mit ihren Rücklagen auskommen zu können.

Zunächst wurde für jede dieser Personen rechnerisch ermittelt, welche Ausgaben (= Einkommen abzüglich Sparbeträge) sie in dem von ihnen angegebenen Zeitraum bei unveränderter Lebensführung gehabt haben würden. Auf diese Weise wurde der zunächst erfragte zeitliche Liquiditätsbegriff in eine Geldgröße umgerechnet, die wir hier als subjektive Liquidität bezeichnen wollen. Diese subjektive Liquidität wurde den addierter Guthaben sämtlicher Spar- und Girokonten gegenübergestellt, die wir hier objektive Liquidität benennen.

Bei diesem Vergleich stellte sich heraus, daß über drei Viertel der Befragten ihren finanziellen Spielraum eher zu hoch einschätzten und nur ein knappes Viertel zu einer übertrieben vorsichtigen Beurteilung der eigenen finanziellen Möglichkeiten neigte[3]. So interessant dieser Befund für sich selbst auch bereits sein mag, besondere Bedeutung gewinnt er, wenn wir die Auswirkungen einer solchen Einschätzung der vorhandenen Reserven und der zu erwartenden Ausgaben auf das Sparverhalten betrachten. Diejenigen, die ihre subjektive Liquidität zu niedrig ansetzten, sparten von ihrem laufenden Einkommen dreimal so viel wie die Gegengruppe der Personen, die ihre subjektive Liquidität zu hoch angaben (Tab. 30).

Ähnlich verhält es sich mit den Rücklagen: Während die „Optimisten", die ihre Rücklagen über- und ihre künftigen Verpflichtungen unterschätzten, Geldvermögen in Höhe von drei Monatsgehältern gebildet hatten, verfügten die Personen, die zu einer umgekehrten Beurteilung ihrer Situation neigten, über ein durchschnittliches Geldvermögen in der Größenordnung von rund 8 Monatsgehältern, also fast über das Dreifache. Die sich in einer solchen vorsichtigen Haltung widerspiegelnde

---

[3] Die Mittelgruppe, bei der objektive und subjektive Liquidität *genau* übereinstimmen, macht nur 0,3 % der Befragten aus; sie würde zweifelsohne größer werden, wenn wir eine gewisse „Bandbreite" — etwa ± 20 % — berücksichtigen würden. Das würde aber die Einzelberechnung wesentlich komplizierter machen; für unsere Analyse, die in erster Linie Tendenzen ermitteln will, genügt die vorgenommene Einteilung.

Angst vor der Zukunft scheint somit eines der stärksten Sparmotive zu sein.

Tabelle 30

Der Einfluß der objektiven und der subjektiven Liquidität auf das Sparverhalten

	Der Befrage seine finanziellen Reserven	
	überschätzt	unterschätzt
Geldvermögen in % des monatlichen Nettoeinkommens	300	790
Ansparquote in % des monatlichen Nettoeinkommens	5,7	15,8
Zahl der Befragten	548	168

Zur Erklärung wirtschaftlicher Tatbestände genügt es daher meist nicht, allein die „objektiven" Daten zu kennen; erst wenn man etwas darüber weiß, mit welchen spezifischen Einstellungen und Erwartungen der handelnden Personen sie zusammentreffen, kann man eine Prognose wagen. Eine übervorsichtige Beurteilung der eigenen finanziellen Mittel kann beispielsweise in einem konjunkturellen Abschwung bei diesen Personen zu einem verstärkten Sparen führen statt zu einem Entsparen, wodurch sich gesamtwirtschaftlich die Depression noch verschärft. Das gilt insbesondere dann, wenn eine solche Stimmung ansteckend wirkt und sich auf immer weitere Kreise der Bevölkerung erstreckt. Wie unbeweglich Spareinlagen in einer derartigen Situation und wie stark psychische „Sperren" gegen ein Entsparen werden können, zeigt sich an der Entwicklung der Spareinlagen in Deutschland während der Weltwirtschaftskrise: im ersten Jahr der Krise, 1930, stiegen die Sparguthaben trotz ungünstiger Wirtschaftsentwicklung noch weiter an; selbst im Jahre 1932, im Tiefpunkt der Krise, bei einem Millionenheer von Arbeitslosen, hatten sich die Einlagen um nur 8 % gegenüber dem Höchststand im Jahre 1930 vermindert[4].

Fragen wir nach den Faktoren, die eine solche Grundeinstellung determinieren, so müssen wir zwischen einer dynamischen Betrachtung, die alle sich im Zeitablauf ändernden Größen wie wirtschaftliche Entwicklung und Zukunftserwartungen umfaßt, und einer mehr statischen Betrachtung unterscheiden, die nur eine Analyse der Einflußgrößen zu einem bestimmten Zeitpunkt vornimmt; unsere Befragungsdaten erlauben nur eine solche statische Betrachtung.

---

[4] Die Beständigkeit der Sparsumme (o. Verf.), in: Sparkasse, 76. Jg. (1959), S. 70.

Die Tatsache der Überschätzung oder Unterschätzung der Liquidität hängt, wie wir überprüft haben, weder mit dem Alter noch mit dem Beruf oder der Schulbildung zusammen. Auch eine Vermutung, daß ein planvolles Wirtschaften mit dem Haushaltsgeld mit einer Unterschätzung der Liquidität Hand in Hand geht[5], hat sich nicht bestätigt.

Hingegen wird ein Einfluß des Geschlechts erkennbar: Frauen neigen eher zu einer (zu) vorsichtigen Beurteilung ihrer vorhandenen Liquiditätsreserven als Männer. Auch der Familienstand spielt eine gewisse Rolle: Ledige schätzen ihre Liquidität häufiger zu hoch ein als Verheiratete. Daneben besteht noch ein gewisser Zusammenhang mit dem Einkommen: Je niedriger das Einkommen, desto mehr tendieren die Befragten zu einer vorsichtigen Beurteilung der Lage und desto leichter wird die objektive Liquidität zu niedrig angegeben.

Jedoch erweisen sich alle diese Korrelationen mit den demographischen Merkmalen als ziemlich schwach, so daß es wahrscheinlich in erster Linie individualpsychische Faktoren sein dürften, die diese Einstellung zum zurückgelegten eigenen Geld bewirken.

Solche starken Unterschiede im Sparverhalten wie zwischen den „Optimisten" und den „Pessimisten" haben sich bisher weder beim Einkommen noch bei irgendeinem anderen demographischen Merkmal wie Alter, Lebenszyklus oder Beruf ergeben. Damit ist auch die Richtung angedeutet, die von der empirischen Sparforschung in Zukunft eingeschlagen werden muß; ohne Berücksichtigung subjektiver Faktoren, wie Meinungen und Einstellungen, und ohne Zuhilfenahme psychologischer Kategorien, die freilich oft nicht ganz einfach zu erheben sind, wird sich eine befriedigende Erklärung der Motive und Determinanten des Sparprozesses kaum finden lassen.

---

[5] Ermittelt durch folgende Frage: „Wenn Sie nach dieser Liste hier sagen sollten, wie sie das Wirtschaftsgeld im allgemeinen einteilen — wie machen Sie es: mehr so wie oben oder mehr so wie unten?"

Wie oben: Ich teile am Monatsanfang das Wirtschaftsgeld genau in verschiedene Posten auf, wie Miete, Essen, Strom, Wäsche usw., so daß dieses Geld erstmal weg ist.

Wie unten: Ich teile das Wirtschaftsgeld nicht in einzelne Posten auf, sondern zahle alles, was bezahlt werden muß, so wie es gerade kommt und solange das Geld reicht.

Achtes Kapitel

Ergebnisse und Hypothesen

Bevor abschließend die wichtigsten Ergebnisse unserer eigenen empirischen Untersuchung zusammengefaßt und die daraus abgeleiteten Hypothesen herausgestellt werden sollen, sei nochmals auf Einschränkungen methodischer Art hingewiesen, die das zur Verfügung stehende empirische Urmaterial bedingt[1].

Die Aussagen basieren weitgehend auf einer Querschnittsanalyse, können also genaugenommen nur auf eine solche angewendet werden. In allen Fällen, in denen trotzdem die dynamische Interpretation einer Längsschnittbetrachtung gewählt wurde, tragen die Aussagen nur Hypothesencharakter und können keineswegs als abgesichert gelten. Aber auch die übrigen Ergebnisse bedürfen zusätzlicher Einschränkungen: Da das Urmaterial nur das regelmäßige freiwillige Sparen erfaßt hat, beziehen sich alle Aussagen nur darauf; beim Vermögen wurde nur das Geldvermögen (einschließlich Wertpapiere) erhoben. Insofern wäre jeder Vergleich mit aggregierten Gesamtgrößen verfehlt; die zur Kennzeichnung des Sparverhaltens benutzten Größen „Ansparen", „Absparen" und „Geldvermögensbildung" haben lediglich den Charakter von Indikatoren, bei denen nicht Größenordnungen sondern Unterschiede und Tendenzen Bedeutung haben.

Da ferner nur das Sparverhalten der *privaten Haushalte* erfaßt wurde, die betriebliche Sphäre bei den Unternehmern und Landwirten also fehlt, ist ein Vergleich dieser beiden Berufsgruppen mit den Arbeitnehmern nur bedingt möglich. Aber auch bei den Arbeitnehmern fehlt das institutionalisierte Zwangssparen (Sozialversicherung), dessen Existenz sicher nicht ohne Einfluß auf das freiwillige Sparen sein dürfte.

Zuletzt sei noch einmal darauf hingewiesen, daß Repräsentativerhebungen im allgemeinen nur Aussagen über den Bereich der unteren und mittleren Einkommen zulassen und die gesamtwirtschaftlich besonders ins Gewicht fallenden Bezieher hoher Einkommen — wenn überhaupt — nur in einer gesonderten Spezialerhebung erfaßt werden können.

---

[1] Vgl. hierzu Fricke, D.: Das Sparen im Spannungsfeld der Bedürfnisse, a.a.O., S. 57 f.

8. Kap.: Ergebnisse und Hypothesen

Alle folgenden Aussagen haben also nur Hypothesencharakter und bedürfen weiterer Überprüfungen. Unter diesem Vorbehalt sollen die wichtigsten Ergebnisse unserer Untersuchung und die darauf basierenden Hypothesen noch einmal zusammengefaßt werden:

1. Es wäre verfehlt, auf den privaten Sparer das Modell des rational handelnden Gewinnmaximierers anzuwenden, der — wie es das Sparprämiengesetz noch annimmt — auf einen erhöhten Zinsanreiz mit einer verstärkten Spartätigkeit reagiert. Vielmehr ist die Spar*quote* (nicht die Spar*form*) von Zinssatzvariationen unterhalb einer bestimmten Reizschwelle unabhängig; diese Reizschwelle liegt heute weit über der Höhe eines Zinsfußes von 10 %, der heute in etwa die Obergrenze der unter normalen Umständen realisierbaren Zinssätze markiert. Infolgedessen kann der Zins als bestimmendes Sparmotiv des privaten Sparers unter den derzeitigen Bedingungen ausgeschlossen werden.

2. Einen sehr starken Einfluß auf das Sparverhalten hat hingegen der Faktor Beruf. Es erscheint jedenfalls bei der in Deutschland gegebenen Sozialstruktur verfrüht anzunehmen, daß das Merkmal Einkommen schon als einziger Indikator für eine soziale Differenzierung hinreiche. Im Gegenteil, die berufsspezifischen Besonderheiten im Sparverhalten sind stets klar zu erkennen, während sich der Einfluß des Einkommens oftmals nur schwach ausprägt. Das gilt nicht nur für das unterschiedliche Sparverhalten von selbständig und unselbständig Beschäftigten, wo die durchweg höhere Sparquote der Selbständigen (auch bei gleichem Einkommen) mit der Notwendigkeit einer eigenen Altersvorsorge und den mit dem Investitionsmotiv verknüpften zusätzlichen Sparmotivationen erklärt werden kann. Auch innerhalb der Gruppe der Arbeitnehmer zeigen sich bei gleichem Einkommen deutliche Unterschiede: Angestellte und Beamte sparen mehr und verfügen über höhere Geldvermögensbestände als Arbeiter und Landarbeiter.

Alle Versuche, diese Unterschiede auf leicht erhebbare vordergründige Tatbestände zurückzuführen, hatten im Rahmen der vorliegenden Untersuchung keinen Erfolg. Vermutungen, daß etwa die schlechtere Schulbildung der Arbeiter oder ihre geringeren Kenntnisse in allen „abstrakten" Geld- und Rechtsgeschäften (z. B. Umgang mit dem Konto) die Ursache der weniger großen Sparfreudigkeit sein könnten, haben sich nicht bestätigt. Auch durch einen so groben Raster, wie ihn die in der Markt- und Meinungsforschung gebräuchliche Einteilung in „soziale Schichten" (Oberschicht, gehobene Mittelschicht, breite Mittelschicht, Unterschicht) nach dem Interviewereindruck darstellt, konnten die berufsspezifischen Unterschiede im Sparverhalten nicht erfaßt werden, da nach einer Isolierung der Faktoren Einkommen und Beruf jegliche Korrelation zwischen Sparverhalten und sozialer Schicht aufhörte. Hier bedarf es bei zukünftigen Untersuchungen feinerer Instrumente, die den sozialpsychologischen Hintergrund des Konsumentenverhaltens detaillierter erhebbar und überprüfbar machen könnten.

3. Die interessantesten Ergebnisse lieferte eine Analyse des Verlaufs der Konsumfunktion des Einkommens in der Querschnittsbetrachtung. Für die Querschnitts- (nicht für die Längsschnitt-!) betrachtung wird im allgemeinen ein Anwachsen der Ansparquote von den niedrigeren zu den höheren Einkommensstufen hin nicht mehr angezweifelt. Als Globalbefund hat sich das auch in unserer Untersuchung bestätigt, die Aufspaltung der Bevölkerungsgesamtheit in bestimmte Teilgruppen ergab jedoch eine Reihe von Differenzierungen. So scheint im Bereich der unteren Einkommen sowie in der gesamten Gruppe der Arbeiter eher ein proportionaler Zusammenhang zwischen Einkommen und Sparquote zu bestehen.

Wählt man als Indikator für die Spartätigkeit das relative Geldvermögen (Geldvermögen als Vielfaches des Nettoeinkommens), so wird nur bei den Angestellten und Beamten ein überproportionales Anwachsen des Geldvermögens bei höherem Einkommen erkennbar, in allen anderen Berufsgruppen scheint eine eher konstante Proportion zum Einkommen vorzuliegen.

Die durchschnittliche Sparquote und das durchschnittliche Geldvermögen einer Gruppe ergeben sich rechnerisch aus zwei bestimmenden Faktoren: aus dem Anteil der jeweiligen Sparer bzw. Geldvermögensbesitzer an der Gruppengesamtheit und aus der spezifischen Sparquote nur der Sparer bzw. dem spezifischen Geldvermögen nur der Geldvermögensbesitzer. Ein Ansteigen der Gesamtsparquote bzw. des durchschnittlichen Geldvermögens der Gesamtgruppe bei steigendem Einkommen läßt daher nicht ohne weiteres erkennen, ob dafür eine Erhöhung des Anteils der Sparer zu Lasten der Nichtsparer die Ursache ist oder ob diese Proportion konstant bleibt und nur die Sparquote bzw. das Geldvermögen der jeweiligen Sparer bei steigendem Einkommen größer wird.

Die empirischen Ergebnisse unserer Untersuchung zeigen eindeutig, daß sich der Anteil der Sparer und Vermögensbesitzer in jeder höheren Einkommensstufe vergrößert und der der Nichtsparer an der jeweiligen Gruppengesamtheit abnimmt. Diese Tendenzen lassen sich durchgängig in allen Berufsgruppen erkennen. Ein differenzierteres Bild ergibt sich bei einer Betrachtung der Sparquote und des relativen Geldvermögens, wenn man sie nur auf die Sparer bezieht. Die spezifische Sparquote *nur* der *Sparer* bleibt bei steigendem Einkommen entweder tendenziell konstant (Selbständige, Angestellte und Beamte) oder sinkt sogar (Landwirte, Arbeiter und Landarbeiter), steigt jedenfalls in keiner Gruppe an. Noch ausgeprägter zeigt sich diese Entwicklung beim Geldvermögen: Während in allen Berufsgruppen bei höherem Einkommen der Prozentsatz der Personen zunimmt, die in irgendeiner Form über Geldvermögen verfügen, vermindert sich gleichzeitig bei *diesen* die *relative* Höhe ihrer Reserven.

Dieser Befund, will man ihn nicht aus bestimmten anderen Faktoren und damit Scheinkorrelationen oder aus dem durch Krieg und Währungsreform gestörten Rhythmus der Vermögensbildung erklären, kann als Grundlage für eine Reihe von Hypothesen dienen:

(1) Es gibt nicht quer durch alle Einkommensschichten hin einen festen Prozentsatz von „geborenen" Sparern, etwa in dem Sinne, daß die sich von Einkommensschicht zu Einkommensschicht verbessernde Sparfähigkeit nur bei den individualpsychisch zum Sparen veranlagten Einkommensbeziehern durchschlägt und durch ein überproportionales Sparen nur bei diesen Personen das Bild der Sparfunktion im Sinne des „fundamental psychologischen Gesetzes" hervorgerufen wird.

(2) Das Sparen kann damit nicht als Restgröße angesehen werden, die sich aufgrund geringer werdender Konsumimpulse bei größer werdendem Einkommen automatisch ergibt. Gegen die Vorstellung von einem Residuum und der auch in den meisten Konsumtheorien angenommenen Asymmetrie von Konsum- und Sparplänen[2] spricht auch die Beobachtung, daß nach unseren Untersuchungen bei zunehmender Haushaltsgröße die Spartätigkeit keinesfalls in dem Maße zurückgeht wie die Sparfähigkeit und u. a. auch daher die Spartätigkeit im Lebenszyklus keinesfalls so stark schwankt wie die Sparfähigkeit, daß ferner bei einer Verschlechterung der Einkommenslage im Konjunkturverlauf nicht weniger, sondern zunächst mehr gespart wird.

(3) Gerade dieser letztgenannte Befund deutet auf eines der wichtigsten Sparmotive hin: auf das Sicherheitsmotiv[3], das durch die Angst vor der ungewissen Zukunft stärker wird, wenn die Konjunkturlage schlechter und dabei das Einkommen vielleicht geringer wird. Der starke Einfluß des Angstmotivs[4] kommt aber noch deutlicher in einem anderen empirischen Ergebnis zum Ausdruck: Die Pessimisten, die ihre finanziellen Reserven allgemein unterschätzen, bei denen die objektive Liquidität die subjektive Liquidität übersteigt,

---

[2] Vgl. Streissler, E. und M., a.a.O., S. 88.
[3] Vgl. Leland, H. E.: Saving and Uncertainty: The Precautionary Demand for Saving, in: Quarterly Journal of Economics, Vol. 82 (1968), S. 465 ff.
[4] Vgl. dazu die Diskussion zum Referat „Das Sparen im Spannungsfeld der Bedürfnisse" (Fricke, D., a.a.O., S. 59 f.).

sparen ceteris paribus dreimal so viel und verfügen über ein dreimal so großes Geldvermögen wie die Optimisten, die zu einer Überschätzung ihrer Reserven neigen und bei denen umgekehrt die subjektive Liquidität größer ist als die objektive. Ferner spricht auch die Tatsache, daß in den höheren Einkommensstufen immer mehr Menschen Rücklagen bilden, für das Bestehen eines eigenen Bedürfnisses nach finanziellen Reserven, das nicht allein aus einer Konsummotivation abgeleitet ist, sondern hinter dem sich ein Sicherheits- oder Angstmotiv verbirgt.

4. Aus all diesen Ergebnissen und Überlegungen heraus läßt sich das Sparen in einer bestimmten Weise in den Konsumstandard einordnen: Das Sparen und das dahinterstehende Bedürfnis nach Liquidität steht in einem Spannungsverhältnis zu anderen Bedürfnissen. Konkurrierend stehen ihm vor allem die Bedürfnisse nach Konsum, nach abstrakter Sicherheit gegen die verschiedensten Risiken (Krankheit, Invalidität, Arbeitslosigkeit, Altersvorsorge) und nach Freizeit gegenüber, die alle zusammen den erreichten Wohlstand ausmachen und aus einer einzigen Quelle, dem „potentiellen Einkommen"[5], abgedeckt werden müssen. In welchem Verhältnis zueinander diese vier Grundbedürfnisse abgedeckt werden, entscheidet das Individuum normalerweise nicht nach einer unabhängigen persönlichen Präferenzenskala, vielmehr richtet es sich hier weitgehend nach den herrschen Standards, die ihm angeben, in welchem Verhältnis Konsum, Vermögensbildung, sonstige Risikoabsicherung und Freizeit quantitativ zueinander stehen sollen. Das Individuum paßt sich diesen herrschenden Vorstellungen mehr oder minder an. Dabei differieren die gesellschaftlichen Normen in einzelnen Schichten und Berufsgruppen und unterliegen auch im Zeitablauf gewissen Wandlungen.

Innerhalb einer Querschnittsbetrachtung manifestiert sich der Einfluß des Einkommens auf die Bildung von Geldvermögen dergestalt, daß im Bereich der unteren und mittleren Einkommen (nur diese können in einer normalen Repräsentativerhebung erfaßt werden) zunächst die auf die Konsumbedarfe gerichteten Wünsche dominant sind. Je höher nun das Einkommen wird, bei desto mehr Personen geraten die latent vorhandenen Bedürfnisse nach finanziellen Reserven in die Position des „Minimumfaktors", desto mehr Personen bilden Geldvermögen. Sie befriedigen damit auch ihr durch die Angst vor der Zukunft motiviertes Bedürfnis nach Sicherheit, insofern handelt es sich hier um eine Art „Konsum von Sicherheit", der sich von anderen Sicherungen (z. B. Krankenversicherung) dadurch unterscheidet, daß eine spätere anderweitige Nutzung nicht ausgeschlossen ist; allerdings unterliegen auch

---

[5] Vgl. ebenda, S. 58 f.

8. Kap.: Ergebnisse und Hypothesen

die Ersparnisse in einer dynamischen Wirtschaft einem allgemeinen Wertverlust[6].

Sind von einer Person einmal Rücklagen in einer bestimmten Höhe gelegt worden, so scheint die Intensität des darauf gerichteten Bedürfnisses wieder abzunehmen und andere Wünsche (z. B. „durables", Reisen, Hausbau) wieder dominant zu werden. Damit wäre nicht nur der Bedarf an Grundnahrungsmitteln (Engel) begrenzt, sondern auch der an liquiden Rücklagen, jedenfalls solange er mit sonstigen ungesättigten Bedürfnissen konkurriert. Insofern besteht hier kein prinzipieller Gegensatz zwischen Geld und Gütern; die Erklärung des Sparverhaltens könnte in einer weitergefaßten Theorie über den Konsumstandard seinen Platz finden.

5. Als Orientierungsmaßstab für das notwendige Minimum an finanziellen Reserven dient nicht ein absoluter Betrag sondern das *jeweilige* Einkommen[7]. Erst wenn ein bestimmtes Vielfaches des monatlichen Einkommens erreicht ist, dürfte eine gewisse Sättigung des Bedürfnisses nach finanziellen Rücklagen auftreten. Wieviele Monatseinkommen dafür als erforderlich erachtet werden, hängt nicht von der absoluten Höhe des Einkommens oder der Stellung innerhalb der Einkommenspyramide ab, hingegen aber von wirtschaftlichen Gegebenheiten und sozialen Normen, die mit der Zugehörigkeit zu bestimmten Berufsgruppen gegeben sind. Der jeweilige „Sättigungspunkt" ist dabei dynamisch zu interpretieren: Einkommenserhöhungen bedingen zur Wiederherstellung der alten Relation Einkommen/Geldvermögen stets ein bestimmtes Nettosparen. Außerdem kann sich die erstrebte Relation und damit der „Sättigungspunkt" im Verlaufe der Entwicklung und des allgemeinen Realeinkommenswachstums verschieben.

---

[6] Fricke, D.: Geldentwertung bei konstantem Preisniveau und realem Einkommenswachstum. Das Problem der relativen Inflation, in: Geldtheorie und Geldpolitik, Günter Schmölders zum 65. Geburtstag, Berlin 1968, S. 47 ff.
[7] Vgl. dazu Engels, W. (a.a.O., S.49), der als „ökonomisch relevante Unsicherheit" die Unsicherheit über den sozialen Status bezeichnet. Daher können auch nur Rücklagen, die sich an diesem Status messen, eine Sicherheitsfunktion erfüllen.

Tabellenanhang

Tabelle A 1

Alter des Haushaltsvorstandes und Haushaltsgröße

	Durchschnittl. Personenzahl im Haushalt	Durchschnittl. Anzahl von Erwachsenen im Haushalt	Durchschnittl. Zahl von Kindern unter 16 Jahren im Haushalt
Alter des Haushaltsvorstandes:			
Unter 30 Jahre	2,5	2,0	0,5
30 bis 44 Jahre	3,3	2,4	0,9
45 bis 59 Jahre	3,5	3,0	0,5
60 Jahre und älter	2,1	2,0	0,1

Tabelle A 2

Selbstgeschätzter finanzieller Spielraum

Frage: „Wenn Sie einmal abziehen, was Sie im Monat der Haushalt kostet, was so fürs Leben weggeht — wieviel Mark bleiben da im Monat übrig, ich meine für besondere Anschaffungen oder zum Sparen?"

	Vom Haushaltsvorstand geschätzter finanzieller Spielraum (Durchschnitt)		
	in % des Haushaltseinkommens[a]	in % der Haushaltskasse[b]	in DM
Alter des Haushaltsvorstandes:			
16 bis 29 Jahre	17	17	108,—
30 bis 44 Jahre	13	13	91,—
45 bis 59 Jahre	11	12	90,—
60 Jahre und älter	10	11	54,—

a) Im Haushaltseinkommen sind die Einkünfte aller Haushaltsmitglieder zusammengefaßt.

b) Die Haushaltskasse umfaßt die Einkünfte von Haushaltsvorstand und Hausfrau sowie die Beträge, die von den übrigen Einkommensbeziehern im Haushalt zur gemeinsamen Haushaltsführung abgegeben werden.

Tabellenanhang

Tabelle A 3

Das „Anspruchsniveau"a) in den verschiedenen Altersgruppen

Vorfrage: „Würden Sie sich jetzt bitte diese Bilder hier einmal ansehen. Vielleicht könnten Sie mir zwei Stöße machen: auf den einen legen Sie bitte alle Karten mit Sachen, die Sie oder jemand anders in Ihrem Haushalt besitzen, und auf den anderen Stoß die übrigen Karten."b)
(Interviewer übergibt nun die Karten mit den Gegenständen, die der Befragte noch nicht hat.)

Frage: „Was meinen Sie: was von diesen Dingen müßten Sie noch besitzen, um sagen zu können, jetzt geht es mir gut, jetzt habe ich einen angemessenen Lebensstandard?"

Kostenrahmen der zum angemessenen Lebensstandard notwendigen Anschaffungen in DM (Durchschnittswerte)c)

Alter des Haushaltsvorstandes:

16 bis 29 Jahre	4 100,—
30 bis 44 Jahre	3 500,—
45 bis 59 Jahre	3 150,—
60 Jahre und älter	1 600,—

a) Das Anspruchsniveau ist die Summe der zu Durchschnittspreisen bewerteten Güter, deren Besitz für einen angemessenen Lebensstandard noch zusätzlich erforderlich scheint.

b) In der Kartenvorlage sind folgende Gegenstände abgebildet: Nähmaschine, Staubsauger, Elektrischer Kühlschrank, Wäscheschleuder, Elektrische Waschmaschine, Bücherschrank, Radioapparat, Musikschrank, Fernsehempfänger, Elektroherd, Gasherd, Kombinierter Herd, Kohleherd, Kabinenroller, Fotoapparat, Elektrischer Rasierapparat, Elektrisches Bügeleisen, Elektrische Küchenmaschine, Fahrrad, Silberbesteck, Teewagen, Polstersessel, Couch, Moped, Motorroller, Motorrad, Lederkoffer, Personenwagen, Großer Bodenteppich, Ölgemälde.

c) Die Beträge sind auf volle DM 50,— auf- oder abgerundet.

Tabelle A 4

Das „Anschaffungsniveau"a) in den verschiedenen Altersgruppen

Vorfrage: „Würden Sie sich jetzt bitte diese Bilder hier einmal ansehen. Vielleicht könnten Sie mir zwei Stöße machen: auf den einen legen Sie bitte alle Karten mit Sachen, die Sie oder jemand anders in Ihrem Haushalt besitzen, und auf den anderen Stoß die übrigen Karten."b)

Frage: „Hier sind nochmal die Karten mit den Sachen, die Sie schon haben: ist was dabei, was Sie voraussichtlich in den nächsten drei Jahren anschaffen wollen — vielleicht weil Sie ein altes Stück ersetzen möchten, oder weil Sie noch ein weiteres Stück brauchen?"

(Interviewer übergibt nun die Karten mit den Gegenständen, die der Befragte noch nicht hat.)

„Könnten Sie wohl noch einmal die Karten durchsehen — das ist sicher schwer zu sagen — aber was werden Sie sich voraussichtlich in den nächsten drei Jahren neu anschaffen, wenn alles so weitergeht wie bisher?"

Kostenrahmen der Anschaffungswünsche in DM
(Durchschnittswerte)c)

Alter des Haushaltsvorstandes:
16 bis 29 Jahre	2 100,—
30 bis 44 Jahre	1 900,—
45 bis 59 Jahre	1 600,—
60 Jahre und älter	750,—

a) Das Anschaffungsniveau ist die Summe der zu Durchschnittspreisen bewerteten konkreten Anschaffungswünsche für die nächsten 3 Jahre.

b) In der Kartenvorlage sind folgende Gegenstände abgebildet: Nähmaschine, Staubsauger, Elektrischer Kühlschrank, Wäscheschleuder, Elektrische Waschmaschine, Bücherschrank, Radioapparat, Musikschrank, Fernsehempfänger, Elektroherd, Gasherd, Kombinierter Herd, Kohleherd, Kabinenroller, Fotoapparat, Elektrischer Rasierapparat, Elektrisches Bügeleisen, Elektrische Küchenmaschine, Fahrrad, Silberbesteck, Teewagen, Polstersessel, Couch, Moped, Motorroller, Motorrad, Lederkoffer, Personenwagen, Großer Bodenteppich, Ölgemälde.

c) Die Beträge sind auf volle DM 50,— auf- oder abgerundet.

Tabelle A 5

Alter des Haushaltsvorstands und Austattung der Wohnung mit langlebigen Gebrauchsgütern

Alter des Haushaltsvorstandes	Die Ausstattung des Haushalts mit langlebigen Gebrauchsgütern ist				Basis
	guta) %	mittelb) %	schlechtc) %	zusammen %	
16 bis 29 Jahre	13	53	34	100	127
30 bis 44 Jahre	23	53	24	100	295
45 bis 59 Jahre	20	59	21	100	384
60 Jahre und älter	12	52	36	100	244

a) Die Wohnung ist sehr gut eingerichtet (Interviewereinstufung). Sechs oder mehr der folgenden 15 Gegenstände sind im Haushalt vorhanden: Elektrischer Kühlschrank, Wäscheschleuder, Elektrische Waschmaschine, Bücherschrank, Musikschrank, Fernsehempfänger, Elektroherd, Gasherd, Elektrische Küchenmaschine, Silberbesteck, Polstersessel, Couch, Lederkoffer, Personenwagen, Großer Bodenteppich.

b) Vier oder fünf der genannten Gegenstände sind vorhanden oder aber sechs oder mehr, ohne daß die Wohnung gut eingerichtet ist, oder weniger als sechs, wobei die Wohnung sehr gut eingerichtet ist.

c) Höchstens drei der erwähnten Gegenstände sind im Haushalt vorhanden, und die Wohnung ist nicht gut eingerichtet.

Tabelle A 6

Sparverhalten und Beruf unter Eliminierung des Faktors Bildung

Nur Einkommensbezieher, die lediglich die Volksschule besucht haben	Angestellte und Beamte	Arbeiter und Landarbeiter
Ansparen in % des persönlichen Einkommens Monatliches Nettoeinkommen:	%	%
Unter DM 300,—	4,4 (139)	3,3 (349)
DM 300,— bis DM 499,—	7,0 (107)	3,2 (336)
DM 500,— und mehr	9,6 (65)	2,6 (143)
Absparen in % des persönlichen Einkommens Monatliches Nettoeinkommen:	%	%
Unter DM 300,—	3,3 (139)	3,8 (349)
DM 300,— bis DM 499,—	4,1 (107)	4,3 (336)
DM 500,— und mehr	2,1 (65)	3,3 (143)
Geldvermögen in % des persönlichen Einkommens Monatliches Nettoeinkommen:	%	%
Unter DM 300,—	200 (139)	140 (349)
DM 300,— bis DM 499,—	240 (107)	140 (336)
DM 500,— und mehr	320 (65)	160 (143)

Zahl der Befragten jeweils in Klammern ( ) beigefügt.

Tabelle A 7

Zinsinformiertheit und Gesamtkontenstand[a]

Nur Inhaber von Postsparbüchern oder Sparbüchern	Durchschnittlicher Gesamtkontenstand in DM	
Der Zinssatz auf dem Postsparbuch/Sparbuch wird	Befragter besitzt ein	
	Postsparbuch	Sparbuch
zu niedrig eingeschätzt	2 365,— (57)	2 549,— (29)
richtig eingeschätzt[b]	1 225,— (194)	2 322,— (404)
Keine Angabe	1 614,— (133)	1 293,— (153)

a) Der Gesamtkontenstand umfaßt alle Guthaben auf Sparbüchern und Girokonten (einschl. Postsparbuch und Postscheckkonto), über die der Befragte verfügt.

b) Als „richtig" (Sept. 1959) wurden beim Postsparbuch die Angabe 3 % und bei allen anderen Sparbüchern Angaben in der Größenordnung von 3 - 4 % eingestuft. Wegen der geringen Zahl der Fälle (1 %), in denen der Zinssatz zu hoch eingeschätzt wurde, wurde diese Rubrik hier ausgespart.

Zahl der Befragten jeweils in Klammern ( ) beigefügt.

Tabelle A 8

Einkommen und Ansparen

Einkommensgruppierung (monatliches Nettoeinkommen)	Alle Einkommensbezieher Persönliches Ansparen in % des persönlichen Einkommens	Alle Haushalte Ansparen aller Haushaltsmitglieder in % des Haushaltseinkommens
unter DM 100,—	4,3	(2,0)
DM 100,— bis unter DM 300,—	4,3	3,1
DM 300,— bis unter DM 400,—	3,9	4,2
DM 400,— bis unter DM 500,—	4,1	4,2
DM 500,— bis unter DM 600,—	4,3	4,3
DM 600,— bis unter DM 700,—	5,9	7,2
DM 700,— bis unter DM 800,—	8,6	5,5
DM 800,— bis unter DM 1 000,—	7,2	7,1
DM 1 000,— bis unter DM 1 250,—	(8,6)	6,4
DM 1 250,— bis unter DM 1 500,—	(11,8)	(6,4)
DM 1 500,— und mehr	(13,9)	(8,5)

( )-Basis kleiner als 50.

Tabelle A 9

Anschaffungsniveau[a] und Spartätigkeit

Vorfrage: „Würden Sie sich jetzt diese Bilder hier einmal ansehen. Vielleicht könnten Sie mir zwei Stöße machen: auf den einen legen Sie bitte alle Karten mit Sachen, die Sie oder jemand anders in Ihrem Haushalt besitzen, und auf den anderen Stoß die übrigen Karten."[b]

Frage: „Hier sind nochmal die Karten mit den Sachen, die Sie schon haben: ist etwas dabei, was Sie voraussichtlich in den nächsten drei Jahren anschaffen wollen — vielleicht weil Sie ein altes Stück ersetzen möchten, oder weil Sie noch ein weiteres Stück brauchen?"

(Interviewer übergibt nun die Karten mit den Gegenständen, die der Befragte nicht hat.)

„Könnten Sie wohl noch einmal diese Karten durchsehen — das ist sicher schwer zu sagen — aber was werden Sie voraussichtlich in den nächsten drei Jahren neu anschaffen, wenn alles so weitergeht wie bisher?"

Tabellenanhang

Kostenrahmen der Anschaffungswünsche des Haushaltsvorstandes	Ansparquote[c] in % der Haushaltskasse[d]	Absparquote[e] in % der Haushaltskasse	An- und Absparquote zusammen in % der Haushaltskasse
Hohes Anschaffungsniveau (Kosten etwa DM 4 500,— und mehr)	4,5	4,3	8,8
Überdurchschnittliches Anschaffungsniveau (Kosten etwa DM 2 000,— bis unter DM 4 000,—)	4,3	2,9	7,2
Durchschnittliches Anschaffungsniveau (Kosten etwa DM 1 000,— bis unter DM 2 000,—)	4,1	3,1	7,2
Unterdurchschnittliches Anschaffungsniveau (Kosten etwa DM 500,— bis unter DM 1 000,—)	3,5	2,4	5,9
Geringes Anschaffungsniveau (Kosten etwa unter DM 500,—, auch keine Wünsche)	2,5	1,4	3,9

a) Das Anschaffungsniveau ist die Summe der zu Durchschnittspreisen berechneten Anschaffungswünsche.

b) In der Kartenvorlage sind folgende Gegenstände abgebildet: Nähmaschine, Staubsauger, Elektrischer Kühlschrank, Wäscheschleuder, Elektrische Waschmaschine, Bücherschrank, Radioapparat, Musikschrank, Fernsehempfänger, Elektroherd, Gasherd, Kombinierter Herd, Kohleherd, Kabinenroller, Fotoapparat, Elektrischer Rasierapparat, Elektrisches Bügeleisen, Elektrische Küchenmaschine, Fahrrad, Silberbesteck, Teewagen, Polstersessel, Couch, Moped, Motorroller, Motorrad, Lederkoffer, Personenwagen, Großer Bodenteppich, Ölgemälde.

c) Das Ansparen setzt sich zusammen aus den Beiträgen zur freiwilligen Invaliden-, Angestellten- und Knappschaftsversicherung, zur Lebensversicherung und sonstigen Vorsorgeversicherungen, aus dem Bausparen, soweit es sich nicht um Tilgungen handelt, aus den Einzahlungen auf steuerbegünstigte und prämienbegünstigte Sparverträge und aus dem gewohnheitsmäßig fixierten Kauf von Losen zum Prämiensparen sowie Einzahlungen auf ein Sparbuch, Postsparbuch oder Girokonto.

d) In der Haushaltskasse sind die Einkünfte von Haushaltsvorstand sowie die Beträge, die die übrigen Einkommensbezieher zur gemeinsamen Haushaltsführung abgeben, zusammengefaßt.

e) Das Absparen umfaßt Ratenzahlungen, sonstige Rückzahlung von Schulden und den Hypothekendienst bei nicht selbst bewohnten Besitz.

Tabelle A 10

Durchschnittlicher Kontenstand und Berufe

Alle Haushalte	Durchschnittlicher Kontenstand[a) in DM
Selbständige Geschäftsleute und freie Berufe	2 400,—
Landwirte	1 800,—
Beamte	1 500,—
Angestellte	1 100,—
Arbeiter	700,—
Landarbeiter	600,—

a) Im Kontenstand sind die Guthaben sämtlicher Haushaltsmitglieder auf Postsparbüchern, Postscheckkonten, steuer- und prämienbegünstigten Sparkonten, Sparbüchern und Girokonten zusammengefaßt und auf volle DM 100,— auf- oder abgerundet.

Literaturverzeichnis

Ackley, S. G.: The Wealth-Saving Relationship, in: Journal of Political Economy, Vol. 59 (1951)

Albert, H.: Der kritische Rationalismus Karl Raimund Poppers, in: Archiv für Rechts- und Sozialphilosophie, 46. Jg. (1960)

Allen, R.: Expenditure Patterns of Families of Different Types, in: Studies in Mathematical Economics and Econometrics, Chicago 1942

Amonn, A.: Grundsätze der Volkswohlstandslehre, I. Teil, Jena 1926

Bassie, V. L.: Consumers' Expenditures in War and Transition, in: Review of Economics and Statistics, Vol. 28 (1946)

Bean, L. H.: Relations of Disposable Income and the Business Cycle to Expenditures, in: The Review of Economics and Statistics, Vol. 28 (1946)

Becker, W.-D.: Die Einstellung zum Sparen. Ausgangspunkte zur Erforschung der Sparmotive, in: Sparkasse, 75. Jg. (1958), H. 21

– Problematischer „Rowntree-Zyklus", in: Sparkasse, 76. Jg. (1959), H. 19

Bednarik, K.: Der junge Arbeiter von heute – ein neuer Typ, Stuttgart 1953

Blatzheim, A.: Steiler Aufstieg des Prämiensparens, in: Bulletin des Presse- und Informationsamtes der Bundesregierung, 30. 4. 1965 (Nr. 75)

Blume, O.: Sparmotive und Spartätigkeit sozialer Gruppen, in: Sparkasse, 76. Jg. (1959)

Bodkin, R.: Windfall Income and Consumption, in: American Economic Review, Vol. 49 (1959)

Böhm-Bawerk, E. v.: Capital und Capitalzins, II. Abtheilung: Positive Theorie des Capitales, 2. Aufl., Innsbruck 1902

Boehme, H.: Geldwertbewußtsein und Sparerverhalten, Köln - Opladen 1960

Bössmann, E.: Probleme einer dynamischen Theorie der Konsumfunktion, Frankfurt/M. 1957

Bohn, P.: Konsumenten- und Sparerverhalten, Stuttgart 1969

Bombach, G.: Volkswirtschaftliche Gesamtrechnungen, in: Hamb. Jb., 6. Jg. (1961)

Boulding, K.: The Consumption Concept in Economic Theory, in: American Economic Review, Papers and Proceedings, Vol. 35 (1945)

Brady, D. S.: Family Saving, in: Goldsmith, R. W. (Hrsg.): A Study of Saving in the United States, Bd. 3, Princeton/New Jersey 1956

Brady, D. S. und R. D. *Friedman*: Savings and the Income Distribution, in: National Bureau of Economic Research (Hrsg.), Studies in Income and Wealth, Vol. 10, New York 1947

Brinkmann, C.: Art. „Lebensstandard", in: Handwörterbuch der Sozialwissenschaften, Bd. 6, Stuttgart - Tübingen - Göttingen 1959

Brown, T. M.: Habit Persistence and Lags in Consumer Behavior, in: Econometrica, Vol. 20 (1952)

Cassel, G.: Theoretische Sozialökonomie, 5. Aufl., Leipzig 1932

Chang, Ch. G. und T. Ch. *Liu:* Monthly Estimates of Certain National Product Components 1946 - 1949, in: Review of Economics and Statistics, Vol. 33 (1951)

Clark, C.: A System of Equations Explaining the United States Trade Cycle, 1921 - 1941, in: Econometrica, Vol. 17 (1949)

— The Conditions of Economic Progress, 3. Aufl., London 1957

Clark, J. B.: Essentials of Economic Theory. As Applied to Modern Problems of Industry and Public Policy, Neudruck: New York 1922

Cohen, M.: Postwar Consumption Functions, in: Review of Economics and Statistics, Vol. 34 (1952)

Conradt, W.: Existenzminimum, ein rechnerischer Richtweg durch das haushaltende Deutschland der letzten 85 Jahre, Bd. I, Königsberg 1933

David, M. H.: Family Composition and Consumption, Amsterdam 1962

Davies, D.: The Case of Labourers in Husbandry, Bath 1795

Davis, J. St.: Standards and Contents of Living, in: American Economic Review, Vol. 35 (1945)

Davis, T. E.: The Consumption Function as a Tool for Prediction, in: Review of Economics and Statistics, Vol. 34 (1952)

Dembo, T.: Der Ärger als dynamisches Problem, in: Psychologische Forschung, Bd. 15, Berlin 1931

Divo-Pressedienst: Juli (II) 1962

Ducpetiaux, E.: Budgets économiques des classes ouvrières en Belgique, Brüssel 1855

Duesenberry, J. S.: Income, Saving and the Theory of Consumer Behavior, Cambridge (Mass.) 1949

— Income-Consumption Relations, in: Income, Employment, and Public Policy, Essays in Honor of Alvin H. Hansen, New York 1948

Dürr, E.: Geldtheoretische Aspekte der Untersuchung, Korreferat zu Fricke, D.: Das Sparen im Spannungsfeld der Bedürfnisse, in: Wirtschaftstheorie als Verhaltenstheorie. Ein Symposion der Forschungsstelle für empirische Sozialökonomik, Beiträge zur Verhaltensforschung (hrsg. v. Schmölders, G.) H. 11., Berlin 1969

Dunsing, M. und M. G. *Reid:* Effect of Varying Degrees of Transitory Income on Income Elasticity of Expenditures, in: Journal of the American Statistical Association, Vol. 53 (1958)

Eisner, R.: The Permanent Income Hypothesis: Comment, in: American Economic Review, Vol. 48 (1958)

Eizenga, W.: Demographic Factors and Savings, in: Contributions to Economic Analysis, Bd. 12 (hrsg. v. Strotz, R. u. a.), Amsterdam 1961

Emnid-Informationen: 1964, Nr. 43

— 1965, Nr. 4

Engel, E.: Die Lebenskosten belgischer Arbeiter-Familien früher und jetzt, Dresden 1895

Engels, W.: Unsicherheit, Konsumverhalten und Investitionsverhalten, in: Hax, H. (Hrsg.): Entscheidung bei unsicheren Erwartungen, Köln - Opladen 1970

Eucken, E.: Kapitaltheoretische Untersuchungen, Jena 1934

Exo, R.: Die Entwicklung der sozialen und ökonomischen Struktur der Ersparnisbildung in der Bundesrepublik Deutschland, Bd. 31 der Untersuchungen über das Spar-, Giro- und Kreditwesen (hrsg. von F. Voigt), Berlin 1967

Ezekiel, M.: Statistical Investigations of Saving, Consumption and Investment, in: American Economic Review, Vol. 32 (1942)

Farrell, M. J.: Die neuen Theorien der Konsumfunktion, in: Streissler, E. und M. (Hrsg.): Konsum und Nachfrage, Köln - Berlin 1966

Fellner, W. J.: Relative Permanent Income, Elaboration and Synthesis, in: Journal of Political Economy, Vol. 67 (1959)

Ferber, R.: A Study of Aggregate Consumption Functions, in: National Bureau of Economic Research (Hrsg.), Technical Paper 8, New York 1953

— The Accuracy of Aggregate Saving Functions in the Postwar Years, in: Review of Economics and Statistics, Vol. 37 (1955)

— Research on Household Behavior, in: American Economic Review, Vol. 52 (1962)

Fisher, G. H.: A Simple Econometric Model for the United States 1947 - 1950, in: Review of Economics and Statistics, Vol. 39 (1957)

Fisher, J.: Income, Spending, and Saving Patterns of Consumer Units in Different Age Groups, in: National Bureau of Economic Research (Hrsg.), Studies in Income and Wealth, Vol. 15, New York 1952

Forsyth, F. G.: The Relationship between Family Size and Family Expenditure, in: Journal of the Royal Statistical Society, Serie A, Vol. 123 (1960)

Fossati, E.: Art. „Mikroökonomik und Makroökonomik", in: Handwörterbuch der Sozialwissenschaften, Bd. 7, Stuttgart - Tübingen - Göttingen 1961

Fourastié, J.: Die große Hoffnung des 20. Jahrhunderts, Köln 1954

Fricke, D.: Steigende Sparquote bei steigendem Einkommen?, in: Blätter für Genossenschaftswesen, 114. Jg., Nr. 20

— Geldentwertung bei konstantem Preisniveau. Das Problem der relativen Inflation, in: Geldtheorie und Geldpolitik, Günter Schmölders zum 65. Geburtstag, Berlin 1968

— Das Sparen im Spannungsfeld der Bedürfnisse, in: Wirtschaftstheorie als Verhaltenstheorie. Ein Symposion der Forschungsstelle für empirische Sozialökonomik, Beiträge zur Verhaltensforschung (hrsg. v. Schmölders G.), H. 11, Berlin 1969

— Einkommen und Anspruchsniveau, Köln - Opladen 1972

Friedman, M.: A Method of Comparing Incomes of Families Differing in Composition, in: Studies in Income and Wealth, Vol. 15, New York 1952

— A Theory of the Consumption Function, Princeton 1957

Friend, I.: Relationships, in: Review of Economic Statistics, Vol. 28 (1946)

— Individuals' Saving. Volume and Composition, New York - London 1954

Friend, I. und I. B. *Kravis*: Consumption Patterns and Permanent Income, in: American Economic Review, Vol. 47 (1957)

Fürst, H.: Einkommen, Nachfrage, Produktion und Konsum des privaten Haushalts in der Volkswirtschaft, Stuttgart - Köln 1956

Gehrig, G.: Die Bestimmungsfaktoren des Konsums in der Bundesrepublik, München 1958

Gerster, M.: Die Bewertung von Vermögenskomplexen, insbesondere die Bestimmung des Volksvermögens, Bd. 1 der Veröffentlichungen der Hochschule St. Gallen für Wirtschafts- und Sozialwissenschaften, Volkswirtschaftlich-wirtschaftsgeographische Reihe, Zürich - St. Gallen 1964

Gestrich, H.: Kredit und Sparen, 2. Aufl., Bad Godesberg 1947

Ghaussy, Gh. A.: Verbrauchen und Sparen, Bd. 16 der Untersuchungen über das Spar-, Giro- und Kreditwesen (hrsg. v. F. Voigt), Berlin 1964

Goldsmith, R.: A Study of Saving in the United States, Princeton 1955

Gollnick, H.: Ausgaben und Verbrauch in Abhängigkeit von Einkommen und Haushaltsstruktur, in: Agrarwirtschaft, Sonderheft 6/7, Hannover 1959

— Neuere Entwicklungstendenzen in der ökonometrischen Forschung, in: Jahrb. für Sozialwissenschaft, Bd. 15 (1964)

Haavelmo, T.: Methods of Measuring the Marginal Propensity to Consume, in: Journal of the American Statistical Association, Bd. 42 (1947)

Haller, H.: Art. „Sparen", in: Handwörterbuch der Sozialwissenschaften, Bd. 9, Stuttgart - Tübingen - Göttingen 1956

Hansen, A. H.: Keynes' ökonomische Lehren. Ein Führer durch sein Hauptwerk, Stuttgart - Düsseldorf 1959

Hansen, B. und U. *Wallberg:* Sparen und Einkommensentwicklung, in: Skandinaviska Banken, Jg. 40 (1959)

Harris, S. E.: The New Economics, New York 1947

Heichen, A.: Die Erforschung des Sparprozesses, in: Sparkasse, 4. Jg. (1950), H. 5

Hobbes, Th.: Grundzüge der Philosophie, 2. und 3. Teil, Lehre vom Menschen und vom Bürger, Deutsch v. Frischeisen-Köhler, M., Bd. 158 der „Philosophischen Bibliothek", Leipzig 1918

Hoffmann: Art. „Sparkassen", in: Handw. der Staatswissenschaften, 4. Aufl. (hrsg. v, Elster, L. u. a.), 7. Bd., Jena 1926

Houthakker, H. S.: The Permanent Income Hypothesis, in: American Economic Review, Vol. 48 (1958)

Hoyt, E.: The Consumption of Wealth, New York 1928

Hubbard, J.: The Marginal and Average Propensities to Consume, in: Quarterly Journal of Economics, Vol. 68 (1954)

Huhle, F.: Sparwille und Sparfähigkeit als Komponenten der Spartätigkeit, in: Voigt, F. u. a.: Beiträge zur Theorie des Sparens und der wirtschaftlichen Entwicklung, Bd. 1 der Untersuchungen über das Spar-, Giro- und Kreditwesen (hrsg. v. Voigt, F.), Berlin 1958

Institut für Demoskopie: Die Rentenreform, Allensbach 1956

Institut für Selbsthilfe: Tätigkeitsbericht 1957/58, Köln, als Ms. vervielf.

— Verbraucherstudie 1958, als Ms. vervielf.

Intermarket: Das Wirtschaftswunder an Rhein und Ruhr, 2. Aufl., Düsseldorf 1956, als Ms. vervielf.

— Das Verhalten der Verbraucher, Düsseldorf 1957

Ismar, H., G. *Lange* und H. v. *Schweinitz:* Die Konsum- und Investitionsfunktion. Untersuchungen für die Bundesrepublik Deutschland, Forschungsbericht des Landes Nordrhein-Westfalen, Köln - Opladen 1962

Jevons, W. St.: Die Theorie der Politischen Ökonomie, Bd. 23 der Sammlung sozialwissenschaftlicher Meister (hrsg. v. H. Waentig), Jena 1924

Jöhr, W. A.: Theoretische Grundlagen der Wirtschaftspolitik, Bd. 2, Die Konjunkturschwankungen, Tübingen - Zürich 1952

Johnson, D. G.: Some Effects of Region, Comunity Size, Color, and Occupation on Family and Individual Income, in: National Bureau of Economic Research (Hrsg.): Studies in Income and Wealth, Vol. 15, New York 1952

Jones, R. L.: Transitory Income and Expenditures on Consumption Categories, in: American Economic Review, Papers and Proceedings, Vol. 50 (1960)

Kaiser, W. und A. *Zerwas:* Die Struktur des Sparens in der Bundesrepublik Deutschland von 1950 bis 1967, Bd. 50 der Untersuchungen über das Spar-, Giro- und Kreditwesen (hrsg. v. F. Voigt), Berlin 1970

Katona, G.: Analysis of Dissaving, in: American Economic Review, Vol. 39 (1949)
— Das Verhalten der Verbraucher und Unternehmer, Tübingen 1960
— Die Macht des Verbrauchers, Düsseldorf - Wien 1962

Kellerer, H.: Statistik im modernen Wirtschafts- und Sozialleben, Rowohlts Deutsche Enzyklopädie, Bd. 103/104, Hamburg 1960

Keynes, J. M.: Besprechung der Tinbergen-Abhandlung „A Method and its Application to Investment Activity", Genf 1939, in: Economic Journal, Vol. 49 (1939)
— Mr. Keynes on the Distribution of Incomes and „Propensity to Consume": A Reply, in: Review of Economics and Statistics, Vol. 21 (1939)
— The General Theory of Employment, Interest, and Money, London 1935; dtsch. Ausgabe (übers. v. F. Waeger): Allgemeine Theorie der Beschäftigung, des Zinses und des Geldes, Berlin 1955

Klein, L. R.: The Use of Econometric Models as a Guide to Economic Policy, Econometrica, Vol. 15 (1947)
— Savings Concepts and Data. The Needs of Economic Analysis and Policy, in: Heller, W. W., Body, F. M., Nelson, F. L. (Hrsg.): Savings in the Modern Economy. A Symposium, Minneapolis 1953
— The Empirical Foundation of Keynesian Economics, in: Kurihara, K. (Hrsg.): Post-Keynesian Economics, New Brunswick/N. J. 1954

Klein, L. R., G. *Katona*, J. B. *Lansing* und J. N. *Morgan:* Contributions of Survey Methods to Economics, New York 1954

Klein, L. R. und J. B. *Lansing:* Decisions to Purchase Consumer Durable Goods, in: The Journal of Marketing, Vol. 20 (1955)

Klein, L. R., K. H. *Straw* und P. *Vandome:* Savings and Finances in the Upper Income Classes, in: Bulletin of the Oxford University Institute of Statistics, Vol. 18 (1956)

Kloten, N.: Mikro- und Makroanalyse als Grundlage wirtschaftspolitischer Entscheidungen, in: Ztschr. f. d. ges. Staatswissenschaft, Bd. 114 (1958)

Kneschaurek, F.: Sparen und Investieren in den volkswirtschaftlichen Gesamtrechnungen, in: Schweizer. Ztschr. f. Volkswirtschaft und Statistik, 90. Jg. (1954)

Kolms, H.: Art. „Konsum", in: Handwörterbuch der Sozialwissenschaften, Bd. 6, Stuttgart - Tübingen - Göttingen 1959

Krelle, W.: Preistheorie, Tübingen - Zürich 1961

Kröll, M.: Ist der „Hang zum Verbrauche" degressiv?, in: Schmollers Jahrb., Bd. 75 (1955)

Kruse, A.: Wo steht die Nationalökonomie heute?, München 1951

Kunwald, G.: Das Leben der Erwartungs- und Kreditwirtschaft, Jena 1934

Kuznets, S.: Uses of National Income in Peace and War, in: National Bureau of Economic Research (Hrsg.), Occasional Paper Nr. 6, New York 1942

Kyrk, H.: A Theory of Consumption, Boston - New York 1923

Lansing, J. B.: Concepts Used in Surveys, in: Katona, G., Klein, L. R., Lansing, J. B. und Morgan, J. N.: Contributions of Survey Methods to Economics, New York 1954

Lansing, J. B. und *L. Kish:* Family Life Cycle as an Independent Variable, in: American Sociological Review, Vol. 22 (1957)

Lansing, J. B. und *E. S. Maynes:* Inflation and Saving by Consumers, in: Journal of Political Economy, Vol. 60 (1952)

Leland, H. E.: Saving and Uncertainty: The Precautionary Demand for Saving, in: Quarterly Journal of Economics, Vol. 82 (1968)

Lersch, P.: Aufbau der Person, 6. Aufl., München 1954

Lewin, K.: Dynamic Theory of Personality, New York 1935

Lewin, K., T. Dembo, L. Festinger und *P. S. Sears:* Level of Aspiration, in: Hunt, J. M. (Hrsg.): Personality and the Behavior Disorders, Bd. 1, New York 1944

Liefmann, R.: Theorie des Sparens und der Kapitalbildung, in: Schmollers Jahrb., 36. Jg. (1912)

Liefmann-Keil, E.: Zum Sparen der Arbeitnehmer (I), in: Der Arbeitgeber, 10. Jg. (1958), Nr. 5

Liu, T. Ch. und *Ch. G. Chang:* U.S. Consumption and Investment Propensities: Prewar and Postwar, in: American Economic Review, Vol. 40 (1950)

Loesch, A. v.: Zur Vermögensbildung der Arbeitnehmer, in: Schmollers Jahrb., 80. Jg. (1960 II)

Lutz, F. A.: Zinstheorie, Zürich - Tübingen 1956

Lydall, H. F.: British Incomes and Savings, Oxford 1955

— The Life Cycle in Income, Saving, and Asset Ownership, in: Econometrica, Vol. 23 (1955)

— A Theory of the Consumption Function, in: Kyklos, Vol. 11 (1958)

Machlup, F.: Der Wettstreit zwischen Mikro- und Makrotheorien in der Nationalökonomie, H. 4 der Vorträge und Aufsätze des Walter Eucken-Instituts, Tübingen 1960

Mack, R. P.: The Direction of Change in Income and the Consumption Function, in: Review of Economics and Statistics, Vol. 30 (1948)

Mackenroth, G.: Bevölkerungslehre, Berlin - Göttingen - Heidelberg 1953

Mahr, A.: Zinshöhe, Sparen und Kapitalbildung, in: Ztschr. f. Nationalökonomie, Bd. 10 (1944)

Mangoldt, H. v.: Grundriß der Volkswirtschaftslehre, 2. Aufl., bearb. v. Kleinwächter, F., Berlin 1918

Malthus, Th. R.: Grundsätze der politischen Ökonomie mit Rücksicht auf ihre praktische Anwendung, deutsch von Prager, Berlin 1910

Manteuffel-Szöge, C. v.: Das Sparen, Jena 1900

Marshall, A.: Principles of Economics, Bd. 1, 9. Aufl., London 1961

Martin, J.: Das Sparen in der ökonomischen Theorie, Wien - Leipzig 1933

Mayntz, R.: Begriff und empirische Erfassung des sozialen Status, in: Kölner Ztschr. f. Soziologie u. Sozialpsychologie, 10. Jg. (1958)

Meinhold, H.: Art. „Investitionen", in: Handwörterbuch der Sozialwissenschaften, Bd. 5, Stuttgart - Tübingen - Göttingen 1956

Melville, L. G.: Consumption, Income and Wealth, in: Review of Economics and Statistics, Vol. 36 (1954)

Mendershausen, H.: Differences in Family Savings between Cities of Different Size and Location, Whites and Negroes, in: Review of Economic Statistics, Vol. 22 (1940)

Metzler, L. A.: Three Lags in the Circular Flow of Income, in: Income, Employment and Public Policy, Essays in Honor of Alvin H. Hansen, New York 1948

Mill, J. St.: Grundsätze der politischen Ökonomie mit einigen ihrer Anwendungen auf die Sozialphilosophie, Bd. 17 der Sammlung sozialwissenschaftlicher Meister (hrsg. v. Waentig, H.), Bd. 1, 2. Aufl., Jena 1924

Modigliani, F.: Fluctuations in the Saving-Income Ratio: A Problem in Economic Forecasting, in: Studies in Income and Wealth, Vol. 11, New York 1949

Modigliani, F. und A. *Ando:* Tests of the Life-Cycle Hypothesis of Savings, in: Bulletin of the Oxford University, Institute of Statistics, Vol. 19 (1957)

Modigliani, F. und R. E. *Brumberg:* Utility Analysis and the Consumption Function: An Interpretation of Cross-Section Data, in: Post-Keynesian Economics (hrsg. v. Kurihara, K. K.), London 1955

Monissen, H. G.: Konsum und Vermögen, Göttingen 1968

Morgan, J. N.: The Structure of Aggregate Personal Saving, in: Journal of Political Economy, Vol. 59 (1951)

Müller-Armack, A.: Religion und Wirtschaft, Stuttgart 1959

National Resources Committee (Hrsg.): Consumer Expenditures in the United States, Estimates for 1935 - 1936, Washington 1939

Niehans, J.: Strukturwandlungen als Wachstumsprobleme, in: Neumark, F. (Hrsg.): Strukturwandlungen einer wachsenden Wirtschaft, Schriften des Vereins für Socialpolitik, N. F. Bd. 30/I, Berlin 1964

Noelle, E.: Umfragen in der Massengesellschaft, Rowohlts Deutsche Enzyklopädie, Bd. 177/178, Hamburg 1963

Österreichischer Arbeiterkammertag und Österreichischer Gewerkschaftsbund (Hrsg.): Sparneigung und Spargewohnheiten von Wiener Arbeitnehmerhaushalten im Jahre 1958. Eine Studie der wirtschaftswissenschaftlichen Abteilung der Wiener Arbeiterkammer, Beilage Nr. 7 zu Arbeit und Wirtschaft, 13. Jg. (1959), Nr. 10

Oeter, F.: Familienpolitik, Stuttgart 1954

Orcutt, G. H. und A. D. *Roy:* A Bibliography of the Consumption Function, University of Cambridge, 1949 (mimeographed release)

Paradiso, L. J.: National Budgets for Full Employment, National Planning Association 1945

Parsons, T. und N. J. *Smelser:* Economy and Society. A Study in the Integration of Economic and Social Theory, London 1957

Paschke, W.: Bestimmungsgründe des persönlichen Sparens. Ein Beitrag zur ökonomischen Verhaltensforschung, Bd. 17 der Untersuchungen über das Spar-, Giro- und Kreditwesen (hrsg. v. Voigt, F.), Berlin 1961

Peters, W.: Übersicht über das Spar- und Investitionsproblem in der neueren ökonomischen Literatur, in: Hamb. Jb., 1. Jg. (1956)

Philippovich, E. v.: Grundriß der Politischen Ökonomie, Bd. I, 18. Aufl., Tübingen 1923

Popper, K. R.: The Logic of Scientific Discovery, London 1959

— Die Zielsetzung der Erfahrungswissenschaft, in: Theorie und Realität (hrsg. v. H. Albert), Tübingen 1964

Predetti, A.: The Consumer Expectations: A Critique of Some Recent Contributions and Particularities of a New Theoretical Scheme, in: Weltwirtschaftliches Archiv, Bd. 82 (1959 I)

Preiser, E.: Sparen und Investieren, in: Jahrb. für Nationalökonomie und Statistik, Bd. 159 (1944)

Reichenau, Ch. v.: Die Kapitalfunktion des Kredits, Jena 1932

Report of the Committee on the Working of the Monetary System, London 1959

Ricardo, D.: Grundsätze der Volkswirtschaft und Besteuerung, Bd. 5 der Sammlung sozialwissenschaftlicher Meister (hrsg. v. Waentig, H.), 3. Aufl., Jena 1923

Riesman, D., R. *Denney* und N. *Glazer:* Die einsame Masse. Eine Untersuchung der Wandlungen des amerikanischen Charakters. Mit einer Einführung in die deutsche Ausgabe von H. Schelsky, Darmstadt - Berlin - Neuwied 1956

Rinsche, G.: Der aufwendige Verbrauch. Sozialökonomische Besonderheiten geltungsbedingter Nachfrage, in: Kreikebaum, H. und Rinsche, G.: Das Prestigemotiv in Konsum und Investition, H. 4 der Beiträge zur Verhaltensforschung (hrsg. v. Schmölders, G.), Berlin 1961

Robertson, D. H.: Banking Policy and Price Level, London 1926

— Saving and Hoarding, in: Economic Journal, Bd. 43 (1933)

Rodbertus-Jagetzow, C.: Das Kapital. Aus dem literarischen Nachlaß (hrsg. v. A. Wagner und Th. Kozak), Berlin 1913

Roscher, W.: Grundlagen der Nationalökonomie, 25. Aufl., Stuttgart - Berlin 1918

Rowntree, B. S.: Poverty and Progress, London 1951

Rudloff, H.: Vermögensbestand, Sparverhalten und Wirtschaftswachstum, Bd. 47 der Untersuchungen über das Spar-, Giro- und Kreditwesen (hrsg. von F. Voigt), Berlin 1969

Samuelson, P. A.: Statistical Analysis of the Consumption Function, Appendix, in: Hansen, A. H. (Hrsg.): Fiscal Policy and Business Cycles, New York 1941

Scherhorn, G.: Möglichkeiten und Grenzen einer aus dem Arbeitsverhältnis abgeleiteten Vermögensbildung der Arbeitnehmer, Köln 1961, als Manuskript vervielfältigt
— Eigentumspolitik — ein unkontrolliertes Experiment?, in: Blätter für Genossenschaftswesen, 109. Jg. (1963), Nr. 20
— Empirische Theorie der Nachfrage, unveröffentl. Manuskript Köln 1965

Scherhorn, G. und *D. Fricke:* Hängt die Spartätigkeit vom Einkommen ab?, in: Blätter für Genossenschaftswesen, 107. Jg., Nr. 16

Scheuch, E. K. und *R. Rüschemeyer:* Scaling Social Status in Western Germany, in: The British Journal of Sociology, Vol. 11 (1960)

Schmölders, G.: Die sogenannte „Zinsempfindlichkeit" des Sparers, in: Ztschr. f. d. ges. Kreditwesen, 1961, Heft 15
— Geldpolitik, Tübingen - Zürich 1962
— Volkswirtschaftslehre und Psychologie, Berlin 1962
— Zur Psychologie der Vermögensbildung in Arbeiterhand, in: Kyklos, Vol. 15 (1962)
— Psychologie des Geldes, Hamburg 1966

Schmölders, G., G. Scherhorn und *G. Schmidtchen:* Umgang mit Geld, unveröffentl. Manuskript, Köln 1966

Schmölders, G., R. Schröder und *H. St. Seidenfus:* John Maynard Keynes als „Psychologe", Berlin 1956

Schmoller, G.: Grundriß der Allgemeinen Volkswirtschaftslehre, 1. Teil, 1. - 3. Aufl., Leipzig 1900

Schmucker, H.: Der Lebenszyklus in Erwerbstätigkeit, Einkommensbildung und Einkommensverwendung, in: Allgem. Stat. Archiv, Bd. 40, Heft 1, München 1956
— Die ökonomische Lage der Familie in der Bundesrepublik Deutschland, Stuttgart 1961
— Die langfristigen Strukturwandlungen des Verbrauchs der privaten Haushalte, in: Schriften des Vereins für Socialpolitik, N. F. Bd. 30, I, Berlin 1964

Schumpeter, J. A.: Theorie der wirtschaftlichen Entwicklung. Eine Untersuchung über Unternehmergewinn, Kapital, Kredit, Zins und den Konjunkturzyklus, 5. Aufl., Berlin 1952
— History of Economic Analysis, 2. Aufl., New York 1955

Silberkuhl-Schulte, M.: Der Einfluß der Personenzahl auf die Kosten der Hauswirtschaft, in: Hauswirtschaftl. Jahrbücher, 7. Jg. (1934)

Simon, L. J. und *D. J. Aigner:* Cross-Section and Time-Series Tests of the Permanent-Income Hypothesis, in: American Economic Review, Vol. 60 (1970)

Smelker, M. W.: Problems of Estimating, Spending, and Saving in Long-Range Projections, in: National Bureau of Economic Research (Hrsg.): Studies in Income and Wealth, Vol. 16 (1954)

Smith, A.: Untersuchung über die Natur und die Ursachen des Nationalreichtums, 2. Bd., dtsch. Übers. (2. Aufl.) d. 4. engl. Aufl., Breslau und Leipzig 1799

Smithies, A.: Forecasting Postwar Demand I, in: Econometrica, Vol. 13 (1945)

Sombart, W.: Der moderne Kapitalismus, Bd. 3 (I), München - Leipzig 1927

Spraos, J.: An Engel-type for Cash, in: The Manchester School of Economic and Social Studies, Bd. 25 (1957)

Stigler, G. J.: The Early History of Empirical Studies of Consumer Behavior, in: Journal of Political Economy, Vol. 62 (1954)

Stöwe, H.: Ökonometrie und makroökonomische Theorie, Ökonomische Studien, Heft 3, Stuttgart 1959

Stone, R.: National Income in the U.K. and the USA, in: Review of Economic Studies, Vol. 10 (1942 - 1943)

Stone, R. und W. M.: The Marginal Propensity to Consume and the Multiplier, in: Review of Economic Studies, Vol. 6 (1938)

Streissler, E. und M.: Konsum und Nachfrage, Köln - Berlin 1966

Tinbergen, S. J.: Les Cycles économiques aux Etats-Unis d'Amérique de 1919 - 1932, Genève 1939, Bd. II

Tobin, J.: Relative Income, Absolute Income, and Saving, in: Money, Trade and Economic Growth, Essays in Honor of John Henry Williams, New York 1951

Tobin, J. und C. *Swan:* Money and Permanent Income: Some Empirical Tests, in: American Economic Review, Vol. 59 (1969), Papers and Proceedings

Turgot, A. R. J.: Betrachtungen über die Bildung und die Verteilung des Reichtums, Bd. 1 der Sammlung sozialwissenschaftlicher Meister (hrsg. v. Waentig, H.), 1. Hbd., 3. Aufl., Jena 1924

Veblen, Th.: Theorie der feinen Leute. Eine ökonomische Untersuchung der Institutionen (Deutsche Übersetzung der „Theory of the Leisure Class", 1899), Köln - Berlin 1958

Veccio, G. del: Relazioni fra entrata e consumo, in: Giorgnale degli economisti, 3. Serie, XLIV (1912)

Veit, O.: Volkswirtschaftliche Theorie der Liquidität, Frankfurt/M. 1948

Vershofen, W.: Handbuch der Verbrauchsforschung, Bd. 1, Berlin 1940

Voigt, F.: Der volkswirtschaftliche Sparprozeß, Berlin 1950

— Aussagefähigkeit und Erkenntnisgrenzen der Wirtschaftstheorie, in: Beiträge zur Theorie des Sparens und der wirtschaftlichen Entwicklung (Nr. 1 der Untersuchungen über das Spar-, Giro- und Kreditwesen, hrsg. v. F. Voigt), Berlin 1958

Waffenschmidt, W. G.: Deutsche volkswirtschaftliche Gesamtrechnung und ihre Lenkungsmodelle 1945 - 1955, Stuttgart 1959

Watts, H. W.: Long-run Income Expections and Consumer Saving, in: Studies in Household Economic Behavior (hrsg. v. Dernburg, T. F., Watts, H. W. und Rosett, R. N.), New Haven 1958

Weber, Ad.: Kurzgefaßte Volkswirtschaftslehre, 4. Aufl., 1948

Wicksell, K.: Vorlesungen über Nationalökonomie auf der Grundlage des Marginalprinzips, Theoretischer Teil, 1. Bd., Jena 1913

Wissmann, B.: Die Zinsempfindlichkeit der deutschen Sparer, Bd. 15 der Untersuchungen über das Spar-, Giro- und Kreditwesen (hrsg. v. Voigt, F.), Berlin 1960

Wölker, H.: Die Bedeutung der empirischen Verhaltensforschung für die ökonomische Theorie — Eine Studie an Hand empirischer Untersuchungen, Meisenheim/Glan 1961

Woytinsky, W. S.: Relationships between Consumer's Expenditures, Savings and Disposable Income, in: Review of Economic Statistics, Vol. 28 (1946)

— Consumption-Saving Function: Its Algebra and Philosophy, in: Review of Economics and Statistics, Vol. 30 (1948)

Wright, C. D.: Sixth Annual Report of the Massachusetts Bureau of Labor Statistics, Boston 1875

Zellner, A.: Consumption and the Consumption Function in the US 1948/49 Recession, in: Review of Economics and Statistics, Vol. 39 (1957)

— Tests and Some Basic Propositions in the Theory of Consumption, in: American Economic Review, Papers and Proceedings, Vol. 50 (1960)

Zimmermann, H.: Privates Sparen und Einkommensentwicklung in der Zwischenkriegszeit, in: Konjunkturberichte des Rhein.-Westf. Institutes für Wirtschaftsforschung, Essen, 5. Jg., N. F. H. 1, 1954

o. V.: Die Beständigkeit der Sparsumme, in: Sparkasse, 76. Jg. (1959)

Printed by Libri Plureos GmbH
in Hamburg, Germany